港航服务业理论及其在宁波的实践路径研究

戴东生　杨忠振　张　瑶　编著

吉林大学出版社

图书在版编目（CIP）数据

港航服务业理论及其在宁波的实践路径研究 / 戴东生，杨忠振，张瑶编著. -- 长春：吉林大学出版社，2024. 11. -- ISBN 978-7-5768-4207-4

Ⅰ. F552.755.3

中国国家版本馆 CIP 数据核字第 20241252VM 号

书　　名：港航服务业理论及其在宁波的实践路径研究
GANGHANG FUWUYE LILUN JI QI ZAI NINGBO DE SHIJIAN LUJING YANJIU

作　　者：戴东生　杨忠振　张　瑶
策划编辑：黄国彬
责任编辑：李国宏
责任校对：杨宁
装帧设计：姜文
出版发行：吉林大学出版社
社　　址：长春市人民大街 4059 号
邮政编码：130021
发行电话：0431—89580036/58
网　　址：http://www.jlup.com.cn
电子邮箱：jldxcbs@sina.com
印　　刷：广东虎彩云印刷有限公司
开　　本：787mm×1092mm　1/16
印　　张：15.75
字　　数：280 千字
版　　次：2024 年 11 月　第 1 版
印　　次：2024 年 11 月　第 1 次
书　　号：ISBN 978-7-5768-4207-4
定　　价：78.00 元

编委会名单

主　任：戴东生　杨忠振　张　瑶

副主任：周　念　邬珊华　郭威佑　陈晓攀　胡　铮

前　言

　　港航服务是全球供应链中重要的一环,不仅在促进国际贸易流通方面发挥着重要作用,而且在提升国家竞争力、优化资源配置以及推动区域经济协调发展方面做出了重要贡献。我国是全球最大的贸易大国,港航服务业发展对顺畅我国国际贸易、助推新质生产力发展以及提升全球竞争力,具有举足轻重的战略意义。

　　过去的十几年间,全球港航服务业实现了跨越式发展,极大地提升了各国际航运中心的港航资源配置能力,并对全球海运贸易量的增长产生了最直接、最有效的推动作用。随着航运市场竞争的加剧,各大国际航运中心的港航服务业发展水平已成为决定其市场竞争力的重要因素。目前,我国的港航服务业发展已取得显著成就,航运中心的传统港航服务业已初具规模,高端港航服务业的发展亦进入快速起步阶段,现代港航服务业体系已具雏形。根据 2023 年《新华·波罗的海国际航运中心发展指数报告》显示,我国的上海、香港和宁波舟山三大航运中心已跻身全球前十大国际航运中心的行列。然而,与国际知名航运中心相比,我国的港航服务业仍存在诸多薄弱环节。例如,传统港航服务业的现代化水平不高、现代港航服务业的发展基础较为薄弱、高端港航服务业的专业人才储备不足、现代港航服务业的产业规模和集聚效应亟待提升、现代港航服务业的软环境建设有待进一步优化等。

　　在上述背景下,本书旨在通过归纳总结港航服务业的相关理论体系,指导和支持我国港航服务业的发展实践。目前,围绕港航服务业发展的相关问题,国内外的学术界和业界已初步积累了一定的研究成果,但针对港航服务业发展的研究仍有待进一步梳理、深化和创新。因此,进一步开展港航服务业发展的理论与实践研究是十分必要的,可以为我国依托港航物流硬实力优势、打造一流的港航服务软实力、扩大各海港城市的港航服务业规模和港航服务业能级提升奠定理论基础,提供技术支撑。

　　本书由概述篇、分析篇和实践篇三部分构成,全面系统地分析了港航服务业的发展脉络、内在机理和实际应用,力求从理论和实践相结合的角度为港航服务

1

业的发展提供全方位指导。其中,概述篇部分梳理了港航服务业发展历程、各发展阶段港航服务业的内涵及其历史演化;界定港航服务业的概念和门类,从基础服务业、辅助服务业和衍生服务业三个维度,描绘港航服务业细分业种树;基于数据挖掘分析港航服务业在全球四大国际航运中心的发展状况以及四大国际航运中心产业政策对其港航服务业发展的促进作用,为理解港航服务业的发展规律及其在全球供应链中的作用提供理论基础。分析篇部分深入探讨港航服务业各业态的发展机理与影响因素,构建港航服务业发展水平的评价指标体系,为理解如何通过改善底层的影响要素促进港航服务业发展奠定理论基础。实践篇部分以宁波港航服务业发展为例,解析宁波港航服务业的发展现状,论证各细分的港航服务业业种在宁波发展的适应性,有针对性地提出提升宁波港航服务业发展水平的途径与技术路线。

本书在理论和实践方面均具有重要的价值。在理论层面,系统梳理了港航服务业的发展脉络,提出了促进其发展的关键影响因素及相关理论模型;在实践层面,宁波港航服务业发展的具体案例能够为其他港口城市发展港航服务业提供具有可操作性的参考路径。本书有助于读者系统性地了解港航服务业发展的相关理论以及宁波提升港航服务业的实践路径,能够为关心我国港航服务业发展的研究者以及政策制定者提供理论基础和实践指导。

本书的完成得到了宁波市交通发展研究中心、宁波大学海运学院的大力支持与帮助,在此向所有参与本书研究和编撰工作的单位和个人致以诚挚的感谢。

最后,由于本书涉及的学科领域广泛,加之编著者学识有限,难免存在不足之处,敬请各位读者批评指正。

戴东升、杨忠振、张瑶

2024 年 10 月

目 录

第一部分 概述篇——港航服务业理论

第一章 绪 论 ·· 3
第一节 航运与国际航运中心 ······················· 3
第二节 港航服务业 ································· 5
第三节 目的与意义 ································ 13
第四节 研究数据来源 ······························ 15

第二章 港航服务业在国际航运中心的发展 ················· 21
第一节 国际航运中心分类 ·························· 21
第二节 国际航运中心的历史演变 ··················· 23
第三节 各类型的代表性航运中心 ··················· 24

第三章 代表性国际航运中心现状 ······················· 26
第一节 代表性国际航运中心的港航服务业现状 ··········· 26
第二节 代表性航运中心的港航服务业产业政策总结 ········ 100
第三节 代表性航运中心的港航服务业产业政策经验总结 ······· 127

第二部分 分析篇——港航服务业机理

第四章 港航服务业业态发展机理解析 ···················· 137
第一节 全球港航服务业的时空分布特征 ··············· 137
第二节 港航服务业业种发展影响因素分析 ············· 158

第五章 港航服务业发展水平评价 ······················· 176

第三部分 实践篇——港航服务业在宁波的实践路径研究

第六章　宁波港航服务业发展现状 ………………………………………… 189

　　第一节　宁波港航服务业的发展历史 …………………………………… 189

　　第二节　宁波港航服务业的成就与存在的问题 ………………………… 193

　　第三节　宁波港航服务业发展态势分析 ………………………………… 196

第七章　宁波港航服务业业种业态适应性论证 …………………………… 200

　　第一节　业种业态甄选技术路线 ………………………………………… 200

　　第二节　驱动因素衡量指标选取 ………………………………………… 201

　　第三节　航运中心在各驱动因素上的优劣势分析 ……………………… 203

　　第四节　业种评分与分析 ………………………………………………… 206

　　第五节　港航服务业业种业态甄选总结 ………………………………… 221

第八章　宁波港航服务业发展的技术路线 ………………………………… 224

　　第一节　宁波港航服务业发展的基本原则 ……………………………… 224

　　第二节　宁波港航服务业发展的总体方针 ……………………………… 225

　　第三节　宁波港航服务业发展的提升路径 ……………………………… 228

参考文献 ……………………………………………………………………… 240

第一部分

概述篇——港航服务业理论

第一章

绪 论

第一节 航运与国际航运中心

航运是使用船舶依托海洋、河流或湖泊等水域进行的客货运输活动,是人类历史上最重要的经济活动之一,航运网络覆盖全球,是国际贸易最主要的运输方式。从古代的丝绸之路到今日的全球海上运输线路,航运业一直在国际贸易中担负重要角色,服务国际贸易和全球经济的发展,更是为经济全球化的发展注入了生机与活力。在航运业崭露头角之际,人类开始理解海洋与航运的关系,深刻认识到海洋不仅是交通运输的载体,更是连接世界各地的纽带。航运业促进和加快了全球化进程,因为商品和信息在以海洋为首的水域上畅通无阻,打破了地理和文化的藩篱,推动了各国间的贸易与交流。与此同时,航运业也是科技创新的热土,为提高运输效率、降低成本和减少环境负荷,航运业在船舶设计、物流管理、港口运营等方面持续不断地进行技术创新。从传统的帆船到现代的集装箱船,从手工操作到自动化系统,航运业的发展历程体现了人类智慧和技术进步。此外,航运业对地区发展还具有深远的影响,它连接了不同地区和国家,推动了区域间的多边合作和共同发展。发展中国家通过航运将资源和产品推向国际市场,实现经济增长和国际竞争力的提升,而发达国家通过航运获得了廉价的资源和产品,促进了自身经济的繁荣和多样化。

在航运发展的不同阶段,各国的航运中心及港口航运服务业都发挥了重要作用。在古代探索与交流阶段,航运中心主要集中在埃及的亚历山大港、中国的广州和泉州以及欧洲的罗马、雅典、巴塞罗那等地。其中,埃及的亚历山大港是当时地中海贸易的中心,连接着地中海沿岸和东方文明,促进了希腊、埃及和罗马等文明的繁荣。中国广州港和泉州港是古代丝绸之路的重要起讫点,通过海运将中国的丝绸、茶叶等产品运往西方国家。欧洲的罗马、雅典、巴塞罗那等城市也是古代贸易的重要港口,连接了地中海沿岸和欧洲的内陆地区。

15世纪至17世纪的大航海时代,欧洲国家,尤其葡萄牙、西班牙、荷兰和英国等在海洋探索和贸易领域取得了巨大成就。大航海时代是欧洲探险家开启的一段重要的历史时期,航海技术得到显著提升,如:航海仪器的改进、新船型的设计和航海知识的积累。因此,欧洲探险家得以能够跨越大洋,发现新大陆,开辟新贸易路线,这些活动对全球的航运业产生了深远影响。在此阶段,海港地位的重要性逐渐凸显,因为船舶在遥远的航程中需要良好的港口设施作为中转和停靠地点。欧洲的港口(如:里斯本、塞维利亚、阿姆斯特丹等)成为重要的贸易中心,与非洲、亚洲和美洲等地展开广泛的贸易往来。同时,非洲、亚洲和美洲等地的港口也因此蓬勃发展,成为东西方贸易的纽带。同期,随航海技术的进步,船只载荷能力和航行速度得到提升,使大规模长距离的贸易成为可能。大航海时代的船只多为帆船,装载着来自不同地区的货物,如:丝绸、香料、黄金等,进行长途贸易。随着航运业的繁荣,港航产业也得到快速发展,其中港口本身成为重要的货物集散地和转运中心,港口服务业(如:货物装卸、仓储、海关清关)等得以发展。此外,航海技术的不断提升也促使港口设施的升级与改进,以适应日益增长的船舶规模和货运需求。大航海时代的港口产业和航运产业发展对全球贸易产生了深远影响,东西方之间的贸易得到极大发展,货物和文化在各大洲之间流通,推动了全球经济的发展和文化的交流。

在随后的工业革命时期,英国成为中心,其发明的蒸汽船大大缩短了跨洋航行的时间,从而彻底改变了航运业的面貌,随之伦敦港以其优越的地理位置和发达的航运业成为工业革命时期的"世界港口",全球的航运中心。随着工业革命的蔓延,美国、德国和日本等国也在航运领域崭露头角,美国的纽约港、德国的汉堡港、日本的东京湾港等都成为世界级的国际航运中心。始于20世纪60年代的集装箱化运输使得货物得以更加高效、安全、经济和便捷化地在全球范围内流动,极大地促进全球贸易的高速发展。进入信息时代,全球范围内的港航产业采用先进的信息技术(如:物联网、大数据分析等)改善船舶和码头的运营效率和安全性,航运中心的格局更加多元化。随东亚地区经济崛起和全球化进程的加速推进,东亚地区的制造业和贸易活动增长迅速,全球航运中心开始东移,东亚地区的航运业逐渐崭露头角。其中,中国因其海运和港口业务的增长成为全球航运中心的一个重要竞争者,其上海、深圳、青岛等港口成为亚洲乃至全球级别的国际航运中心。与此同时,新加坡凭借优越的地理位置、先进的港口设施和高效的物流服务,成为全球最重要的航运中心。2023年波罗的海交易所和中国新华社发布的"新华·波罗的海国际航运中心发展指数"显示全球综合实力排名前10位的国际航运中心分别为新加坡、伦敦、上海、香港、迪拜、鹿特丹、汉堡、雅典—比雷埃夫斯、宁波舟山、纽约—新泽西,其中新加坡在全球43个航运枢纽中位列第一。

国际航运中心是全球航运业的重要节点,在全球航运业中发挥着重要作用,它们不仅承担着连接全球贸易的重要使命,更是促进港航运输技术、管理和服务水平升级的基地。国际航运中心提供的港航运输服务包括船舶管理、航行安全、船舶维修、停靠服务等,直接影响着港口和航运公司的运营效率和利润水平。国际航运中心与港航运输的关系不仅体现在各种业务的实践层面,更融入了全球经济和贸易的战略层面,其地位和影响力直接决定着全球货物的流动和贸易的畅通。一些重要的国际航运中心如新加坡、上海、迪拜等,以其先进的港口设施和高效的物流服务,成为全球贸易和供应链的重要支柱。此外,国际航运中心还承担着航运金融和保险服务的角色,为港航服务业的发展提供资金和保障,而港航服务业则通过优化货物装卸、提供安全航行、开发智能物流等方面的服务,为国际航运中心的货物、信息和资金中转提供关键支持。

不同地区的国际航运中心各具特色与优势。亚洲的国际航运中心(如:新加坡和上海)以其先进的港口设施和优越的地理位置,成为全球供应链的重要节点;欧洲的国际航运中心(如:汉堡和鹿特丹),因为其连接了欧洲内陆和海外,成为欧洲贸易的关键节点;中东地区的国际航运中心(如:迪拜),由于独特的地理位置和丰富的能源资源,成为连接亚非欧三大洲的重要交通枢纽。总体而言,国际航运中心的港航服务产业的格局和特色体现了各地区在国际航运体系中的独特优势和功能定位,为全球港航服务业的繁荣提供着重要支撑和保障。

第二节　港航服务业

港航服务业起源于港口及航运活动,是动态发展与进化的,即随着港口功能演化、航运网络扩展,港航服务业的内涵不断升级与深化,内涵相接近的有港口服务业(Port Service Industries)、海事集群(Maritime Clustering)、海事高级生产者服务(Maritime Advanced Producer Services)、航运服务业(Shipping Services Industry)、海事服务业(Maritime Services)等。早期的港航服务业多称为港口服务业,主要分布在港口附近,主要业务内容与任务是服务货物运输,营运业务包括船舶拖拽、货物中转、货物装卸搬运、货物仓储。随着航运的发展,港航服务业也经常被称呼为航运服务业,后来又逐渐演变为港航服务业,并发展成为港口城市第三产业(服务业)的重要组成部分。

　　加拿大地理学家 Brian Slack[①] 在对蒙特利尔港口服务业特点和空间格局演变的实证分析中,将港口服务业定义为第三产业和第四产业的私营企业和公共机构,认为港口服务业是为保障航运运营而产生的。荷兰 Langen[②] 等将集群"以独特的经济专业化为中心的地理集中且相互关联的商业单位、协会和公共(私营)组织的群体"的概念应用于荷兰的海事集群分析,认为航运、造船、港口和海事服务等海事活动在地理上集中在一些海事集群中,研究了海事集群的优势,分析了多个影响海事集群发展的因素。荷兰的 Jacobs[③] 等学者对与港口和海事部门相关的先进生产性服务业进行实证研究,将远隔的生产集群和消费市场联系在一起,从城市经济理论出发,通过与特定部门集合或集群内的客户互动或跨不同部门提供先进服务推动特定服务的专业化和发展。Fisher Associates[④] 认为海事服务业是航运服务、中介服务、海事管理、行业协会及相关支持服务等相互联结而成的供应链。

　　在我国,港航服务业的称呼随航运业的发展不断变化,如图 1.1 所示。在辽宁,港航服务业的称呼主要经历了"港口服务业""航运服务业"和"航运现代服务业",目前界定的营运业务包括船舶代理、船舶供应、信息咨询等传统航运服务,以及海运物流、船舶经纪、海事法律、航运交易、航运金融保险等现代航运服务。在山东,港航服务业的称呼主要经历了"港口服务业""现代航运服务业""现代港航服务业"和"涉海高端服务业",目前的营运业务包括现代物流、船舶交易、航运金融、船舶修造等。在江苏,港航服务业的称呼主要经历了"港航服务业""航运服务业"和"现代航运服务业",目前的营运业务包括多式联运和代理服务、港口服务、水上运输、航运交易、金融、保险等。在上海,港航服务业的称呼主要经历了"交通港航业""航运业"和"现代航运服务体系",目前的营运业务包括港航主业以及船舶管理、船舶供应、船舶代理、货运代理等航运基础服务,以及航运融资、保险、仲裁、咨询等航运衍生服务。在浙江,港航服务业的称呼经历了"三个服务""港航服务业""港航服务体系"和"航运服务业"发展阶段,目前营运业务包括船舶运输、港口服务、船舶交易、船舶经纪、航运金融与保险、海事法律及仲裁

---

　　① Slack B. Port Service Industries: the case of Montreal[J]. Cahiers de géographie de Québec, 1982, 26(68):235.

　　② Langen, De P W. Clustering and performance: the case of maritime clustering in The Netherlands[J]. Maritime Policy & Management, 2002, 29(3):209-221.

　　③ Jacobs W, Koster H, Hall P. The Location and Global Network Structure of Maritime Advanced Producer Services[J]. Urban Studies, 2011, 48(13):2749-2769.

　　④ Action A C F, Action A C F, Fisher Associates, et al. The Future of London's Maritime Services Cluster[J]. 2004.

等港航服务。在福建,港航服务业的称呼主要经历了"水路运输服务业""航运服务业""港航服务业"和"现代运输服务业",目前的营运业务包括港口运营、港口物流、航运金融、航运交易、供应链管理、贸易代理、国内货物运输代理、港口设施租赁等服务。在广东,港航服务业的称呼经历了"现代港航服务业"和"现代航运服务业"等发展过程,目前的营运业务包括船舶管理、船舶交易、船舶代理、货运代理、无船承运、临港贸易、港航金融保险、港航法律、港航经纪、港航信息、港航咨询、港航培训、海事服务、港航人才服务、港航总部经济等中高端港航服务。

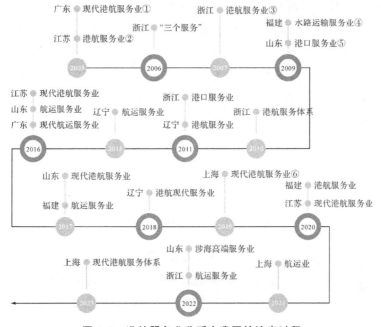

图 1.1 港航服务业称呼在我国的演变过程

① 曹有挥等:《枢纽港口城市港航服务业空间组织机理——以上海市为例》,《地理学报》2017 年第 12 期。

② 山东省人民政府办公厅:《山东省世界级港口群建设三年行动方案(2023—2025年)》,2023 年 8 月 8 日。

③ 初良勇等:《RCEP 实施对我国港航物流业的影响及对策建议——基于福建省的数据分析》,《发展研究》2022 年第 6 期。

④ 江苏省交通运输厅:《2021 年全省港航事业发展工作要点》,2021 年 3 月 3 日,http://jtyst. jiangsu. gov. cn/art/2021/3/3/art_41904_9685767. html。

⑤ 叶士琳:《全球—地方互动下港航服务业空间组织研究——以长三角地区为例》,博士学位论文,中国科学院大学,2018。

⑥ 杨程玲等:《广东省海运集群的空间演化及影响因素研究》,《海洋开发与管理》2023年第 10 期。

由于港口功能不断演变,港航服务业也一直处在发展及衍生状态,不同历史阶段对港航服务业的定义有所差异,因此目前港航服务业尚未有统一的明确的权威定义。各地主要根据港航服务业服务的范围进行界定,最早的港航服务业大多被定义为围绕船舶进行的引航、拖拽、停泊及货物的搬运装卸等服务种类。随着业务的拓展,港航服务业的界定范围开始扩大,一般被认为是港口所提供的货物中转、装卸、进出口以及口岸通商等服务功能的总称。港口与城市发展之间关系的逐渐加深促使港城联动成为一种新的发展模式,港航服务业也就成为地区服务业的重要组成部分,具有公共服务性质的服务行业也被囊括其中。卢宁[①]则认为广义的港航服务业既包括货物中转、搬运、船舶引航等为港口、货物、船舶所提供的直接服务,也包括港务局行政服务、港航金融、港航通讯等由港口派生出来的服务行业。郭建梅[②]基于第四代港口理论认为港航服务业主要指船舶引航、货物装卸、临时存储、分拨转运为主的港口运输及物流服务,外加由港口衍生出来的金融、信息、中介、生活等范围广阔的服务。从发展历程来看,港航服务业从劳动密集型行业向资本、技术、知识密集型行业拓展,服务价值不断提升。

一、港航服务业的概念

基于以上分析,在本书里把"港航服务业"定义为与"船、货、人、商"服务相关产业的总称,综合国际供应链物流、港航专业物流等两大港航物流业,涵盖船舶、船员、航运交易和海事法律等四大海事服务业,包括航运金融、航运信息、航运文化会展、航运休闲等四大融合服务业。同时,根据工作内容与职能将港航服务业分为基础服务、辅助服务和衍生服务三个大类,共18个业种[③](图1.2)。

基础服务是港航服务业的传统业务,包括水上运输和港口服务两大板块,是配置枢纽、国际贸易关键节点,在交通运输系统中起着举足轻重的作用。

辅助服务是为保障客货运输服务的业务,与港口的生产活动息息相关,包括多式联运和代理服务、船舶供应、船舶维修、船舶管理、航运经济、船员劳务、海洋工程等十个业种。

---

① 卢宁.港口服务业的理论研究与实证分析[D].中国海洋大学,2006.
② 郭建梅.港口服务业空间组织研究[D].辽宁师范大学,2012.
③ 国家统计局:《现代服务业统计分类》,2023年7月14日,https://www.stats.gov.cn/xw/tjxw/tzgg/202307/t20230728_1941608.html,第13—14页。

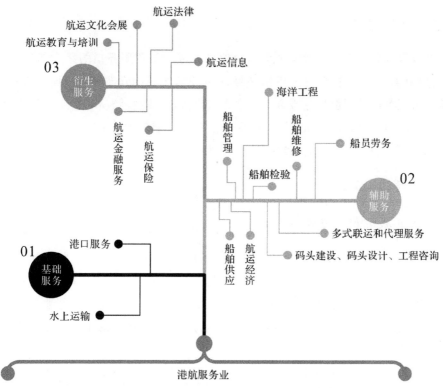

图 1.2 港航服务业细分业种树状图①②

衍生服务是指从传统航运业中派生出来的业务,主要包括航运金融服务、航运保险、航运信息、航运法律、航运教育与培训、航运文化会展等六个业种。

二、港航服务业的门类

(一)基础服务业

1. 水上运输业

水上运输指的是利用江河、湖泊、海洋、水库、渠道等水域,通过船舶等浮载工具运送客货的物流活动。货物运输包括远洋、沿海和内河货物运输以及水上运输辅助活动;旅客运输包括海上旅客运输、内河旅客运输和客运轮渡运输。

---

① 浙江省交通运输厅,浙江省统计局:《浙江省航运服务业统计监测制度》,2023 年 9 月 26 日,https://tjj.zj.gov.cn/art/2023/9/26/art_1599398_58960840.html。

② 国家统计局:《现代服务业统计分类》,2023 年 7 月 14 日,https://www.stats.gov.cn/xw/tjxw/tzgg/202307/t20230728_1941608.html,第 13—14 页。

2.港口服务业

港口服务分为港口经营服务和口岸服务。港口经营服务指的是为船舶、旅客、货物提供港口设施、装卸或搬运等服务,主营业务包括仓储服务和堆场服务、中转集拼服务以及引航拖船服务。口岸是指供人员、货物、物品和交通工具直接出入国(关、边)境的港口、机场、车站、跨境通道等。港口的口岸服务包括报关服务、通关服务以及大宗商品贸易服务(如国际结算)等。

(二)辅助服务业

1.多式联运和代理服务

多式联运和代理服务指的是多式联运、货运代理和船舶代理。《联合国国际货物多式联运公约》对国际多式联运给出的定义是:按照国际多式联运合同,以至少两种不同的运输方式,由多式联运经营人把货物从一国境内接管地点运至另一国境内指定交付地点的货物运输。中国海商法规定国内的多式联运链中必须有海运方式。

货运代理指在流通领域专门为货物运输需求者和运力供给者提供各种运输服务业务的总称,主要是接受委托方的委托,就有关货物运输、转运、仓储、装卸等事宜提供服务。货运代理与货物托运人订立运输合同,同时又与运输服务商签订合同,对货物托运人来说,货运代理是货物的承运人。相当部分的货物代理人掌握各种运输工具和储存货物的库场,在经营其业务时办理包括海陆空在内的货物运输。

船舶代理是指接受货物收货人、发货人、船舶所有人、船舶承租人或船舶经营人的委托,以委托人的名义或自己的名义,在不直接提供货物运输劳务情况下,为委托人办理货物运输以及船舶进出港口,联系安排引航、靠泊和装卸等相关业务手续的业务活动。

2.船舶供应服务

船舶供应指船舶物料供给,对象包括船舶生产、运营到维护维修过程中所需的物资供给,也包括船用燃料加注、海图供应、伙食供应、配件供应、船舶保洁服务、船舶安全服务和航运废弃物接收与处置等方面。船用燃料加注指船舶燃料油供应的船舶经营者(或燃油购买方)同供油商签订燃油供应合同,然后将相关指令发送到各自船舶,即受油船和供油船。

3.船舶维修服务

船舶维修是指为保持船舶良好的技术状态所进行的定期维护和修理,包括船舶设备修理、港口设备修理、货柜修理,其中船舶设备修理包括岁修、检修、航修、事故修理、改装修理,港口设备修理包括设备、器械等的设计与维修服务。

4.船舶管理(第三方)服务

船舶管理(第三方)服务包括全面技术管理、仅船员管理和总体管理,主要负责海务管理和机务管理,前者包括航行安全管理、航线指导、指导船舶满足挂靠港口和国家的监管要求、指导船上装卸货作业等,后者包括船舶维修保养,船上机器技术支持等。另外,大部分船舶管理(第三方)还提供配备船员和管理船员服务。

5.船舶注册登记服务

船舶注册登记服务是为船舶办理赋予国籍和权利义务的业务,即为享有船舶某种权利者向某国家授权的船舶登记机关提出申请,并提交相应的文件,在船舶登记机关完成符合法定条件的船舶的注册工作。

6.船舶检验服务

船舶检验服务是一种定期的、有目的的评估和审查程序,服务方通过对船体结构、设备、系统和操作流程的检查,以确保船只符合特定的安全标准、法规和国际协定。

7.航运经纪服务

航运经纪服务指在海运或航运业务中,专门为当事人双方提供或制造订约机会的工作。航运经纪人是以货物托运人和收货人为一方与以船舶所有人或海上承运人为另一方之间的中间人,主要服务包括:①照料在港船舶装货、卸货、加添燃料等工作,接受与交付货物,收取客货运费、兜揽货载、处理索赔案件、代办船用物料和给养等;②作为转运代理人或报关人办理货物报关、船舶结关、交纳关税等所有海关手续;③洽办船舶停靠、装货或卸货事宜;④作为租船代理人代表货主租船;⑤作为租船经纪人代船方出租船只。

8.码头建设、码头设计、工程咨询

码头建设包括港口的水上和陆上的基础设施建设。码头设计是指根据港口需求和工程条件,合理布局码头的过程。工程咨询是指遵循独立、科学、公正的

原则,运用工程技术、科学技术、经济管理和法律法规等多学科方面的知识和经验,为政府部门、项目业主及其他各类客户的工程建设项目决策和管理提供咨询活动的智力服务,包括前期立项阶段咨询、勘察设计阶段咨询、施工阶段咨询、投产或交付使用后的评价等工作。

9.海洋工程建设

海洋工程建设指以开发、利用、保护、恢复海洋资源为目的,且工程主体位于海岸线向海一侧的新建、改建或扩建工程。

10.船员劳务服务

船员劳务服务是为船舶所有者或经营者提供船员招募、培训、管理和其他相关服务的业务。

(三)衍生服务业

1.航运金融服务

航运金融服务是指基于航运资源资本化、航运资产资本化、航运未来收益及产权资本化原则,以航运业为平台,航运产业、金融产业、政府等进行融资、投资、金融服务等经济活动而产生的一系列与此相关业务总称。

2.航运保险服务

航运保险服务是一种为船舶及其相关风险提供保险保障的业务,包括船舶保险、货物保险、责任保险等,目的是帮助船舶所有者、运营者和相关利益方在海上运输过程中应对各种潜在的风险和损失。

3.航运信息服务

航运信息服务是指利用计算机、通信设备以及电子设备等现代高新技术手段对信息进行处理、传输、存储和分析等服务,包括:航运数据咨询服务、航运软件开发及信息服务、航运数字平台服务、航运技术研发服务、航运技术转化与推广服务。

4.航运法律服务

航运法律服务是指为航运业从业者提供法律咨询和法律代理服务,包括海事诉讼服务、海事调解服务、海事仲裁服务。如,提供与船舶购买、租赁、修理、运输合同等相关的法律咨询,帮助当事人制定、解释和执行合同,协助航运公司、船舶所有者、港口经营者等各类相关利益方处理与法律相关的事务。

5.航运教育与培训服务

航运教育与培训服务包括船员培训服务和航运教育服务。船员培训内容包括航海知识、船舶操作技术、应急处置能力、团队合作等方面。航运教育服务主要是指航运高等教育。

6.航运文化会展服务

航运文化会展服务包括航运会展博览和航运文化旅游。航运会展博览是提供航运、物流、海事、船舶等相关展览、会议报道的服务,是港航相关单位交流合作的重要平台。航运文化旅游是依托航运资源和旅游资源为消费者提供航运休闲旅游的服务,包括邮轮游、近海游艇游等。

第三节　目的与意义

全球港航服务业在过去十几年实现了跨越式发展,提升了各国际航运中心的港航资源的配置能力,对全球海运贸易量的增长产生了最直接、最有效的推动作用。各国际航运中心的港航服务业发展水平在航运市场竞争中充当了越来越重要的角色。

近年来,尽管各地的航运中心,如:上海国际航运中心、宁波舟山航运中心、天津北方国际航运中心、大连东北亚国际航运中心等,依托各自的世界级港口大力发展港航服务业,在港航服务业发展方面成绩显著,现代港航服务业已初具规模。例如,船舶登记规模稳定增加,航运代理服务、船舶管理服务发展势头良好,船员劳务市场逐步扩大,船舶交易、大宗商品储运交易、船舶维修业务、外轮船供业务等发展迅速。同时,高端港航服务业也进入起步阶段,取得了一定的成绩。例如,多个现代航运服务集聚区已基本建成,集装箱舱位交易稳步发展,海事海商案件受理稳步增加,航运文化会展影响持续扩大,各种港航物流服务平台建设步伐加快。尤其值得指出的是近20多年来,我国成立了多个航交所,以上海航交所为首的各航运交易所发表了诸如中国出口集装箱运价指数、中国进口集装箱运价指数、东南亚集装箱运价指数、全球集装箱班轮准班率、中国(上海)国际海员薪酬指数、中国进口干散货运价指数、中国进口原油运价指数、"一带一路"

航贸指数。其中,宁波航运交易所的海丝指数已登陆波罗的海交易所。2023年《新华·波罗的海国际航运中心发展指数报告》显示,全球航运中心城市综合实力前10城市中我国占有三席之地(上海、中国香港和宁波舟山),新加坡、伦敦和上海全球三大航运中心领衔发展的格局已经基本上形成。

尽管取得了诸多成绩,但对标知名国际航运中心,我国的航运中心建设,尤其是依托国际航运中心的高端港航服务业的发展仍然存在诸多薄弱环节,国际航运中心城市综合实力落后于港口码头的能力。具体表现在:

(1)传统港航服务业的现代化程度不高。虽然传统港航服务业产业链健全、功能基本完备,但大多为粗放式、低端的港航服务业,且市场主体能级不高,从业企业利润率低、同质化竞争激烈;

(2)现代港航服务业发展基础不牢。港口岸线资源开发趋于饱和、供油锚地严重不足、码头外部危化品堆场、集卡停车场稀缺、物流供应仓储设施小散乱等问题突出。相较于新加坡、中国香港和伦敦等知名航运中心,落户我国内地的国际航运知名企业数量少、集聚度低;

(3)高端港航服务专业人才缺乏。缺少航运金融、海事仲裁、保险经纪等方面的专业人才,尤其紧缺能够掌握国际规则、精通外语的港航服务业高端人才;

(4)现代港航服务业产业规模和集聚能级有待扩大。目前无论是港航服务类企业的规模还是能级,都无法与伦敦、新加坡和中国香港相比较。

现代港航服务业发展的软环境有待进一步完善和优化。各地自贸区的开放政策差距明显,税收优惠政策差距大,金融、经济环境远不理想。以上分析表明,除上海航运中心外我国的其他航运中心在高端港航服务业有非常大的提升空间,各航运中心需加大力气,努力发展高端港航服务业,补齐港航服务短板。

在上述背景下,本书创新港航服务业的相关理论体系,以指导和支撑我国各国际航运中心的港航服务业的发展实践。目前,围绕港航服务业发展的问题,国内外已初步积累了一些学术界和业界的研究成果,但针对港航服务业发展的研究仍有待进一步梳理、深化和创新。因此,有必要开展有关港航服务业发展的理论与实践研究,为我国依托港航物流硬实力优势,打造一流的港航服务软实力,扩大各海港城市的港航服务业规模和港航服务业能级提升奠定理论基础,提供技术支撑。

《浙江省海洋经济发展"十四五"规划》已明确提出,未来要推动高端港航服务物流业突破发展,集聚航运金融、航运交易、海事服务、法律咨询等平台机构,提升国际影响力。《浙江省世界一流强港建设工程(2023—2027年)实施方案》

又进一步明确了包括推进航运服务业高质量发展在内的十大标志性工程和十大牵引性改革。2023年宁波市政府工作报告中将实施港航服务业攻坚行动作为服务业三大攻坚行动之一。在浙江省、宁波市大力发展港航服务业的现实背景下,创新港航服务业的相关理论体系,有利于指导和支撑宁波舟山国际航运中心的港航服务业的发展实践。在理论研究的基础上,进一步针对宁波舟山国际航运中心建设,开展港航服务业发展的实践研究,通过"归纳路径历程—解析发展机理—构筑集群结构—评价发展水平",破解"港大航小"困局,是助力实现宁波舟山港世界级一流强港建设目标、扩大宁波舟山国际航运中心的港航服务规模、提升港航服务业能级提升的重要步骤。

第四节 研究数据来源

本书数据充实,所使用数据来源如表1.1所示。

表 1.1　数据来源汇总

数据名称	数据来源	引用年份/年
伦敦港口货物吞吐量/集装箱吞吐量历年数据	GOV.UK	2012—2022
伦敦港口旅客运输历年数据	GOV.UK	2012—2022
伦敦水上运输公司数目及规模	劳埃德海事数据库	2012/2022
港口经营服务公司数目及规模	GOV.UK/Port of London Authority	2012/2022
伦敦口岸服务业态信息	GOV.UK/Port of London Authority	2012/2022
伦敦货运代理公司数目及规模	GOV.UK/Port of London Authority	2012/2022
伦敦船舶供应、船舶管理公司数目及规模	GOV.UK/劳埃德海事数据库	2012/2022
伦敦船舶维修公司数目及规模	GOV.UK/Port of London Authority	2012/2022
伦敦船舶注册登记公司数目及规模	GOV.UK/Port of London Authority	2012/2022
伦敦船舶检验公司数目及规模	GOV.UK/Port of London Authority/劳埃德海事数据库	2012/2022
伦敦航运经纪公司数目及规模	GOV.UK/Port of London Authority/劳埃德海事数据库	2012/2022
伦敦码头建设、码头设计、工程咨询公司数目及规模	GOV.UK/Port of London Authority/劳埃德海事数据库	2012/2022

数据名称	数据来源	引用年份/年
伦敦航运金融公司数目及规模	GOV. UK/Port of London Authority	2012/2022
伦敦航运保险公司数目及规模	GOV. UK/Port of London Authority	2012/2022
伦敦航运信息公司数目及规模	GOV. UK/Port of London Authority	2012/2022
伦敦航运法律公司数目及规模	GOV. UK/Port of London Authority	2012/2022
伦敦航运教育和培训公司数目及规模	GOV. UK/Port of London Authority	2012/2022
伦敦航运文化会展业态信息	GOV. UK/Port of London Authority	2012/2022
新加坡港口货运吞吐量/集装箱吞吐量	新加坡港务局官网	2012—2022
新加坡港口水上运输公司数目及规模	劳埃德海事数据库/各企业官网/SGP Business	2012/2022
新加坡港口邮轮停靠次数及旅客吞吐量变化	新加坡政府(Gov.sg)官网	2012—2022
新加坡港口经营服务公司数目及规模	劳埃德海事数据库/各企业官网/SGP Business	2012/2022
新加坡口岸服务业态信息	新加坡企业发展局官网(IE Singapore)	2012/2022
新加坡多式联运和代理公司数目及规模	劳埃德海事数据库/各企业官网/SGP Business	2012/2022
新加坡船舶供应、船舶维修公司数目及规模	劳埃德海事数据库/各企业官网/SGP Business	2012/2022
新加坡十大船舶管理公司名单	劳氏日报	2012/2022
新加坡船舶管理公司数目及规模	劳埃德海事数据库/各企业官网/SGP Business	2012/2022
新加坡船舶注册登记公司数目及规模	新加坡船舶登记处(SRS)/各企业官网	2012/2022
新加坡船舶检验公司数目及规模	劳埃德海事数据库/各企业官网/SGP Business	2012/2022
新加坡航运经纪公司数目及规模	劳埃德海事数据库/各企业官网/SGP Business	2012/2022
新加坡码头建设、码头设计、工程咨询公司数目及规模	劳埃德海事数据库/各企业官网/SGP Business	2012/2022
新加坡海洋工程公司数目及规模	劳埃德海事数据库/各企业官网/SGP Business	2012/2022
新加坡船员劳务公司数目及规模	劳埃德海事数据库/各企业官网/SGP Business	2012/2022
新加坡航运金融公司数目及规模	劳埃德海事数据库/各企业官网/SGP Business	2012/2022

续表

数据名称	数据来源	引用年份/年
新加坡航运保险公司数目及规模	新加坡金融管理局（MAS）/各企业官网	2012/2022
新加坡航运信息公司数目及规模	新加坡海事和港务局官网（MPA）	2012/2022
新加坡航运教育和培训公司数目及规模	劳埃德海事数据库/各企业官网/SGP Business	2012/2022
新加坡航运文化会展业态信息	TOC Asia	2012/2022
香港港口货运吞吐量/集装箱吞吐量	香港海事处官网	2012—2022
香港水上客货运输企业数目	香港海事处官网	2012/2022
香港港口水上货运公司数目及规模	香港海事处官网/各企业官网	2012/2022
香港港口水上客运公司数目及规模	香港海事处官网/各企业官网	2012/2022
香港港口经营服务公司数目及规模	香港海事处官网/各企业官网	2012/2022
香港口岸服务	香港海事处官网/前海联合交易中心	2012/2022
香港货运代理公司数目及规模	香港海事处官网/各企业官网	2012/2022
香港船舶供应、船舶管理公司数目及规模	香港海事处官网/各企业官网	2012/2022
香港船舶维修公司数目及规模	香港统计年鉴/香港海事处官网/各企业官网	2012/2022
香港船舶注册登记业态数据	香港海事处官网/各企业官网	2012/2022
香港船舶检验业态数据	香港海事处官网/各企业官网	2012/2022
香港航运经纪公司数据及规模	香港统计年鉴/香港海事处官网/各企业官网	2012/2022
香港码头建设、码头设计、工程咨询业态数据	香港海事处官网/各企业官网	2012/2022
香港船员劳务公司数目及规模	香港海事处官网/各企业官网	2012/2022
香港航运金融业态数据	香港金融管理局官网/香港贸易发展局/香港海事处官网/各企业官网	2012/2022
香港航运保险业业态数据	香港统计年鉴/香港贸易发展局/香港海事处官网/各企业官网	2012/2022
香港航运信息公司数据及规模	香港海事处官网/各企业官网	2012/2022
香港航运法律业态数据	香港海事处官网/各企业官网	2012/2022
香港航运教育和培训业态数据	香港海事处官网/香港大学官网/香港科技大学官网/各企业官网	2012/2022

续表

数据名称	数据来源	引用年份/年
香港航运文化会展	香港海事处官网	2012/2022
上海港口货运吞吐量/集装箱吞吐量	上港集团官网	2012—2022
上海水上客货运输企业数目	上港集团官网	2012/2022
上海港口水上货运公司数目及规模	上港集团官网/天眼查官网	2012/2022
上海港口水上客运公司数目及规模	上港集团官网/天眼查官网/上海市统计局官网	2012/2022
上海港口经营服务公司数目及规模	上港集团官网/天眼查官网	2012/2022
上海口岸服务业态信息	上港集团官网/各企业官网	2012/2022
上海货运代理公司数目及规模	上港集团官网/天眼查官网	2012/2022
上海船舶供应、船舶管理公司数目及规模	上海海事局官网/上港集团官网/天眼查官网	2012/2022
上海船舶维修公司数目及规模	上海统计年鉴/天眼查官网/各企业官网	2012/2022
上海船舶注册登记业态数据	上海海事局官网	2012/2022
上海船舶检验业态数据	天眼查官网/各企业官网	2012/2022
上海航运经纪公司数据及规模	相关企业官方公众号/天眼查官网	2012/2022
上海码头建设、码头设计、工程咨询业态数据	各企业官网/天眼查官网	2012/2022
上海船员劳务公司数目及规模	各企业官网/天眼查官网	2012/2022
上海航运金融业业态数据	上海航运金融类新闻报道/企业官方公众号	2012/2022
上海航运保险业业态数据	上海航运保险类新闻报道/企业官方公众号/各企业官网/天眼查官网	2012/2022
上海航运信息公司数据及规模	各企业官网/天眼查官网	2012/2022
上海航运法律业态数据	天眼查官网/相关项目文件素材/各机构官网	2012/2022
上海航运教育和培训业态数据	上海海事局官网/上海交通大学相关学院官网/上海海事大学相关学院官网/天眼查官网	2012/2022
上海航运文化会展业态信息	上海相关航运展会新闻报道/各展会公众号	2012/2022
新加坡货物外贸进出口总额	新加坡统计局	2022

续表

数据名称	数据来源	引用年份/年
新加坡第二产业产值与GDP	新加坡统计局	2022
新加坡金融业产值	中国对外投资指南（新加坡）	2023
新加坡本外币贷款余额	新加坡统计局	2022
新加坡总税收	新加坡统计局	2022
新加坡港航服务业相关政策	新加坡政府网站	2000/2023
新加坡机场、港口、公铁枢纽的货物运输量	新加坡统计局	2022
新加坡轨道交通、道路网密度	维基百科	2023
伦敦货物外贸进出口总额	英国统计局	2022
伦敦第二产业产值与GDP	英国统计局	2022
伦敦金融业产值	中国对外投资指南（英国）	2023
伦敦本外币贷款余额	英国统计局	2022
伦敦港航服务业相关政策	英国政府网站	2000/2023
伦敦机场、港口、公铁枢纽的货物运输量	多方运输企业官网	2022
伦敦轨道交通、道路网密度	维基百科	2023
香港货物外贸进出口总额	香港统计处	2023
香港第二产业产值与GDP	香港统计处	2023
香港金融业产值	中国对外投资指南（中国香港）	2023
香港本外币贷款余额	香港统计处	2022
香港总税收	香港统计处	2023
香港港航服务业相关政策	香港特区政府网站	2000/2023
香港机场、港口、公铁枢纽的货物运输量	香港运输署	2023
香港轨道交通、道路网密度	维基百科	2023
上海货物外贸进出口总额	上海统计局	2023
上海第二产业产值与GDP	上海统计局	2023
上海金融业产值	上海统计局	2023
上海本外币贷款余额	上海统计局	2023
上海港航服务业相关政策	上海市政府官网	2000/2023
上海机场、港口、公铁枢纽的货物运输量	上海统计局	2023
上海轨道交通、道路网密度	上海统计局	2023

数据名称	数据来源	引用年份/年
宁波货物外贸进出口总额	宁波统计局	2023
宁波第二产业产值与GDP	宁波统计局	2023
宁波金融业产值	宁波统计局	2023
宁波本外币贷款余额	宁波统计局	2023
宁波港航服务业相关政策	宁波市政府官网	2000/2023
宁波机场、港口、公铁枢纽的货物运输量	宁波统计局	2023
宁波轨道交通、道路网密度	宁波统计局	2023
大宗商品交易所及其成交量	美国期货协会(FIA)	2023
各航运中心的世界银行全球"法治"治理指数	世界银行	2022
各航运中心的"司法效力"指数	经济自由指数 Index of Economic Freedom	2021
各航运中心到工业七国主要港口的航行时间	searates 货运信息查询平台	2023
各航运中心高中及以上学历的人口占比	世界银行	2023

第二章
港航服务业在国际航运中心的发展

第一节 国际航运中心分类

国际航运中心是一个功能性的综合概念,中国经济信息社联合波罗的海交易所给出的定义是:以高度完善的航运服务为核心,在全球范围内配置航运资源的重要港口城市。在过去十几年中,国际航运中心规模及其港航资源配置能力不断提升,对全球海运贸易发展产生了最直接、有效的推动作用,助力全球海运贸易量由 2006 年的 71.1 亿吨增加至 2023 年的 123.7 亿吨。在此期间,全球海运贸易量的增加又反过来推动了全球范围内港航服务业与航运中心的发展。

根据国际航运中心的功能与发展重点,可将其分为中转服务型航运中心、腹地货运型航运中心、交易知识型航运中心和标杆科技型航运中心[1][2]。

1. 中转服务型航运中心

中转服务型航运中心一般不是货物运输的起讫点,而是在全球航运网络中充当中转和分拨的关键节点。货物在这里短暂停留,进行临时仓储、换装、分拨和转运等操作,这类航运中心中有些还提供货物加工等服务,其主要特点是:

地理位置优越。通常位于全球主要航线的交汇点,是国际转运的理想选址地。

全球领先的国际集装箱枢纽港。因需具备出色的转运能力,因此通常有高效率、大容量的集装箱码头、深水航道、集装箱装卸和堆存设施。

---

[1] 王杰:《国际航运中心形成与发展的若干理论研究》,博士学位论文,大连海事大学,2007,第 23—27 页。

[2] 匡海波:《东西方两大航运要塞同时受阻对大连东北亚国际航运中心建设有何影响?》,2023 年 12 月 22 日,https://www.xindemarinenews.com/topic/dongbeiyahangyunzhong-xin/2023/1222/52073.html。

多拥有国际航运企业区域总部、区域性航运社团和组织,其中航运企业进驻中转服务型航运中心,开展船队管理调度、提供货运运输服务等业务,而区域性航运社团和组织则通过政策关注和标准制定等助力全球航运的发展。

围绕船舶运输的辅助服务业发展。主要服务于船舶运输业,业务范围包含船舶供应和维修、多式联运、船舶经纪等辅助服务业。

地处太平洋航线和印度洋航线的交汇处,地理区位优越,航运服务生态体系完善的新加坡是最典型的中转服务型航运中心。除此之外,鹿特丹是欧洲的集装箱中转枢纽,比雷埃夫斯是地中海上最大的港口之一,广州是华南地区最大的综合性主枢纽港和集装箱干线港口,它们也部分具备中转服务型航运中心的特点。

2.腹地货运型航运中心

腹地货运型航运中心通常作为货物运输的起点或终点,通过完善的内陆运输系统(如:铁路、公路、内河等)与经济腹地相连接,是腹地的海洋运输通道枢纽,其特点如下:

背靠庞大的腹地市场。港口腹地具有巨大的运输需求,如:工业品和消费品需通过海洋运输运往终端市场,同时腹地需要运进原材料进行生产活动。因此,这类航运中心也会成为贸易和物流的中心。

拥有全球领先的国际集装箱枢纽港。与中转型航运中心相同,此类航运中心建设有超级的现代化集装箱码头和优秀的集装箱短途运输、场地作业设施。

临港产业发达。普遍拥有发达的临港产业,高效地对货物进行生产加工,提高货物的附加值。这些临港产业又为当地创造就业机会,吸引投资,是经济腹地提高区域综合竞争力的核心支撑。

重视港口基础服务业的发展。此类航运中心要为到港货物提供物流服务,因此其业务主要是包括港口服务和水上运输在内的基础服务业。

许多国际航运中心都具有这类航运中心的特征,如:上海航运中心与长三角乃至整个长江经济带的产业链紧密连接、深度融合;迪拜航运中心位于阿曼湾的战略要地,依托石油产业而建;鹿特丹航运中心的经济腹地深入到欧洲和黑海地区,是繁忙的货运枢纽;宁波舟山航运中心货物吞吐量世界第一,在国际物流供应链体系中举足轻重。

3.交易知识型航运中心

交易知识型航运中心不以货物运输为主要业务,而是以航运辅助服务和航运衍生服务为主导业务,重点发展航运金融、海事法律仲裁、航运保险等高附加

值的航运服务业,其特点如下所述:

地处区域性乃至国际性商业中心或金融中心。拥有丰富的金融资源和服务机构,可以满足对航运金融、航运保险等业务支持。

业务高度依赖知识。重点发展的海运金融、海事法律仲裁和航运保险等业务涉及复杂的法律体系和合同条款,海事科技涉及多领域的理论和技术,其发展需要深厚的专业知识作为支撑。

这类航运中心的典型代表有香港航运中心和伦敦航运中心,它们分别是区域性(亚洲范围)和全球性的交易知识型航运中心。

4.标杆科技型航运中心

标杆科技型航运中心参与制定国际海事标准和航运资源的全球配置,同时注重于海事科技的研发与应用,其特点如下:

国际航运企业全球总部、国际性航运社团和组织的集中地。具备对航运资源进行全球配置的能力,国际航运企业的全球总部与国际性航运社团和组织的集聚地。

全球先进的海事科技企业集中地。重视海事科技,航运创新能力强、创新产品多,拥有良好的创新和研发环境,全球顶尖的海事科技企业在此处设立研究机构和实验室,大量航运相关的技术型人才在此聚集。

在国际上具有权威影响力和公信力。拥有全球公认的国际海事教育机构,且具备发布航运指数与国际航运中心评价指标体系能力,其发布的指数与评价体系被全球港航产业所共同认可。

伦敦国际航运中心是最典型的标杆科技型航运中心,同时,东京航运中心积极探索替代能源和智慧航运,也具有此类航运中心的部分特点。

第二节 国际航运中心的历史演变

在不同的历史阶段与区位环境等因素的影响下,航运中心对港口的发展方向和港航服务业的发展选择各有侧重,导致各航运中心的类型迥异,而同一个航运中心在不同时期的定位与功能也会有所不同。

世界的总体发展趋势如工业革命、战争和世界经济重心的转移等,会直接塑造航运中心的地位和功能,从而推动航运中心的类型演变。以伦敦港为例,随着第一次工业革命首先在欧洲兴起,凭借巨大的技术优势和英国强大的殖民经济,在 16 世纪后期,伦敦港成为连通欧洲与海外殖民地的最重要节点,是当时世界上最繁忙的港口,彼时伦敦属于腹地型航运中心。之后,第二次世界大战改变了世界格局,英国的殖民经济开始衰落,伦敦港也面临重建。此时,伦敦港的货运需求下降,逐渐不能作为腹地型航运中心继续发展。因此,20 世纪末伦敦港开始转型,凭借其雄厚的历史积累,围绕海洋法律体系和海洋金融等业务发展,如今成为世界的航运保险和航运法律仲裁中心。

同时,地理位置是限制航运中心类型演变的关键因素之一,从新加坡港与香港港的发展历程可见一斑。新加坡港与香港港早期都因英国殖民而兴起,并都注重海事金融与科技等高附加值业务的发展。但是,新加坡凭借其得天独厚的区位优势成为全球东西航道上重要的连接枢纽,并发展成为高效的中转型航运中心。香港位于中国东南部,毗邻珠江,东临南海,可连接中国内地与海外市场,但不位于全球主要航线的交汇点,因此不具备成为中转型航运中心的条件。由此可见,地理区位对于航运中心(尤其是中转型航运中心)的定位影响极其重要,良好的地理区位可以让港口吸引更多的货源,并开展其他港口不具备条件开展的业务。

在世界发展趋势、地理区位等多方面的影响下,航运中心都结合现实情况,作出主动战略选择,从而直接影响航运中心的演变方向。以上海航运中心为例,1987 年,《全国国土规划纲要》中提出"长江经济带"的概念,指出要将长江的上中下游地区打造成世界级的内河经济带。借此契机,作为长江门户的上海港积极响应国家战略,以长江经济带尤其是长三角地区作为经济腹地迅猛发展,一举成为世界顶级的港口,上海市随之成为腹地型航运中心。

第三节　各类型的代表性航运中心

不同类型航运中心的发展历程各异,梳理其发展经验与教训,有助于明晰港口城市当前的发展阶段和未来港航服务业的发展定位。因此,依据航运中心的类型特点,分析各类代表性的航运中心,为后续研究先进国际航运中心的现状及发展经验奠定理论基础。

一、中转服务型航运中心代表:新加坡国际航运中心

新加坡港地处马六甲海峡东段,是世界上最重要的集装箱中转枢纽,临近中国南海,位于太平洋航线与地中海航线的交会处,区位优势明显,因此得以成为

连接东西、运转高效的中转型航运中心。卓越的地理位置和强大的港口能力使新加坡成为世界上典型的中转服务型航运中心。

二、腹地货运型航运中心代表：上海国际航运中心

改革开放以来，上海港积极响应国家战略，依托长三角地区经济腹地巨量的海运需求，一举成为世界顶级港口。上海国际航运中心综合发展水平高，航运资源聚集能力强，航运服务功能健全，航运市场环境优良，现代物流服务高效，是典型的腹地货运型航运中心。

三、交易知识型航运中心代表：香港国际航运中心

香港港是亚洲重要的船舶经纪、海事法律、海事保险和航运金融服务据点，且拥有国际金融中心、贸易中心和商业中心的地位，使其具备强大的国际竞争力，是交易知识型航运中心的典型。

四、标杆科技型航运中心代表：伦敦国际航运中心

伦敦港拥有完善的航运高等教育和专业培训体系，同时也是包括国际海事组织（IMO）在内的众多国际航运机构的总部所在地。伦敦国际航运中心于1985年起发布的波罗的海指数是世界上衡量国际海运情况的权威指数，因此是标杆科技型航运中心的典型。

第三章

代表性国际航运中心现状

第一节　代表性国际航运中心的港航服务业现状

一、新加坡国际航运中心

（一）基础服务

1. 水上运输

在货物运输方面，2022年，新加坡港完成货物吞吐量5.78亿吨，占全球货运贸易的五分之一，位居全球第六名。在进出口货物中，主要进口商品为电子真空管、原油、加工石油产品、办公及数据处理机零件等；主要出口商品为成品油、电子元器件、化工品和工业机械等。如图3.1所示，自2012年起新加坡港的货物吞吐量稳定在5亿吨以上。

2022年，新加坡港完成集装箱吞吐量3730万TEU，再次排名全球第二。如图3.2所示，2012年新加坡港集装箱吞吐量首次超越3000万个标准箱，之后一直保持在3000万TEU以上。自2018年以来，新加坡港的集装箱吞吐量变化不大，增速有所减缓。虽然港口货运量和集装箱处理量都有所下降，但在新收购业务和仓储堆存收入带动下，新加坡国际港务集团（PSA International）2022年营收达到新元79.94亿（约人民币411.18亿元），同比大增71.2%；税前利润为新元19.40亿（约人民币99.79亿元）；净利润为新元15.62亿（约人民币80.34亿元），同比上升13.1%。

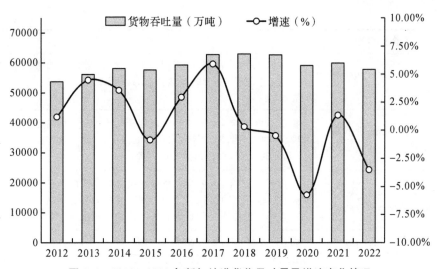

图 3.1 2012—2022 年新加坡港货物吞吐量及增速变化情况

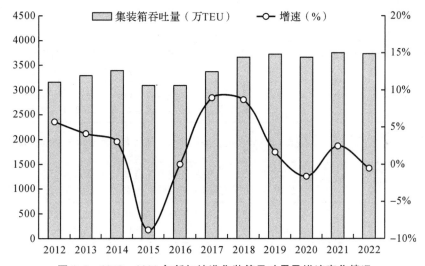

图 3.2 2012—2022 年新加坡港集装箱吞吐量及增速变化情况

新加坡主要的货运企业及其基本信息如下表 3.1 所示。

表 3.1 新加坡货运企业基本信息

企业名称	企业介绍
Active Shipping & Management Private Limited	成立于 1994 年,主要提供油船和散货船运营服务,目前有 13 艘油船和 4 艘散货船在运营。
Adhart Shipping Private Limited	成立于 2007 年,主要提供船舶管理、租船、海事供应和维修等服务。目前有 6 艘散货船和 2 艘油轮在运营中,散货船总营业额达 94.3 百万美元,油轮总营业额达 251 百万美元。

续表

企业名称	企业介绍
Berk Bulk Transport Private Limited	成立于 2007 年,拥有并管理一支由 80 多艘船舶组成的船队,相当于超过 1400 万载重吨。2022 年运输了超过 7000 万吨的货物。
Capitol Shipping Private Limited	成立于 2000 年,主要业务活动是干散货航运,包括铁矿石、煤炭、谷物、水泥、钢材等大宗商品的海上运输。目前拥有和管理 7 艘干散货船,总运力为 100 万吨。
Cathay Shipping & Freight Service Private Limited	成立于 1983 年,业务范围包括在东南亚地区的驳船、拖船和舢板船运输,干散货船的租赁和经营,货物的装卸和转运,物流和协调等。目前拥有和管理 4 艘驳船和 3 艘拖船。
China Ore shipping Private Limited	成立于 2015 年,主要业务是专项铁矿石海上运输及相关干散货业务。目前拥有和管理 14 艘超大型矿砂运输船。
Eastern Pacific Shipping Private Linited	成立于 1987 年,拥有和管理一支多样化的船队,包括集装箱船、化学品船、液化气船、油轮和卡车运输船等,总数超过 200 艘。总运力约为 2500 万吨。
Eng Hup Shipping Private Limited	成立于 1957 年,为亚洲各地运营的客户提供船舶租赁、码头运营和造船厂服务。目前拥有 70 多艘船,支持各种海上作业。
Grindrod Shipping Private Limited	成立于 2017 年,为 Grindrod Limited 所分拆的航运业务的控股公司。运营着 13 艘船舶,主要负责干散货和油轮运输。
Komaya Shipping Co Private Limited	成立于 1978 年,业务范围包括所有内河航道的货物运输。
Marco Polo Shipping	成立于 1991 年,是马可波罗船务集团的全资子公司。占地 34 公顷,可进行造船、船舶维修和改装以及石油和天然气制造。
VASI Shipping	成立于 2012 年,专注于化肥、矿物和化学品的亚洲内外运输,运营着 6 艘船舶,运力达 10188TEU,全球排第 78 名。
Pacific International Lines	成立于 1967 年,在全球拥有 18000 多名员工和船员。目前投入运营船舶共 98 艘,总运力达 295331TEU,世界排名第 12 位。
Sea Lead Shipping	成立于 2017 年,通过购买各种班轮和支线服务的舱位开始经营。拥有船舶 28 艘,总运力达 121107TEU,全球排第 18 名。
Neptune Pacific Direce Line	成立于 2005 年,运营 9 艘船舶,运力达 10410TEU,全球排第 77 名。除了基本的班轮运输服务,还提供船代、集装箱堆场、熏蒸、拼箱、燃料/天然气和润滑油、分配和存储等相关服务。
Neptune Orient Lines	成立于 1968 年,在全球拥有约 6000 名员工。是一家综合性运输及物流跨国企业,拥有超过 100 艘集装箱船的船队。2022 年,NOL 主营业务收入大约为 5.3 亿美元。
Xinghe Shipping	是一家散货船公司,专注于散货和干散货的运输。

续表

企业名称	企业介绍
Straits Steamship Company	成立于 1890 年,是一家主要从事国际航线运输的公司,包括散货船运输。
Swire Bulk	是一家主要从事干散货业务的公司,2021 年 1 月,Swire Bulk 成为了独立实体。目前,约有 140 名员工,运营着 120 至 150 艘灵便型和超灵便型散货船,其中 25 艘为自有船。
Tata NYK Shipping Private Limited	是塔塔集团与全球最大的航运公司之一 NYK Line 于 2007 年成立的合资企业,运营着 9 艘船舶,运载货物包括煤炭、铁矿石、钢铁等。2023 年载货量达 30.5 百万吨,年收入达 489 百万美元。
Winstar Group of Companies	成立于 1993 年,是唯一一家同时在 PSA 码头和裕廊港运营新加坡和巴淡岛之间每日班轮服务的承运商,包括装卸、报关、陆路卡车运输和辅助相关服务。拥有 8 艘船舶。

在旅客运输方面,新加坡是全球旅游热点,港口作为客旅中转枢纽,为新加坡旅游业做出了巨大的贡献。新加坡主要的客运企业及其基本信息如表 3.2 所示。

表 3.2 新加坡客运企业信息

企业名称	企业介绍
Star Cruises	成立于 1993 年,是全球邮轮市场的领导者之一,旗下拥有多艘大型邮轮,包括豪华邮轮和主题邮轮。
Singapore Cruise Centre	成立于 2003 年,提供豪华游轮和客滚船的服务。
Universal Ship management Private Limited	成立于 2004 年,主要业务是管理两艘邮轮 Leisure World 和 Amusement World。
Bintan Resort Ferries	成立于 1994 年,提供新加坡与印尼巴淡岛之间的客滚船服务。
Christmas Island Shipping Line	圣诞岛航运提供新加坡与澳大利亚圣诞岛之间的客滚船服务,船只主要用于运输乘客和货物。
Batam Fast Ferry	成立于 2005 年,提供新加坡与印度尼西亚巴淡岛之间的客滚船服务。快船服务主要用于短途旅行,运输乘客和小型货物。
St. John's Island Ferry Services	提供连接新加坡本岛与附近的圣约翰岛等岛屿的客滚船服务,通常用于旅游和休闲目的。

2015 年,新加坡港邮轮旅客吞吐量超过 200 万人次,且逐年攀升。2019 年由于受到疫情影响,旅游行业受到重创,客运量骤降。目前,随着越来越多的邮轮重新投入使用,新加坡邮轮运力正在不断增加(图 3.3)。

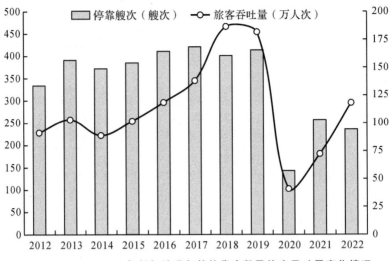

图 3.3　2012—2022 年新加坡港邮轮停靠次数及旅客吞吐量变化情况

2.港口服务

在港口经营服务方面,新加坡从事港口服务的企业共有 21 家,主要为船舶、旅客和货物提供港口设施、装卸设备、拖船、仓储等服务。主要的企业信息如表 3.3 所示。

表 3.3　新加坡港口经营服务企业信息

企业名称	企业介绍
Lynsk & Company Private Limited	成立于 2002 年,主要业务是船用设施及配件(包括船用导航设备和雷达)的批发。
Macgregor (SGP) Private Limited	成立于 2013 年,麦基嘉决定在新加坡设立 Macgregor 地区业务总部。是世界领先的货物和货物装卸设备供应商,目前共有 1978 名员工,2022 年销售额达 568.7 百万欧元。
Man Energy Solution (Singapore) Private Limited	成立于 1977 年,有大约 200 名员工,有一个占地面积约 76000 平方米的物流中心,主要提供船用发电机、燃气发电机、燃气轮机、发动机和涡轮增压器的维修和保养等产品和服务。
Portek Systems & Equipment Private Limited	成立于 1988 年,提供全套的工程方案和完整的系列软件系统方案,例如港口设备现代化升级、重装及维修。在全球 25 个地区设有办事处,总资产达 367 百万英镑。
Teesin Machinery Private Limited	成立于 1981 年,占地面积 68000 平方英尺,是新加坡领先的建筑设备和工程机械供应商和制造商。
Raycontrol Private Limited	成立于 1981 年,主要负责维修液压部件和当地造船厂的仪器。迄今为止,已有 9000 多个工作岗位。

续表

企业名称	企业介绍
Teho Ropes	成立于 1986 年,现已成为全系列系泊、索具、起重和安全系统的主要供应商。
Jurong Port Private Limited	成立于 2000 年,主要负责裕廊港的运营,现已发展成为亚洲最大的城市和基础设施咨询公司之一。在全球 40 多个国家拥有超过 130 个办事处,员工数量超过 14500 名。
Maritime & Port Authority of Singapore	成立于 1996 年,主要负责加强港口水域的安全和环境保护,促进港口运营和发展,扩大海事服务集群,促进海事研发和发展。
Shell Eastern Petroleum Private Limited	成立于 1891 年,业务涵盖天然气的贸易和营销;石油产品、润滑油和化学品的炼油、贸易、营销和运输,以及通过零售商运营服务站网络和电动汽车充电。
Posh Semco Private Limited	成立于 2006 年,拥有、管理和运营一支由 60 多艘船舶组成的船队,提供海底支持、拖船和项目物流以及船舶租赁服务。
Brani Terminal	有 9 个泊位,拥有丰富的集装箱业务和货物处理能力,主要处理液体散货、石油和化学品。设有专门的化学品和危险品码头,还设有一个专用的旅游码头,用于接待豪华邮轮和游艇。
Keppel Distripark	是超现代的综合货物分拨中心,提供广泛的集装箱装卸和仓储服务设施,面积 11 万平方米,有 2500 个集装箱的堆放场、7100 平方米办公室、3900 平方米仓库以及各种重型机械等等。
Keppel Terminal	是亚太地区最大转口港,是新加坡首个大型双模式海水淡化厂的所在地,同时也是一个热门的游艇租赁地点,拥有停泊 168 艘游艇能力的超级炫富厂。
Pasir Panjang Terminal	是新加坡最先进的码头,主要处理液体散货、干货和大宗货物,包括石油、天然气、谷物和矿石等。还有一个专门的货运码头,用于处理车辆和机械设备的装卸。
Sembawang Terminal	是新加坡一个重要的货运中心,共有 7 个泊位,主要用于处理散装货和特殊货物包括重型设备、钢铁和电缆,还提供长期和短期的仓储和开放式存储设备。
Tanjong Pagar Terminal	是东南亚第一个集装箱码头,码头拥有超过 200 台起重机,以及 9 个干线泊位和 3 个支线泊位,码头线长 2142 米,前沿水深 9.0～14.8 米,配有装卸桥 30 台,堆场龙门吊 94 台。
Changi Airfreight Centre	是新加坡的主要航空枢纽之一,拥有 9 个航空货运码头和 2 个快运中心,面积达 47 公顷。同时还拥有保税区资格,是重要的货物处理中心,每年可处理 300 万吨货物。

在口岸服务方面,新加坡的大宗商品贸易公司主要业务包括能源化工、金属、橡胶等工业消费品以及农产品等大宗商品贸易和外贸进出口。新加坡从事口岸服务的企业共 4 家,主要的企业信息如表 3.4 所示。

表 3.4　新加坡口岸服务企业信息

企业名称	企业介绍
Trafigura Group	成立于 1993 年,主要经营石油及石油产品贸易、金属和矿产贸易以及船运和包租等业务,共拥有 8619 名员工。2022 年,总资产达 986.3 亿元,营业收入达 2313.08 亿美元。
Origin(s) Pte. Ltd.	成立于 2013 年,主营业务涵括焦炭、钢材、建筑材料、有色金属、化工产品等的销售;煤炭综合利用、加工的技术咨询服务;自营和代理各类商品及技术的进出口业务。
Gunvor Singapore Pte. Ltd.	成立于 2006 年,主要交易的大宗商品包括精炼石油产品、原油、煤炭、天然气等。员工数超过 1700 名,总营收达 1500 亿美元。
Olam Group	成立于 1995 年,主要业务是采购、加工、包装和销售农产品,如可可、咖啡、棉花等。2023 年,营收为 398.4 亿美元,利润为 1.8 亿美元,总资产为 237.8 亿美元。

(二)辅助服务

1. 多式联运和代理服务

新加坡从事多式联运和代理服务的企业共有 143 家,提供的服务内容主要包括国际海运物流、货物运输保险、报关报检、仓储配送等方面。主要的企业信息如表 3.5 所示。

表 3.5　新加坡多式联运和代理服务企业信息

企业名称	企业介绍
Altus Maritime Services Private Limited	成立于 2016 年,主要服务于船舶管理、船员招聘和培训、船舶检验和维修、海事咨询等。
Altus Oil & Gas Services	成立于 2010 年,是新加坡石油和天然气行业的服务提供商,服务范围涵盖石油和天然气勘探、开采、生产、加工和销售等各个环节。
Amsbach Marine (s) Private Limited	成立于 2009 年,由一群在海事行业具有丰富经验和专业知识的人士组成,致力于为全球客户提供全面的海事解决方案。
Andhika Maritime Services Private Limited	成立于 2016 年,服务范围包括船舶管理、船员招聘和培训、船舶检验和维修、海事咨询等方面。
Atomic Shipping & Trading Company Private Limited	成立于 2009 年,是一家在新加坡海事行业中享有盛誉的服务提供商,能够为客户提供全方位的海事服务和解决方案。
Ben Line Agencies Limited	成立于 1987 年,是一家船舶代理公司,拥有超过 110 个办事处和 2000 名员工。业务主要涵盖四个领域:港口代理、班轮代理、近海支持和项目物流服务。

续表

企业名称	企业介绍
Bernhard Schulte Shipmanagement（Singapore）Private Limited	成立于 2007 年，是德国 Bernhard Schulte 船舶管理公司的全资子公司，专门从事船舶管理、运营和租赁等业务。
Cosco Shipping Agencies Private Limited	成立于 1997 年，主要提供航运代理（货运）服务，已于 2023 年 3 月宣告破产。
Crew & Ships Management International	成立于 2006 年，是一家国际性的船舶管理公司，主营业务包括船舶运营、维护、修理、改装、租赁等。此外，该公司还提供船员招聘、培训、考核和派遣等服务。
Distripark Singapore Private Limited	成立于 1993 年，主要从事物流、供应链和仓储服务，服务范围涵盖了仓储、配送、包装和增值服务等。在 2017 年宣告破产。
Geniki Shipping Private Limited	成立于 2002 年，该公司的服务范围涵盖了各种类型的航运服务，包括货物运输、船舶租赁、船员管理等。此外，还提供相关的配套服务，如海事保险、技术支持等。
Horizon Shipping Agencies	成立于 1997 年，主营业务是提供船务代理服务。
Marine Port Services Private Limited	成立于 2000 年，提供广泛的物流服务，包括船舶代理、运输和集装箱运输、港口码头运营、设备租赁、项目和货运代理等。
Nortrans Private Limited	成立于 1982 年，是一家航运公司，能够随时处理货物、燃料和补给品等港口停靠问题。
Pacmar Shipping Private Limited	成立于 1993 年，为客户提供最高标准和灵活性的一站式运输解决方案，还专注于进口在新加坡没有的欧洲供应产品。
Regional Container Lines（Private）Limited	成立于 1979 年，提供高质量的集装箱运输服务，拥有并运营 49 艘集装箱船舶。
Star Shipping Sgencies Private Limited	成立于 2015 年，核心业务包括集装箱运输、散货运输、代理服务、物流解决方案等方面。
Terasa-star International Shipping Private Limited	成立于 2004 年，为全球石油公司和承包商提供全方位的服务，从最初的勘探和钻井阶段到生产和生产后阶段。已于 2023 年 9 月宣告破产。
Wallem Shipping（Singapore）Private Limited	成立于 1990 年，主要经营全球的航运物流业务，包括集装箱运输、散货运输、物流服务等。
Western Bulk Private Limited	成立于 2005 年，主要提供船舶和船员的租赁以及货物的水上运输服务。

2. 船舶供应

新加坡共有船舶供应企业 409 家，并专门成立新加坡船舶供应商协会（SASS），相关企业或机构可通过该协会订购船舶物资。新加坡船舶供应企业年营业额约

7亿新元,船舶供应市场的生产总值约占海事产业集群的0.5%。主要的企业信息如表3.6所示。

表 3.6 新加坡船舶供应企业信息

企业名称	企业介绍
Neptune Heat Exchangers Private Limited	成立于1992年,主要业务为船用发动机的制造和维修,以满足国际航运和工业市场的需求,在全球有超过8451名员工。
Ban Choon Shipping Limited	成立于1983年,提供全球航运服务,包括货物运输、物流管理和仓储等服务。
Nat Steel Shipbreakers Limited	成立于1994年,专门从事废旧船舶的拆解和回收再利用。
Protos Marine Private Limited	成立于2011年,提供海洋工程咨询、设计和施工管理服务,主要涉及海上风电、海上油气和海洋交通运输等领域。
Ocean Rim Marine Private Limited	成立于1996年,提供各种船舶服务,包括船舶代理、船舶修理和维护、船员招聘和培训等。
Teho Ropes	成立于1986年,现已成为全系列系泊、索具、起重和安全系统的主要供应商。
CYCLECT Electrical Engineering Private Limited	成立于1987年,主要提供电气工程解决方案,包括电力配电、自动化控制、照明和通信等领域。
Engtek Private Limited	成立于1978年,是一家多元化的工程和制造公司。主要从事机械、电子和航空航天等领域的设计、制造和服务。
GE Keppel Energy Services Private Limited	成立于1995年,是通用电气和新加坡吉宝集团的合资企业,业务包括能源咨询、能源管理、能源效率改进等。
Raycontrol Private Limited	成立于2006年,提供的服务包括船舶设计、海洋工程设计、船舶维修、工程监理、工程咨询等。
Surtest Marine Limited	成立于1995年,提供包括船舶和海洋工程领域的测试、检验、认证、咨询和技术支持等服务。
International Bearings Private Limited	成立于1973年,是一家全球领先的轴承和相关零部件供应商,专门为船舶、海洋工程和能源领域提供产品和服务。
MAN B&W Diesel (Singapore) Private Limited	成立于20世纪60年代初期,是一家全球领先的柴油机制造商,提供的产品包括各种类型的柴油机、辅助设备和相关零部件等。
Seiho Machinery & Electric Company Private Limited	成立于1982年,提供的产品和服务包括各种类型的泵浦、压缩机、发电机、阀门、控制系统等。
SLS Bearings Private Limited	成立于1985年,专门从事轴承和相关配件的分销业务。此外,SLS Bearings还提供轴承维修、故障排除、技术支持等增值服务。
Wartsila Singapore Private Limited	成立于1972年,提供船舶动力、发电机组、油气开采、海洋工程、热能设备和能源管理等方面的产品和服务。

续表

企业名称	企业介绍
Barrel Oil Private Limited	成立于1994年,主要经营石油和石化产品的贸易和加工业务,包括原油、石油制品、石油化工产品等。
Concord Energy Private Limited	成立于2007年,主要经营石油和天然气产品的贸易和加工业务,包括原油、液化天然气(LNG)、石油制品、天然气等。

3. 船舶维修

新加坡从事船舶维修的企业有280家,是亚洲最大的修船基地之一,提供船舶维修和国际船舶换装与修造一体化服务,拥有东南亚地区技术最先进、最高效的船舶修建设施。主要的企业信息如表3.7所示。

表3.7 新加坡船舶维修企业信息

企业名称	企业介绍
Ang Sin Liu Shipyard Private Limited.	成立于1991年,核心业务包括船舶维修、船舶改造、船舶建造以及其他相关服务,如船舶海事保险、海事咨询等。
Baker Marine Private Limited	成立于1996年,服务范围包括海洋石油和天然气勘探开发、海上风电场建设、海底管道铺设、海上船舶维修等。
Bh Marine & Offshore Engineering Private Limited	成立于2003年,主要业务是船用发动机的制造和维修以及各种商品的批发。已于2022年9月宣告破产。
Brennan & Company Private Limited	成立于1974年,附属SurvitecGroupLtd(UK)公司。共有100多名员工及工厂面积2180平方米,主要提供维修技术服务。
Cathodic Marine Engineering Private Limited	成立于2011年,服务范围包括海洋石油和天然气勘探开发、海上风电场建设、海底管道铺设、海上船舶维修等。
Cyclect Electrical Engineering Private Limited	成立于2008年,是一家从事电气工程服务的公司,主营业务包括但不限于电力系统设计、电气设备安装、电气自动化控制等。
Damen Shipyards Singapore Private Limited	成立于1990年,主要提供各种类型的造船和修船项目,包括新船建造、旧船维修、改造等。此外,还提供相关的配套服务,如技术支持、供应链管理等。
Diesel Marine International Limited	成立于2009年,服务范围涵盖了各种类型的船舶发动机和动力系统项目,包括发动机维护、发动机大修、发动机改造等。
Dyna-mac Engineering Services Private Limited	成立于1990年,是一家从事工程服务的公司,包括机械工程、电气工程、土木工程的项目设计、项目规划、项目实施等服务。
East-west Shipping Private Limited	成立于2006年,主营业务是提供全面的物流和供应链管理服务,还提供相关的配套服务,如物流咨询、数据分析等。

续表

企业名称	企业介绍
Goltens Company Limited	成立于1987年,主营业务是制造和销售各种类型的铸件和机械零件,以及配套的产品设计、模具制造、生产制造等服务。
Greenbay Marine Private Limited	成立于2010年,服务范围涵盖了各种类型的船舶管理项目,包括船舶维护、船舶维修、船舶改造等。
Pioneer Offshore Enterprises Private Limited	成立于1988年,主要业务是建造和维修船舶如油轮、远洋船舶等,同时还提供船舶改造服务。
Sea Consortium Private Limited (X-Press Feeders)	成立于1972年,在全球各地有超过300名专职人员,经营约100艘船只,总运力达146309TEU。
Sembcorp Marine Limited	成立于1963年,主要业务包括钻机和浮子,维修和升级,海上平台和专业造船。

4. 船舶管理(第三方)

新加坡通过优惠的税收政策,吸引众多国际著名船舶管理公司入驻。船舶管理数量排名全球前十大船舶管理公司均在新加坡设有总部、地区性总部或分公司。其中有三家总部位于新加坡,分别是 Synergy、Wilhelmsen 和 Thome。目前,新加坡从事船舶管理的企业有379家,其中位居全球前十的3家船舶管理公司管理的船队规模达到1479艘,同比增加156艘,占前十大船舶管理公司管理船舶总数的25.3%。部分企业具体介绍如表3.8所示。

表3.8 新加坡船舶管理(第三方)企业信息

企业名称	企业介绍
A. K. N. Worldtrade Private Limited	成立于2002年,主要业务是其他个人服务活动,例如船舶租赁业务和船舶零部件贸易等,公司的实收资本为260万新元。
Aceline Shipmanagement Private Limited	成立于2003年,主要业务是船舶管理和海事服务,内容涵盖船舶运营、船员管理、技术维护和安全管理等方面。实收资本为10万新元。已于2015年宣告破产。
Bernhard Schulte Shipmanagement (Singapore) Private Limited	成立于2008年,主要业务是船舶管理服务,提供全方位的服务,包括技术管理、船员管理等。
Bless Marine Services	成立于2002年,主要业务是运营和承租驳船、拖轮等。已于2017年宣告破产。
Cem Trans-Singapore	成立于1996年,主要业务是船舶租赁和船员配备。实收资本为35万新元。

续表

企业名称	企业介绍
Centennial Asia Shipping Private Limited	成立于 2014 年,母公司为一家独立研究和咨询公司,在航海方面的分公司主要业务包括船舶租赁、船员配备、船舶管理等。
Eaglestar Marine (Singapore) Private Limited	成立于 2017 年,海员数超 5500 名,可为船舶配备海事专业团队,同时提供船舶管理服务。实收资本为 100 万新元。
Eastern Bulk Shipmanagement Private Limited	成立于 2022 年,在全球范围内从事散货的运输业务(包括船舶管理)。公司隶属于 Tidemand 家族控制的 Tidships 航运集团。
Fairfield Maritime Private Limited (Amalgamated)	成立于 2015 年,拥有 36 支活跃的舰队,总载重量接近 80 万吨。主要业务是海事和技术服务。实收资本为 30 万新元,当前已停业。
Feng Sea Shipping Private Limited	成立于 2015 年,主要业务是海上风险评估,也提供船舶管理服务。
Gblt Shipmanagement Private Limited	成立于 2002 年,主要业务是船舶管理服务,同时也提供货运代理服务。当前公司已破产。
Genshipping Pacific Line Private Limited	成立于 1992 年,主要业务是船舶租赁以及一般货物的仓储服务。当前公司已破产。
Hafnia Pools Private Limited	成立于 2014 年,拥有超过 200 艘船只,提供技术管理、商业和租赁服务、船队管理以及大规模的燃油交易服务。
Synergy Marine Group	全球前十大船舶管理公司之一,专注于为全球船东提供综合的船舶管理服务,包括技术管理、船员管理以及船舶操作管理。
Ishima Private Limited	成立于 2005 年,目前管理着 40 多艘船舶,提供船舶管理、技术检验、船员服务等服务。实收资本为 100 万新元。
Jellicoe Tankers Asia Private Limited	成立于 2013 年,主要业务是船舶管理服务。实收资本为 3 万新元,当前已破产。
Menumbar Offshore Private Limited	成立于 1991 年,主要业务是水路运输(尤其是内河运输)船舶租赁和仓储、船舶管理服务。实收资本为 51 万新元。
MMS Bulkship Management (Singapore) Private Limited	成立于 1997 年,提供与船舶租赁和往返马耳他的货物运输相关的所有服务,并提供马耳他近海和港口内的燃油供应。可以协调船舶管理作业、进干坞、备件、补给品和物资的交付。
OSM Maritime Ship Management Private Limited	成立于 2021 年,是世界领先的船舶技术管理、船员管理和其他相关海事服务提供公司,有 31000 余名雇员,1000 余条船只。
V. Group	是世界领先的独立船舶管理公司,负责管理 600 项资产,包括油轮、散货船、邮轮、集装箱船等,拥有 44000 多名海员。
Pioneer Marine Incorporated	成立于 2005 年,主要业务是船用发动机的制造和维修(例如拖船和其他远洋船舶的修理)。
Prisco (Singapore) Private Limited	成立于 1994 年,提供邮轮的租赁并安排物流方案、船舶经纪以及食品进口服务,同时也有船舶管理业务。

5. 船舶注册登记

由 MPA 直接管理的新加坡船舶登记处(SRS)已有 4000 多艘船注册在旗下,总计 8200 万总吨,拥有世界最年轻的优质船队,也是世界十大船舶注册地之一。目前,新加坡从事船舶注册登记的企业主要有 3 家,企业具体介绍如表 3.9 所示。

表 3.9　新加坡船舶注册登记企业信息

企业名称	企业介绍
International Registries Singapore Pte.	在全球有 28 个办事处,其在新加坡的分公司成立于 2020 年,主营业务是船舶注册登记的管理咨询服务。
Kiribati Ship Registry	隶属于基里巴斯信息、通信、运输和旅游发展部海事司,其运营总部位于新加坡,成立于 2002 年,为船东提供高效和优质的服务,包括注册验证、船舶证书验证、船员配备等服务。
Singapore Register of Ships	成立于 1966 年,负责新加坡国旗船只的适当注册。拥有 4400 多艘船舶,总吨位超过 96 万总吨(GT),是世界十大船级社之一。

6. 船舶检验

新加坡船级社(验船协会)数量在全球名列前茅,新加坡船级社的主要职责是对新加坡的船舶进行检验,以确保船舶的安全性和符合国际海事规则。目前,新加坡从事船舶检验的企业有 16 家,大部分船舶检验公司都为世界级公司,在新加坡设有分公司,部分企业具体情况见表 3.10 所示。

表 3.10　新加坡船舶检验企业信息

企业名称	企业介绍
ABS (Pacific)	成立于 1862 年,是为船舶和海洋工程资产提供入级服务的全球领导者。主要业务有施工调查、合规审计、工程研究与开发、技术方案审查和设计分析、远程调查和审计、数字化解决方案。
Icons Marine Services Private Limited	成立于 2012 年,是一家航运管理公司。提供全面的航运管理服务,包括船舶买卖、船舶租赁、船舶管理、船员招聘和培训等。
Sing Class International Private Limited	成立于 2005 年,由经验丰富的验船师组成,主要提供海洋测量、设备维修、风险评估、船舶设计、海上贸易等服务。

7. 航运经纪

新加坡的航运经纪市场是全球最大的航运经纪市场之一。目前,新加坡从事航运经纪的企业有 23 家,主要业务包括船舶经纪、海事保险、船舶融资以及海事法和仲裁等,部分企业具体情况见表 3.11 所示。

表 3.11 新加坡航运经纪企业信息

企业名称	企业介绍
Braemar Seascope Group	成立于 1983 年,是一家全球领先的航运业务和咨询服务提供商,业务领域包括邮轮、天然气、化学品、干散货市场。
Century Shipping & Trading Private Limited	成立于 2000 年,是一家提供集成航运服务的国际领先公司,包括船舶经纪、租船、航运研究以及估值和咨询等服务。
Chahaya Shipping & Trading CO Private Limited	成立于 1975 年,提供船舶经纪、技术咨询、海事服务等,包括油轮、散货船的船舶管理,基础设施和建筑材料的供应。
Conan Wu Enterprises Private Limited	成立于 2009 年,主要从事一般建筑工程设计和咨询服务,同时,还提供船舶经纪服务。
Eastport Maritime Private Limited	成立于 1980 年,主要业务包括租船、合同运输管理、装卸操作、驳船运输等,运输货物主要为液体和气体化学品、植物油和生物燃料、原油和石油产品以及干散货。
Everlast Shipping Private Limited	成立于 2009 年,主要业务包括船舶管理服务和外国航运线的分支运输。
Island Shipbrokers Private Limited	成立于 1995 年,主要业务包括现货租船、定期租船、油船和化学品船的运输以及各种形式的买卖和定制研究。
Ln Steamship Private Limited	成立于 2005 年,主要从事港口代理、业务开发、租赁和经纪等服务。
Norstar Shipping (Asia) Private Limited	成立于 1998 年,业务包括船舶经纪、租船、航运研究以及估值和咨询,还提供化学品、原油以及高风险货物的运输。
Raffles Shipping & Investment Private Limited	成立于 1993 年,是一家提供综合物流和贸易服务的重要公司,业务包括货运代理、供应链管理和产品贸易。
R. S. Platou Finans Singapore Private Limited	成立于 2007 年,是一家国际领先的船舶和海洋经纪公司,提供包括租赁、买卖和承包船舶和海洋设备在内的服务。
Thome & Partners (Shipbrokers) Private Limited	成立于 1988 年,主要业务是作为销售和购买经纪人处理新建合同和拆除交易,以及为集装箱运输商提供租赁服务。
Winning Alliance Private Limited	成立于 2006 年,是一家综合性集团公司,业务包括船东业务、航运运营、海上转运、船舶管理、矿业开发和铁路建设。

8. 码头建设、码头设计、工程咨询

目前,新加坡的码头建设、码头设计和工程咨询公司共有 21 家,部分企业具体情况见表 3.12 所示。

表 3.12　新加坡码头建设、码头设计和工程咨询企业信息

企业名称	企业介绍
Ameron Private Limited	有超过 175 年的历史,主要提供海上施工、海上生产、设备服务与维修、海上钻井平台建设等服务。
Enerpac	成立于 20 世纪 50 年代后期,在全球 28 个国家/地区拥有 22 家工厂,拥有 1000 多名员工,能够提供支持标准产品维修所需的技术支持和液压专业知识。
Feen Marine Incorporated	成立于 2013 年,为船舶和海洋工程提供内部设计的惰性气体系统、氮气发生器和废气净化系统,并为帆船提供零件和服务。
Goltens Company Limited	成立于 1922 年,在全球 14 个国家有超过 1000 名员工,主要业务是最大限度地消除与机器或设备的拆卸、物流、运输和重新安装相关的成本和额外停机时间,从而节省大量成本。
Kreuz Subsea Technologies Private Limited	成立于 2013 年,主要提供综合性的海洋石油和天然气行业的服务,包括海底干预、水下维修、海底和海上安装、调查与海底测绘等。但在 2023 年,宣布进入债权人自愿清算阶段。
LYNSK & Company Private Limited	于 2002 年在新加坡成立,主要营业业务是船用设施及配件的批发。
Neptune Heat Exchangers Private Limited	成立于 1992 年,在全球有超过 8451 名员工,其产品包括增压空气冷却器、管壳式冷凝器和加热器、散热器、油冷却器等,用于船舶和工业发动机和机械。
Raycontrol Private Limited	成立于 1981 年,主要负责维修液压部件和当地造船厂的仪器。截至目前,记录有超过 9000 项故障排除和维修工作。
Surtest Marine Limited	成立于 1995 年,提供包括船舶和海洋工程领域的测试、检验、认证、咨询和技术支持等服务。
Teesin Machinery Private Limited	成立于 1981 年,占地面积 68000 平方英尺,是新加坡领先的建筑设备和工程机械供应商和制造商。
Tru-Marine Private Limited	成立于 2009 年,是涡轮增压器维护、维修和大修服务的领衔专家,主要从事船上的工程工作如拆解、维护、修理等,在车间进行拆卸、清洁、检查、测量等工程工作。
Viking Engineering Private Limited	成立于 1977 年,是世界知名的船舶设备服务供应商,服务内容包括船舶蒸汽主机、汽轮发电机、柴油主辅机、超低温货泵等。

9.海洋工程

新加坡聚集了全球 30 多家海工领域龙头配套供应商的区域总部,可以为客户提供一揽子解决方案和高技术、高附加值产品。新加坡主要有 3 家大型船舶与海工制造集团——胜科海事、吉宝船厂、ST Marine Shipyard,其中胜科海事

拥有 3 家主要船厂,共拥有 11 座干船坞、1 座浮船坞及 3 条滑道,总坞容近 200 万 DWT。部分企业具体情况见表 3.13 所示。

表 3.13 新加坡海洋工程企业信息

企业名称	企业介绍
Seatrium	2023 年 2 月,新加坡海工巨头胜科海事以 45 亿新元的价格收购吉宝海工,合并后包括 4 个部门:Rigs&Floaters,船舶维修、升级和改装、海工平台建造、特种船舶建造。2023 年上半年的收入为 29 亿新元,相比去年同期的 11 亿新元显著增长 164%。
胜科海事	成立于 1963 年,主要业务是特殊船舶制造、浮动平台与浮动装置的建设、船舶及岸外工程的维修翻新。2022 年,胜科海事公司的总收入为 19.47 亿新元。
吉宝船厂	1884 年,新加坡政府为了推动本地船舶维修市场,设立了裕廊船厂。1983 年,船厂开始转型为国际公司,从事海上石油钻机的建造业务。根据 2022 年财报,公司全年净利润为 9.27 亿新元。
ST Marine Shipyard	成立于 1967 年,资产超过 20 亿新元。是一家全球化的综合的工程集团,业务范围涵盖海事、宇航、电子等领域,拥有 23420 名员工。2022 年净收入达 5.35 亿新元。
Singapore CPG Group	是新加坡公共工程局在 1999 年企业化后而成立的,聘请超过 2000 名专业人才,提供全面性服务包括综合性设计与工程咨询服务、项目管理及施工管理等。
TEP Consultants Private Limited	成立于 1981 年,主要负责干船坞、码头、仓储项目、船台等基础设施服务工程,项目总金额达数十亿美元。

10. 船员劳务

新加坡的船员市场情况也较为活跃,有多家航运公司在新加坡设立了分支机构,提供各种类型的船员职位。目前,新加坡提供船员劳务的公司主要有 4 家,部分企业具体情况见表 3.14 所示。

表 3.14 新加坡船员劳务企业信息

企业名称	企业介绍
Blue Water Shipping	成立于 1972 年,是现代供应链管理中所有类型物流服务的供应商,在全球设有 80 多个办事处,拥有 2500 名员工。
Mantro Marine Services Private Limited	成立于 1994 年,通过管理和优化领先的石油和天然气公司的供应链,提供综合的定制物流服务,同时还为船员提供各种信息。

(三)衍生服务

1.航运金融服务

新加坡的航运金融服务行业是一个繁荣的生态系统,能提供全面的海事服务。新加坡航运金融相关公司主要有 15 家,部分企业具体情况见表 3.15 所示。

表 3.15　新加坡航运金融服务企业信息

企业名称	企业介绍
DBS Bank	成立于 1968 年,是新加坡最大的商业银行,在全球拥有超过 36000 名员工。提供包括零售银行、投资银行、抵押贷款、私人银行、金融和保险等金融服务。
ABN AMRO Nominees Singapore Private Limited	成立于 2009 年,是荷兰银行在新加坡注册的分公司,提供各种互联网和柜台银行服务、保险、抵押贷款、储蓄、投资等服务。
ANZ Investment Bank	在新加坡的业务始于 1974 年,提供的金融服务包括银行服务、资产融资、投资和支付解决方案。
Scotiabank	是加拿大银行 Bank of Nova Scotia 在新加坡的一家分公司,在新加坡的航运金融服务包括船舶贷款、船舶保险、船舶租赁等。
BG Asia Pacific Services Private Limited	成立于 2014 年,主要业务活动为管理咨询服务,例如,为新加坡的集团业务提供财务财库中心和支持服务。
BNP Paribas S. A.	成立于 1971 年,业务包括企业及机构银行的财富管理、资产管理、保险,以及消费金融业务。
Fortis Bank N. V.	成立于 2000 年,提供国际金融服务,包括零售银行业务、资产管理、私人银行业务和商业银行业务。已于 2017 年宣布停止运营。
ING Bank N. V.	于 1987 年开始在新加坡开展业务,并设立亚太地区总部,拥有 300 多名金融专家,是亚洲最大的批发银行分行。在航运金融方面,提供的服务包括船舶融资、船舶保险、一般贷款、结构融资等。
Moore Singapore	在新加坡的分公司已成立 30 年,主要提供审计和保证、风险管理咨询和交易、税务、航运、矿产、石油和天然气、金融服务等服务。
NIB Capital Bank N. V.	在新加坡的分公司成立于 2008 年,服务活动范围咨询、结构化融资和共同投资等。
Norddeutsche Landesbank-Girozentrale (NORD/LB)	新加坡分公司提供各种金融服务,包括零售银行业务、企业银行业务、投资银行业务、资产管理和保险服务。

2.航运保险

劳合社于 1999 年在新加坡成立了劳合社亚洲分社。时至今日,劳合社亚洲分社平台下拥有 21 家服务企业,其中 20 家为多种海运业务及海洋能源风险提供承保服务。新加坡的航运保险业务规模在过去多年持续增长,2019 年较 2018 年增长 56%,2020 年较 2019 年增长 43%,保持良好的发展态势。目前,新加坡有超过 50 家海上保险、海上再保险公司和保险俱乐部,提供各种相关的海上保险。部分企业具体情况见表 3.16 所示。

表 3.16 新加坡航运保险企业信息

企业名称	企业介绍
Galaxy Underwriting Agency	成立于 1982 年,为新加坡的保险公司提供授权承保服务。已于 2017 年宣告破产。
Kib Insurance Brokers	成立于 1987 年,主要提供风险管理和保险经纪服务,包括海洋和能源、专业险、员工福利等领域的保险经纪服务。
Matthews-Daniel Group	成立于 1962 年,主要为能源、石化、船舶、采矿、公用事业和重型工程行业提供广泛的风险前和风险后解决方案。
Pana Harrison Private Limited	成立于 1980 年,是与英国的 Harrison Horncastle Insurance Group 共同投资建立的,主要业务是提供全面的风险管理解决方案。2009 年,该公司成为了伦敦劳埃德保险公司注册的经纪人。
Singapore Reinsurance Corporation Limited	成立于 1973 年,主要从事非寿险再保险条约和临时业务,其在航运方面的保险服务主要包括海洋船体平均调整、船体和机械、租金损失索赔。
Tai Ping Insurance Company Limited	成立于 1938 年,主要为海上运输与货物贸易提供保险服务,包括船壳保险、船舶建造保险、海上货物运输保险等险种。
W K Webster Group	成立于 1861 年,是一家全球领先的海事和运输索赔咨询公司。此外,还提供运输责任和全球调查业务服务。
Zurich Insurance (Singapore) Private Limited	成立于 2006 年,目前有超过 170 名员工。是顶级综合保险公司,可为客户提供广泛的保险服务,包括建筑、全球能源、海洋和财产等领域。

3. 航运信息

新加坡港目前与全球 600 多个港口实现了通航,近十年来多次获得"世界第一航运中心"殊荣。新加坡海事和港务局(MPA)是新加坡的主要航运信息供应者。为应对瞬息万变的环境所带来的挑战并抓住机遇,MPA 于 2016 年 8 月成立了一个高级别国际海事中心(IMC)2030 咨询委员会,以进行战略审查并制定发展战略。新加坡将其国际海事中心推向 2030 年及以后,新加坡从事航运信息的企业发展到 449 家,部分企业具体情况见表 3.17 所示。

表 3.17　新加坡航运信息企业信息

企业名称	企业介绍
Jason Electronics Private Limited	成立于 1978 年,主要为海洋通信、导航和自动化系统提供集成解决方案。
Hong Lam Marine Private Limited	成立于 1981 年,运营一支 35 条船舶的船队,主要提供加油服务。
Zenitel Singapore	是 Zenitel Group 在新加坡的分公司。其产品包括服务器系统、对讲机、数字娱乐系统等,主要应用于通信、无线电、安全等领域。

4.航运法律

新加坡是航运法律专业知识中心,也是当事人寻求公正仲裁的有利司法管辖区,目前约有 30 家从事航运业务的本地和外国律师事务所在新加坡设有办事处。新加坡海事法院以英国法为基础,负责管理与船舶和海洋有关的民事海事金融和监管诉讼的规则和法规。2015 年,新加坡国际商业法庭(SICC)成立,海事审判更具国际化。海事仲裁方面,经波罗的海国际航运理事会(BIMCO)批准,新加坡于 2012 年成为继伦敦、纽约之后 BIMCO 指定的第三大仲裁地。越来越多的船公司、货主等航运市场主体选择在新加坡仲裁。此外,新加坡设立了全世界第一个一体化替代性纠纷解决综合机构——麦士威议事厅(Maxwell Chambers),容纳了国际商会仲裁庭、新加坡国际争议解决中心、国际投资争端解决中心等世界知名的仲裁机构,提供"一站式"仲裁服务。

5.航运教育和培训

新加坡的航运教育以职业教育为主,注重培养学生的动手实操能力,并采取校企合作教学模式。同时,新加坡政府一直高度重视海事人才的培养与引进,曾在 2019 年前推出过一项人才计划(GTP),旨在培养一批新加坡本地海事人才,供未来领导和管理职位使用。新加坡共有 10 家企业从事航运教育与培训,具体企业情况见表 3.18 所示。

表 3.18　新加坡航运教育和培训企业

企业名称	企业介绍
Chartered Institute of Logistics & Transport	成立于 1972 年,是一个全球性专业机构,服务于供应链、物流和运输领域。在全球 50 个国家拥有 35000 名会员,主要负责专业物流师的各种培训课程。

续表

企业名称	企业介绍
Det Norske Veritas A/S	成立于 1990 年,是挪威船级社在新加坡的分公司,有 500 名员工,业务包括:提供供应链和产品保证服务,商业保证服务,海事服务,石油和天然气服务等。已于 2017 年停止运营。
Integrated Simulation Centre	是由新加坡海事和港口管理局和新加坡理工学院共同设立的,业务内容包括:提供一系列模拟器和各种场景,为船员和船员提供真实的培训。
Maritime & Port Authority of Singapore	是新加坡的一个法定机构,隶属于新加坡交通部,成立于 1996 年 2 月 2 日。旨在促进海事和港口运营,扩大海事服务的集群,并制定海事数字化和碳中和计划,研发和人力资源开发。
Ngee Ann Polytechnic Department of Shipbuilding & Offshore Engineering	是一所国立高等院校,是新加坡五所政府学院之一。其船舶与海洋工程部门提供了一门名为"海洋与海洋技术"的文凭课程,这是唯一涵盖海军建筑和海洋工程的文凭课程。
Singapore Maritime Academy	是新加坡理工学院的一部分,成立于 1957 年,是新加坡的主要海事培训机构。在三个不同的海事学科中培训学生:海事商务、航海研究和船舶工程。
Singapore Shipping Association	成立于 1985 年,主要业务包括:全面看待全球海事行业,与新加坡政府紧密合作,保护海事利益并推动新加坡成为全球海事中心等。

6.航运文化会展

新加坡航运码头展览会 TOC Asia 由英富曼展览公司主办,一年一届,是亚洲最专业的航运供应链展览会。TOC 供应链展为全球码头、港口、运输公司、第三方物流以及货主提供了一个交流的平台。新加坡航运码头展览会 TOC Asia(即亚洲港口业务研讨会暨展览会)是亚洲举行的港口设施及业务的专业研讨会议及展览会。参展商在展览会上可展示集装箱起重机、码头堆场设备、无人驾驶技术、智能码头管理系统等产品。此外,还有航运物流软件、物联网应用以及可持续发展解决方案等方面的展示。

二、上海国际航运中心

(一)基础服务

1.水上运输

在货物运输方面,近十多年上海港货物和集装箱吞吐量变化情况分别如图 3.4 和图 3.5 所示。2022 年,上海港货物吞吐量 5.14 亿吨,集装箱吞吐量 4730 万 TEU,集装箱吞吐量连续 13 年居全球第一。上海港经营的主要货类是集装箱、煤炭、石油及石油制品、金属矿石、钢材、矿建材料、粮食、机械设备等;主要出口的货物是机械产品、原钢材、化工产品等。上海港的水陆交通便利,集疏运渠道畅通,通过高速公路和国道、铁路干线及沿海运输网可辐射到长江流域甚至全国,对外接近世界环球航线,处在世界海上航线边缘。

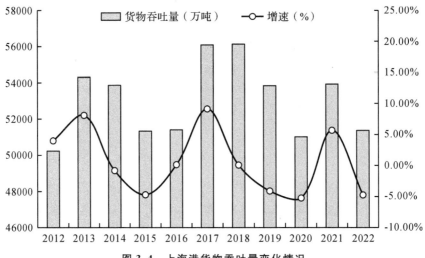

图 3.4 上海港货物吞吐量变化情况

截至 2022 年,上海港经营方上海国际港务国际股份有限公司实现全年营业收入 375.6 亿元,同比增长 9.5%;实现利润总额 201.8 亿元,同比增长 12.4%。集团现有生产用码头长度 21.43 千米,共有生产用泊位 1137 个,其中万吨以上泊位 82 个,集装箱泊位 26 个,全年货物通过能力为 13660 万吨,集装箱通过能力为 850 万标准箱。集团拥有各类装卸机械 2539 台,其中集装箱桥吊 66 台,生产用仓库 30.1 万平方米,堆场 380.4 万平方米,其中集装箱堆场 241.8 万平方米,箱容量 28 万个标准箱;粮食圆筒仓 2 座,容积 16.8 万立方米,容量 12.4 万

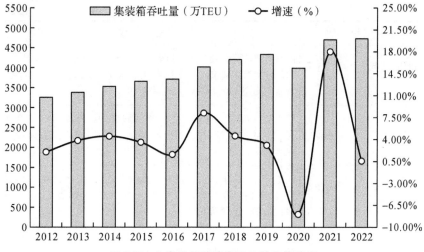

图 3.5 上海港集装箱货运总量变化情况

吨;运输船舶 9 艘,各类港务船舶 174 艘,以及减载船 1 艘。

上海活跃着 4725 家航运相关企业,其中国际班轮运输企业 44 家,国内班轮运输企业 24 家,全球前 20 家班轮公司都有分公司或办事机构入驻上海,部分企业名单如表 3.19 和表 3.20 所示。

表 3.19　入驻上海航运中心的班轮运输公司

企业名称	企业介绍
利胜地中海航运(上海)有限公司	成立于 2009 年,是一家集装箱航运服务提供商,不仅为用户提供海洋运输服务,还开发了道路、铁路、货库/仓库等全面的基础设施,公司还提供航线服务、清关、仓储解决方案、运货拖车等服务。
马士基(中国)航运有限公司上海分公司	成立于 1995 年,为客户提供各种一站式的服务,包括:出口物流、仓储、分拨、空运、海运代理、报关代理和拖车服务。
达飞轮船中国(船务)有限公司	是法国达飞公司在中国设立的外商独资企业。作为中国境内主要国际班轮运输经营商,服务网络覆盖中国沿海及内陆地区。
中国远洋海运集团有限公司	成立于 2016 年,以完善的全球化服务铸就了网络服务优势与品牌优势。航运、码头、物流、航运金融、修造船等上下游产业链形成了较为完整的产业结构体系。
中外运集装箱运输有限公司	成立于 1998 年,主要负责集中经营并统一管理中国外运系统全球集装箱班轮运输业务。
长荣集团上海长荣物流有限公司	是长荣集团旗下子公司,成立于 2009 年,是一家以从事多式联运和运输代理业为主的企业。

47

续表

企业名称	企业介绍
海洋网联船务(中国)有限公司	由日本邮船、商船三井、川崎汽船合并在中国成立,目前拥有240艘集装箱船舶,运营航线覆盖全球主要港口,服务网络覆盖全球超过90个国家和地区。
韩新海运(上海)有限公司	成立于1995年,提供海上运输送服务的综合海运物流企业,拥有160艘先进船舶,遍布全球的航运网络,多样的物流设施,领先于海运业界的IT系统以及专门海运人员。
环明(上海)国际船务代理有限公司阳明海运	成立于2019年,经营范围包括:国际货物运输代理,国际船舶代理;国内道路货物运输代理;仓储服务、装卸服务;代理报关、报检业务;国际贸易等。
以星综合航运(中国)有限公司	成立于1998年,业务范围包括:揽货、签发以星公司的远洋提单、托收远洋货物、签订服务合同等。
上海中谷物流股份有限公司	成立于2003年,是中国最早专业经营内贸集装箱航运的企业之一,业务辐射中国近30个省市150座港口,下设200多家办事处及分公司遍及国内,员工近2000人。
上海锦江航运(集团)股份有限公司	成立于1983年,主要从事国际及沿海集装箱运输、航运专业服务和航运物流业务。
中外运集装箱运输有限公司	成立于1998年,经营范围包括承办海上国际集装箱运输业务,承办进出口货物的国际运输代理业务等。
太平船务(中国)有限公司	成立于1995年,专注于集装箱航运的核心业务,以及包括集装箱制造和物流相关服务在内的其他业务。
中国外运阳光速航运输有限公司	成立于2009年,现有"阳光速航"内贸运输精品航线品牌,是国内最早开辟内贸集装箱班轮航线的品牌之一。
上海泛亚航运有限公司	成立于1993年,主要专业化经营包括中日航线、内贸航线及国内支线等在内的中国近洋集装箱运输业务。公司现有航线共118条,共有船舶267艘,总运力189630TEU。

表 3.20　上海散货运输公司

企业名称	企业介绍
华东中远海运散货运输有限公司	成立于2012年,是全球规模最大的专业化散装货物运输企业,拥有各类散货船400多艘,4000多万载重吨,装载全品类散装货物,拥有一支数量超过1700人的散货运输经营管理团队和一支逾1.25万人的优秀船员队伍。
中远海运能源运输股份有限公司	成立于2016年,是中国远洋海运集团有限公司旗下从事油品、液化天然气等能源运输及化学品运输的专业化公司,由原中国远洋、中国海运两大集团能源运输板块重组而成。

续表

企业名称	企业介绍
上海中谷物流股份有限公司	成立于 2003 年,是中国最早专业经营内贸集装箱航运的企业之一,业务辐射中国近 30 个省市 150 座港口,下设 200 多家办事处及分公司遍及国内,员工近 2000 人。
国海联合(上海)散货运输有限公司	成立于 2020 年,主要从事国际集装箱船、普通货船运输,国内货物运输代理,国际船舶管理业务,供应链管理服务,省际普通货船运输、省内船舶运输。
上海嘉禾航运有限公司	成立于 2010 年,主营海上、陆路、航空国际货物运输代理业务,货物仓储(除危险化学品),船舶租赁;国内沿海及长江中下游普通货船运输。
国能远海航运有限公司	成立于 2001 年,主营国内沿海及长江中下游普通货船运输;国际船舶普通货物运输,海上、航空、公路国际货运代理,货运代理,仓储,装卸。
中国航油集团物流有限公司	成立于 2004 年,实施多元化发展战略,以航油业务为核心,积极发展陆地石油、航运业务,形成三大支柱,主营水路货运代理、国际货物运输代理、国内货物运输代理。
上海汇通船务有限责任公司	成立于 1996 年,主营国际船舶危险品运输,国内沿海及长江中下游普通货船、成品油船和化学品船运输,国际船舶管理业务,水路货运代理,船舶代理。

　　在旅客运输方面,近年来,共有 50 余家邮轮相关企业落户上海宝山,凭借自身重要的历史地位和地理优势,吴淞口国际邮轮港已成为世界第四、亚洲第一大的邮轮码头。同时,吴淞口地区积极发展邮轮产业链,打造邮轮总部经济,上海中船国际邮轮产业园、40 余家邮轮公司落户宝山,部分企业名单如表 3.21 所示。

表 3.21　上海邮轮企业

企业名称	企业介绍
上海蓝梦国际邮轮股份有限公司	成立于 2016 年,主营邮轮港口服务、邮轮配套服务、国际船舶运输、国际海运业务;辅助业务、国内水路运输、国内船舶管理业务。
爱达邮轮(上海)有限公司	成立于 2019 年,是全球最大造船集团——中国船舶集团与全球最大邮轮集团——嘉年华集团于 2018 年在中国成立的合资公司。
歌诗达邮轮船务(上海)有限公司	成立于 2011 年,隶属于世界邮轮业翘楚嘉年华集团。主营为包租或经营的船舶提供揽客、出具客票、结算运费、旅游产品的市场推广及营销等业务。

企业名称	企业介绍
上海海爵国际邮轮发展有限公司	成立于2015年,是国内最为专业的海外长线邮轮定制旅游服务商之一。致力于将国际的邮轮度假体验引入中国,为不同的人群打造量身定制的邮轮旅游计划。
上海大昂天海邮轮旅游有限公司	成立于2013年,是由携程旅行网联合磐石资本等著名投资机构共同组建,为中国邮轮客户提供耳目一新、更具本土化特色的高端服务体验。
地中海邮轮船务(上海)有限公司	成立于2017年,主营为瑞士MSCCruisesSA自有、包租或经营的船舶提供揽客、出具客票、结算运费和签订服务合同等服务和旅游信息咨询。

2.港口服务

在港口经营服务方面,上海的港口经营商多为上海国际港务(集团)及其旗下子公司,分别负责洋山港、外高桥港的运营业务。目前,上海有港口运营商20余家,业务范围涵盖集装箱码头、滚装码头、散货码头等等,部分企业如表3.22所示。

表3.22 上海的港口经营企业

企业名称	企业介绍
上港集团物流有限公司	总资产规模55亿元,下属7家分公司及28家所属投资企业。经营范围涵盖仓储堆存、陆路运输、危险品储运、船舶代理、国际货运代理、重大件货物接运、散杂货码头装卸、多式联运、集装箱装拆箱、拼箱等全方位物流业务。
上海冠东国际集装箱码头有限公司	成立于2007年,主营集装箱装卸、储存、拆装箱,港口设施设备租赁、维修,集装箱修理、清洗及租赁,对港口码头的投资、建设、管理及相关信息咨询和技术服务等业务。
上海盛东国际集装箱码头有限公司	成立于2005年,由上海国际港务(集团)股份有限公司投资建立,负责经营管理洋山深水港区一、二期码头。主营国内外货物装卸、储存、中转,集装箱拆拼箱、清洗、修理和租赁等业务。
上海振东集装箱码头分公司	成立于2007年,是上海国际港务股份有限公司的子公司,主营国内外货物装卸、储存、中转,集装箱拆拼箱、清洗、修理和租赁,货运代理,港口设施租赁业务。
上海尚东集装箱码头分公司	成立于2016年,是上海国际港务股份有限公司的子公司,主营国内外货物装卸、储存、中转,集装箱拆拼箱、清洗、修理和租赁,货运代理,港口设施租赁业务。

续表

企业名称	企业介绍
上海同盛物流园区投资开发有限公司	成立于 2002 年,主要负责港口物流业务,开展口岸配套服务、资产设施运营和第三方物流运作等,此外还负责洋山深水港陆域配套设施的开发、管理,口岸查验公共服务,集疏运体系的优化,以及物流资产经营等业务。
上海港海铁联运有限公司	成立于 2019 年,主要负责海铁联运市场拓展、资源整合、模式创新,协调各方推进海铁联运公共服务平台建设,逐步完善海铁联运发展软环境。
上港集团长江港口物流有限公司	成立于 2010 年,主要从事航运物流业务,包括揽货、订舱、仓储、中转、集装箱拼装拆箱、结算运杂费、报关、报验、保险、相关的短途运输服务及咨询。

在口岸服务方面,上海的大宗商品交易平台共有 11 家,覆盖煤炭交易、金属矿石交易、粮食交易、原油交易等,部分交易中心信息如表 3.23 所示。

表 3.23　上海的大宗商品贸易服务企业

企业名称	企业介绍
上海石油天然气交易中心	开展天然气、非常规天然气、液化石油气、石油等能源产品的交易,交易模式包括挂牌交易和竞价交易。此外,交易中心还计划择机推出中远期现货和金融衍生品交易。
上海矿石国际交易中心	于 2015 年由宝钢资源全资设立,根据自贸区大宗商品交易平台相关政策及监管部门的要求,积极开展引入战略投资者的股权多元化工作。
上海钢联大宗商品国际交易中心	成立于 2014 年,目前涵盖铁矿石远期现货、港口现货、煤炭、钢材出口、废钢等。平台有完整的交易客户管理体系和交易数据保存系统,可针对客户需要提供专业服务。
上海煤炭交易所有限公司	成立于 1992 年,由物资部、中国统配煤矿总公司、上海市人民政府共同组建,主营煤炭交易。
上海有色网金属交易中心	成立于 2015 年,公司经营范围包括为金属产品现货交易提供场所及配套服务。
上海华通白银国际交易中心	成立于 2015 年,经营范围包括为白银等贵金属现货交易提供场所及配套服务。
上海自贸区中汇联合大宗商品交易中心	由南宁(中国—东盟)商品交易所发起成立的,正式成为首批入驻上海自贸试验区的八家大宗商品现货交易平台。
上海国际棉花交易中心	棉交中心是上海自贸区内唯一的棉花、纺织原料及纺织品交易平台,2021 年棉交中心线上交易额突破 320 亿元。

续表

企业名称	企业介绍
上海亚太国际商品交易中心	由中铁物贸有限责任公司为主发起人建设,中心将全力打造上海自贸试验区国际化大宗商品现货交易平台。同时中心储备了金属原料、煤炭和化工品等诸多大宗原料交易内容。
上海自贸区液化品国际交易中心	上海易通电子商务有限公司(易贸经纪)为主发起人,致力于打造亚洲最具影响力的液化品现货离岸交易中心和定价中心。
上海大宗贸易有限公司	成立于2013年,经营范围包括纺织品原料、服装辅料、化工原料及产品等。

(二)辅助服务业

1. 多式联运和代理服务

上海从事航运物流相关的企业160余家,涵盖货运代理企业、船舶代理企业等,部分企业如表3.24所示。

表3.24 上海的航运物流企业

企业名称	企业介绍
上港集团物流有限公司	成立于2002年,总资产规模55亿元,下属7家分公司及28家所属投资企业。经营范围涵盖了仓储堆存、陆路运输、散杂货码头装卸、多式联运、集装箱装拆拼箱等全方位物流业务。
上海锦江航运股份有限公司	成立于1983年,主要从事航运物流业务,包括揽货、订舱、仓储、中转、集装箱拼装拆箱、结算运杂费、报关、报验、保险、相关的短途运输服务及咨询。
上海同盛物流园区投资开发有限公司	是上港集团全资子公司,主要负责港口物流业务,开展口岸配套服务、资产设施运营和第三方物流运作。
上海中远海运物流有限公司	成立于2000年,主营国内船舶代理、海上国际货物运输代理、航空国际货物运输代理、陆路国际货物运输代理、供应链管理服务等。
以星物流(中国)有限公司	成立于2001年,主营订舱,拆装箱,仓储,签发货物收据,收取运费和其他获准服务的费用等。
东方海外物流(中国)有限公司	成立于2000年,主营订舱,拆装箱,仓储,签发货物收据,收取运费和其他获准服务的费用,承办海运、空运进出口货物等国际货物运输代理业务。
上海创丰国际物流有限公司	成立于2011年,主要从事中国主要港口至世界各地的进出口货运代理工作,是一家采用多种运输方式承运国际与国内货物的专业企业。

续表

企业名称	企业介绍
日本邮船(中国)有限公司	成立于1995年,目前共投资设立了13家分公司,12家办事处,已经成为大型物流公司。主营业务包括:国内货物运输代理,海上国际货物运输代理等。
海洋网联船务(中国)有限公司	成立于2017年,一般从事国际船舶代理业务。
上海泛洋货运代理有限公司	成立于1999年,主营国内货物运输代理、海上国际货运代理、陆上国际货运代理、航空国际货运代理业务。
上海嘉禾航运有限公司	成立于2010年,主营海、陆、空国际货物运输代理服业务,货物仓储,船舶租赁;国内沿海及长江中下游普通货船运输。
大新华物流控股(集团)有限公司	成立于2004年,专注于为用户提供物流、信息、制造等三大类服务,包括综合物流、集装箱运输、散杂货运输、油轮运输、特种船运输、驳船运输等。
上海中波航运管理有限公司	成立于2016年,主营海洋货物运输代理,企业管理,企业管理咨询,船舶设备技术领域内的技术开发、技术转让、技术咨询、技术服务,航运信息咨询,船舶、船舶设备及配件的批发等业务。
上海外轮代理有限公司	成立于1984年,隶属于中国外轮代理有限公司,是华东地区历史最悠久、规模最大、综合实力最强的船舶代理企业。
上海航华国际船务代理有限公司	成立于2000年,从事中外籍国际船舶代理,由3家公司在2000年初投资组建而成,为当时上海口岸第4家甲级公共船舶代理企业,具备NVOCC资质。
上海中外运船务代理有限公司	成立于2002年,是中国外运华东有限公司的专业子公司,提供标准化的船舶代理服务。
上海华港国际船代理有限公司	成立于2000年,是经中华人民共和国交通部批准成立的甲级国际船舶代理企业。主要经营中外国际船舶代理、集装箱管理及其相关业务。
川崎汽船(中国)有限公司	成立于1995年,主营国际船舶代理、无船承运业务、供应链管理服务、企业管理咨询、信息技术咨询服务、贸易经纪业务。
高丽海运(上海)有限公司	成立于2008年,经营范围包括一般项目:为高丽海运株式会社拥有或经营的船舶提供揽货、签发提单、结算运费和签订有关服务合同,国际船舶代理。
上海新海丰国际船舶代理有限公司	成立于2006年,经营范围包括在上海接受船舶所有人或者船舶承租、船舶经营人的委托等。
商船三井(中国)有限公司	成立于1995年,主营国际船舶代理、航运信息咨询、商务信息咨询、企业管理咨询业务。

2.船舶供应

上海有船舶供应相关企业 230 余家,上海的航运物资供应一般有船用燃油、集装箱租赁、船用物资物料、天然气加注等,一般由能源公司、专业化船舶物资供应商和船用零配件商从事,部分企业如表 3.25 所示。

表 3.25　上海的船舶供应企业

企业名称	企业介绍
上海中燃船舶燃料有限公司	成立于上世纪 60 年代,是大型央企中国远洋海运集团有限公司所属企业,是国内重要的水上燃油供应企业之一。
深圳光汇石油集团(上海)有限公司	经中华人民共和国商务部批准经营成品油,专业从事石油化工产品销售、仓储及码头装卸、海上供油、海陆运输、油品保税仓储、油气勘探开发及加油站业务的民营石油企业。
中石化长江燃料有限公司	由招商局集团和中国石化集团共同投资组建的国内内河最大的水上综合能源供应服务商,也是国内仅有的五家经国务院批准从事国际航行船舶保税油经营的企业之一。
上海远洋运输有限公司船舶供应公司	成立于1973 年,中远集团下属企业。专业从事综合性船舶生产和船员生活资料供应、船用救生筏销售检修、消防设施检测,中国及亚太地区最大的船用物资供应商之一。
上海中远船舶物资供应有限公司	成立于 2006 年,主营船舶物料配件供应、船舶生活用品供应业务。
上海外轮供应有限公司	成立于 1995 年,主营船舶物料配件供应、船舶生活用品供应业务。
上海中远海运物流有限公司	成立于 2000 年,从事与港口物资供应相关的集装箱租赁服务。
上海浦海航运有限公司	成立于 1992 年,从事与港口物资供应相关的集装箱租赁服务。
上海安顺航运有限公司	成立于 2008 年,主营船舶备品,物料供应,船舶管理咨询服务,海事、海务咨询服务,货运代理等业务。
上海富扬邮轮船供有限公司	成立于 2019 年,是中国主流船舶服务公司之一,为往来中国各港口和船厂的船舶提供专业的船舶物资、伙食和备件供应服务。
中远海运重工有限公司	成立于 2016 年,是中国远洋海运集团有限公司旗下的装备制造产业集群,是以船舶和海洋工程装备建造、修理改装及配套服务为一体的大型重工企业。
上海中波航运管理有限公司	成立于 2016 年,主营海洋货物运输代理,企业管理,企业管理咨询,船舶设备技术领域内的技术开发、技术转让、技术咨询、技术服务,航运信息咨询,船舶、船舶设备及配件的批发等业务。

续表

企业名称	企业介绍
国能远海航运有限公司	成立于 2001 年,从事船舶技术咨询及技术转让,船舶及配件买卖,船舶维修、保养,船舶租赁。
上海振华海洋工程服务有限公司	成立于 2012 年,承接国内外大型港口设备、船舶及设备、船用材料、机械设备及配件的销售,海洋工程施工及各类工程船舶租赁,港口与海岸建设工程专业施工,船舶维修等。
上海熔盛船舶贸易有限公司	成立于 2007 年,从事船舶及配件、机电成套设备销售,船舶领域技术咨询,货物进出口及技术进出口业务。

3. 船舶维修

上海有船舶维修相关企业 130 余家,形成了以 6 家骨干造船企业为主体的产业发展格局。2021 年,上海的船舶制造业工业产值达 545.23 亿元,船舶修理业达 1.49 亿元。在上海从事港口设施设计与维修业务的可以分为设计院和公司,设计院也兼顾设计大型、新型的港口设备,大多港口设施设计与维修公司一般依附于其母公司旗下,提供相关业务,部分企业如表 3.26 所示。

表 3.26　上海的船舶维修企业

企业名称	企业介绍
沪东中华造船厂	一家综合性产业集团,主要有造船、海洋工程和非船三大业务,主要产品有军用舰船、大型 LNG 船、超大型集装箱船、海洋工程和特种船等。
上海船厂	上海船厂的前身是英商英联船厂和招商局机器造船厂。1982 年 6 月,由交通部划归中国船舶工业总公司领导。1985 年 3 月,改名为上海船厂。
上海外高桥造船厂	是中国船舶集团有限公司旗下的上市公司——中国船舶工业股份有限公司的全资子公司。现已成为业内极具规模化、现代化、专业化和影响力的造船企业之一。
江南造船(集团)有限责任公司	是中国船舶工业集团公司所属我国历史最悠久的军工造船企业。它创建于 1865 年,1996 年改制为江南造船(集团)有限责任公司。
上海振华海洋工程服务有限公司	成立于 2012 年,承接国内外大型港口设备、船舶及设备、船用材料、机械设备及配件的销售,海洋工程施工及各类工程船舶租赁,港口与海岸建设工程专业施工,船舶维修等业务。
上海港口设计研究院	是上海港口一个重要的设计研究机构。主要从事港口水运工程设计、港口工程工艺规划,港口建设可行性研究和技术咨询,港口常规或新型装卸机械以及电气设备的研究设计等业务。

企业名称	企业介绍
中交上海港湾工程设计研究院有限公司	成立于1985年,是集科技研发、工程设计、检测、施工和项目管理于一体的综合型科研设计院,是我国华东地区港湾工程建设的重要设计科研机构。
上海大润港务建设集团有限公司	成立于1989年,主要从事港口与航道建设工程,包括码头、防波堤、航道工程等安装工程、起重打捞等水工工程施工及远洋拖带、船舶租运、工程物资供应等相关配套业务。
伯曼机械制造(上海)有限公司	成立于2005年,主要负责物流设备、高自动化的物流、仓储系统、物流控制系统、包装系统和码垛系统设备、港口新型机械设备的设计、制造、安装和集成。
英坤泰(上海)港口设备工程有限公司	成立于2022年,是一家致力于港口装卸设备的专业公司,聚焦智能物料搬运装备的设计、制造、销售、维保及传统港口物料搬运设备的维修、节能改造、自动化改造等高价值服务。
上海港技术劳务有限公司	成立于1999年,从事机械设备保养、维修,物业管理,船舶维修,制冷空调设备安装、维修,水暖电安装建设工程作业。
上海申江怡德投资经营管理有限公司	成立于2006年,是一家国企控股子公司,涉及业务有船舶港口服务、港口理货、港口设施设备和机械租赁维修业务。

4.船舶管理(第三方)

2010年启动的船舶管理市场清理整顿专项行动,推动了上海船舶管理行业的健康、规范发展。依托自贸试验区建设,上海的船舶管理领域进一步扩大开放,允许自贸试验区内设立外商独资船舶管理企业政策落地;为吸引国际船舶管理公司集聚发展提供便利。目前,上海共有船舶管理公司190余家,其中国内船舶管理公司46家,国际船舶管理公司102家,部分企业如表3.27所示。

表3.27　上海的船舶管理企业

企业名称	企业介绍
上海荣正船务有限公司	成立于1993年,主要从事船员劳务、船舶管理、船舶服务,共有员工20人。
贝仕船舶管理(中国)有限公司	成立于2005年,主要负责接受船舶所有人或者船舶承租人、船舶经营人的委托,代为办理以下业务:船舶买卖、租赁及其他船舶资产管理等。
上海中波国际船舶管理有限公司	成立于2000年,是国内第一家专业化国际船舶管理公司。主营国际船舶管理、船舶租赁等业务。
上海赛尔船舶管理有限公司	成立于2007年,从事国内船舶管理、劳务派遣服务业务。

续表

企业名称	企业介绍
上海润元船舶管理有限公司	成立于2013年,一家专业从事国际航行船舶管理的现代国际航运企业,是新加坡上市公司 Yangzijiang Shipbuilding(Holding)Ltd. 投资在中国境内的全资子公司。
上海广嘉国际船舶管理有限公司	成立于2005年,从事国际船舶管理、商务咨询、物流设备技术专业领域内的"四技"服务、销售船舶配件、维修集装箱、为国内企业提供劳务派遣服务等业务。
上海中船船舶管理有限公司	成立于2012年,从事国际船舶管理、内河船员事务代理代办服务等业务。
上海东渡船舶管理有限公司	成立于2005年,主营船舶管理、船舶出租、船舶销售。
上海碧洁船舶管理有限公司	成立于2014年,主营国际船舶管理,海洋工程及船舶领域内的技术咨询、技术服务业务。
上海绿动船舶管理有限公司	成立于2014年,主营船舶代理,船舶技术领域内技术开发、技术咨询、技术服务等业务。
上海华交船舶管理有限公司	成立于2014年,主营国内船舶管理业务。
海佑船舶管理(上海)有限公司	成立于2014年,主营国际船舶管理业务。
万邦船舶管理(上海)有限公司	成立于2005年,从事接受船舶所有人或者船舶承租人、船舶经营人的委托,代为办理船舶买卖、租赁以及其他船舶资产管理业务。

5. 船舶注册登记

上海市船舶注册和登记一般由上海航务管理处办理,上海航务管理处隶属上海市交通运输和港口管理局,是上海地方航务专管机构,兼挂"上海市地方海事局"和"上海市船舶检验处"两块牌子,同时行使上海市地方海事和船舶检验的行政执法职能。主要承担本市地方海事、水路运输、内河港口、内河航道、船员证件、船舶检验等行政执法和管理职能,依法维护内河水上交通安全和水运市场秩序。

6. 船舶检验

中国海事主管机关批准的外国驻华船级社中总部在上海的外资船级社14家。外国驻沪船级社验船师达到1579名,占外国驻华船级社验船师总人数的95%。船舶技术服务主体和要素的集聚,使上海成为了全球船舶技术服务的高地,部分企业如表3.28所示。

表 3.28　入驻上海的船级社

船级社名称	成立时间	主营
中国船级社实业有限公司上海分公司	2008 年 11 月 14 日	依据船旗国政府授权,对悬挂该国国旗及拟悬挂该国国旗的船舶、海上设施实施法定检验(包括审图检验)、入级检验、船用产品的检验;集装箱检验;船舶、海上设施、船运货物集装箱相关的检验、评估与认证等相关检验项目。
劳氏船级社(中国)有限公司	2009 年 2 月 5 日	
日本船级社(中国)有限公司	2009 年 1 月 5 日	
美国船级社(中国)有限公司	2013 年 3 月 14 日	
挪威船级社(中国)有限公司	2009 年 2 月 19 日	
韩国船级社(中国)有限公司	2009 年 3 月 9 日	
必维船级社(中国)有限公司	2009 年 1 月 19 日	
意大利船级社(中国)有限公司	2009 年 6 月 12 日	
德国劳氏船级社(中国)有限公司	2009 年 4 月 27 日	

7.航运经纪

近年来,已有 856 家航运经纪企业在上海设立办事处,如:克拉克森、百力马等。2010 年,克拉克森航运经纪(上海)有限公司等首批国际航运经济公司在上海正式注册成立并落户,此举填补了我国航运经纪领域的空白,两年后第二批航运经纪公司亦落户上海。截至目前共有二十多家航运经纪相关的企业或组织落户北外滩。自全国首批 9 家国际航运经纪公司在沪挂牌以来,上海持续吸引国际航运经纪企业在沪开展业务。在沪注册国际航运经纪公司超 30 家,专业提供船舶买卖、租赁、修理建造、融资等中介服务,部分企业如表 3.29 所示。

表 3.29　上海的航运经纪企业

企业名称	企业介绍
上海航运交易所	成立于 1996 年,是我国唯一一家国家级航运交易所。航交所致力于提供有关船舶交易方面的相关服务,包括发布船舶供需信息、办理船舶交易鉴证、代理船舶竞价、船舶价值评估、代收代付船款等全程交易业务。
克拉克森航运经纪(海)有限公司	成立于 2010 年,为国内首批国际航运经纪企业,从事航运经纪(国际船舶)。
祥华航运经纪(上海)有限公司	
上海辛浦森航运经纪有限公司	
百力马(上海)航运经纪有限公司	
毅联汇业航运经纪(上海)有限公司	

续表

企业名称	企业介绍
百利航运经纪(上海)有限公司	
上海菁英航运经纪有限公司	
上海津洋航运经纪有限公司	
上海海高航运经纪有限公司	
上海海丰航运经纪有限公司	成立于2011年,从事航运经纪(国际船舶)。
马士基航运经纪(上海)有限公司	成立于2013年,主营航运经纪(国际船舶)、航运信息咨询,投资咨询,商务信息咨询,企业管理咨询。
奥普玛航运经纪(上海)有限公司	成立于2012年,从事航运经纪(国际船舶)。
斯坦纳船务(上海)有限公司	成立于2016年,主营船舶租赁、航运经纪、航运信息咨询、票务代理、船舶技术咨询及技术服务。
上海深水港船务有限公司	由上海国际港务股份有限公司和上海同盛投资有限公司共同组建。主要为国际国内航线船舶提供拖轮和船舶修理、设施设备租赁等服务。
上海盛东国际集装箱码头有限公司	成立于2005年,负责经营管理洋山深水港区一、二期码头。主营集装箱装卸、储存、拆装箱,货运代理,船务服务,港口设施、设备和机械的租赁业务。
上海港高阳港务公司	成立于1986年,主要经营装卸,仓储,船运,港航设施设备修理、租赁,港务劳务服务,港务物资供应代办,物业管理。
上海旭荣集装箱有限公司	主营中欧、中俄班列集装箱单程返程租赁,中美(美东美西)海运集装箱租赁,同时也提供集装箱长租服务。
上海港集装箱股份有限公司	主营集装箱装卸、储存、拆装箱,集装箱修理、清洗、租赁、制造及相关业务。
上海吴淞口国际邮轮港发展有限公司	主营产品为邮轮码头开发建设,为船舶提供码头、浮筒设施,为旅客提供候船、上下船设施和服务(含食物),港口设施租赁,设备租赁服务。
上海冠东国际集装箱码头有限公司	成立于2007年,主营集装箱装卸、储存、拆装箱,港口设施设备租赁、维修,集装箱修理、清洗及租赁,对港口码头的投资、建设、管理及相关信息咨询和技术服务。

8. 码头建设、码头设计、工程咨询

目前,上海主要从事码头建设设计相关企业有20余家,其中多家为港口经营企业,例如,上海明东集装箱码头有限公司、上海沪东集装箱码头有限公司等。

此外,上海港口设计研究院等设计类机构也负责码头建设施工等相关业务,部分企业如表3.30所示。

表 3.30　上海的码头建设、码头设计、工程咨询企业

企业名称	企业介绍
上海港口设计研究院	是上海港口一个重要的设计研究机构。主要从事港口水运工程设计、港口工程工艺规划,港口建设可行性研究和技术咨询,港口常规或新型装卸机械以及电气设备的研究设计等。
中交上海港湾工程设计研究院有限公司	成立于1985年,是集科技研发、工程设计、检测、施工和项目管理于一体的综合型科研设计院,是我国华东地区港湾工程建设的重要设计科研机构。
上海大润港务建设集团有限公司	成立于1989年,主要从事港口与航道建设工程,包括码头、防波堤、航道工程等安装工程、起重打捞等水工工程施工及远洋拖带、船舶租运、工程物资供应等相关配套业务。
上海市黄浦江码头岸线建设管理有限公司	成立于2017年,从事港口与海岸建设工程专业施工、港口设施租赁、港口经营等业务。
上海旗华水上工程建设股份有限公司	成立于2011年,从事码头工程、水上工程、水上景观、水上娱乐设施及施工等业务。
上海沪东集装箱码头有限公司	成立于2002年,从事集装箱码头的建设,管理及经营。
上海明东集装箱码头有限公司	成立于2005年,负责投资、建设、经营和管理上海外高桥五期码头。
上海君领柏林瀚海洋工程服务有限公司	成立于2014年,从事海洋工程、沿岸工程设施、离岸工程设施、海水利用设施、码头、浮动码头的设计、制造等业务。
上海洋建水利工程有限公司	成立于2019年,从事水利工程、基础工程、河道疏浚、环保工程、建筑工程、市政工程、海洋工程设计、水岸码头建筑工程设计等业务。
上海吴淞口国际邮轮港发展有限公司	成立于2008年,从事邮轮码头开发建设,国际航线客船(邮轮)旅客服务,国际、国内航行船舶生活品(含食物)供应、港口设施租赁、设备租赁服务等业务。
上港集团瑞泰发展有限责任公司	成立于2012年,从事港口码头建设、管理和经营,港口信息技术咨询服务等业务。

9.海洋工程

上海有从事海洋工程的相关企业100余家,此外还有通过依托上海海事类大学所成立的机构,部分企业如表3.31所示。

表 3.31 上海的海洋工程企业

企业名称	企业介绍
上海港口与海洋重装备安全工程技术研究中心	是以上海海事大学为承担单位,联合上海交通大学、上海振华重工股份有限公司、上海国际港务股份有限公司宜东集装箱码头分公司和工业互联网创新中心有限公司共同组建的重点研究机构。
中石化海洋石油工程有限公司	成立于 1993 年 2 月 20 日,主要从事矿产资源勘查、海洋天然气开采、海洋石油开采、海洋地质调查等业务。
连洋海洋工程有限公司	成立于 2007 年 7 月 26 日,从事建设工程施工、测绘服务、水运工程监理、建设工程设计等服务业务。
上海海洋石油开发工程联合公司	成立于 1990 年 12 月 13 日,从事承包海洋石油工程、陆上油田及石油化工工程的勘探,开发建设国内外咨询服务业务。
上海雄程海洋工程股份有限公司	成立于 2013 年 8 月 13 日,是从事海上风电、跨海大桥、海上石油平台基础施工的专业服务商,先后参与过多个跨海大桥、海上风电等重点项目建设,是上述领域的优势企业。
上海交大海科(集团)有限公司	成立于 2004 年 4 月 20 日,是上海交通大学海洋水下工程科学研究院改制组建的专业从事海洋水下工程产品研发、工程施工、工程监理、潜水员培训、潜水医学研究的技术企业。
上海晟敏海洋工程有限公司	成立于 2006 年 3 月 8 日,主营海上救助打捞、海洋工程建设、海上拖带、船舶守护、应急清污等业务。目前拥有包括拖轮、工程船舶、多功能船舶等共计 20 余艘,以及齐全的检测、清污、潜水等设备。

10.船员劳务

在上海从事船员劳务相关的企业有 40 余家,涵盖船员劳务派遣、船员培训申请、船员管理信息咨询等。它们为上海的航运企业输送人才,保证上海航运人力资源的高质量发展,部分企业如表 3.32 所示。

表 3.32 上海的船员劳务企业

企业名称	企业介绍
上海船员服务协会	成立于 2011 年,开展船员服务相关的调查研究、船员培训、代理船员办理申领证书等手续,咨询服务、评估论证、国内外信息技术交流等业务。
中远海运船员管理有限公司	成立于 2004 年,一般从事国内船舶管理业务、劳务派遣、海员外派业务。

续表

企业名称	企业介绍
上海宇洋人力资源有限公司	成立于2001年,从事劳务输出,劳务服务,劳务派遣,以服务外包方式从事人力资源外包,人才供求信息的收集、整理、储存、发布和咨询服务、人才推荐、人才招聘等业务。
上海大新华船员服务有限公司	成立于2009年,从事船员服务相关业务。
上海长航船员管理有限公司	成立于1999年,从事为海洋船舶提供配员、代理船员用人单位管理海洋船舶船员事务;代理海洋船舶船员申请培训、考试、申领证书等业务。
上海哥伦比亚船员管理有限公司	成立于2016年,从事为船员用人单位提供船员管理服务(除劳务派遣)、船员管理信息咨询服务及海事咨询服务业务。
上海中协船员管理有限公司	成立于2003年,从事为国内企业提供劳务派遣服务、国内货物运输代理、装卸服务、园林绿化、保洁服务、物业管理业务。
上海中远海运劳务服务有限公司	成立于2014年,从事劳务派遣,为海洋船舶提供配员,代理船员用人单位管理海洋船舶船员事务,代理海洋船舶船员申请培训、考试、申领证书等业务。

(三)衍生服务

1.航运金融服务

上海有航运金融企业20余家,其航运融资服务体系的重要组成部分主要包括上海的商业银行、政策性银行以及金融租赁公司。上海的金融机构一直为航运、船舶制造和港口管理等相关企业提供各种融资方式的金融服务。目前,航运信贷按期限可分为短期、中期和长期贷款,按信贷业务品种可分为项目贷款[①]、固定资产贷款[②]和流动资产贷款[③]。部分企业情况如表3.34所示。

---

① 项目贷款:这种贷款通常用于特定的项目,如新船的建造、船舶的改装或者航运基础设施的建设等。项目贷款的特点是与项目的现金流和收益紧密相关,贷款的偿还通常依赖于项目本身的经济效益。

② 固定资产贷款:这类贷款主要用于购买或更新企业的长期资产,如船舶、码头设施、集装箱等。固定资产贷款的偿还期限通常较长,以匹配资产的使用寿命和折旧周期。固定资产贷款有助于航运企业进行资本密集型的投资,提升其运营能力和市场竞争力。

③ 流动资产贷款:流动资产贷款主要是为了满足企业日常运营中的资金需求,如支付燃油费、港口费、员工工资等。这类贷款的特点是期限较短、灵活性较高,可以快速满足企业短期内的资金周转需求。流动资产贷款有助于航运企业保持运营的连续性和稳定性。

表 3.34　上海的海事金融企业

企业名称	企业介绍
交银金融租赁有限责任公司	成立于 2007 年,是经国务院批准成立的首批 5 家银行系金融租赁公司之一,是交通银行全资控股子公司,业务涵盖航空、航运、交通基建、公用事业、能源电力、机械设备等重点行业和领域。
招银金融租赁有限公司	成立于 2008 年,是国务院确定试点的首批银行系金融租赁公司。推出了航空、航运、能源、基础设施、装备制造、环境、健康文旅、公共交通与物流、智慧互联与集成电路、租赁同业十大行业金融解决方案,建立了较为完善的金融租赁产品和服务体系。
浦银金融租赁股份有限公司	成立于 2012 年,专注于航空、航运、航天、先进制造、绿色金融等领域的金融租赁业务,为客户提供专业化、特色化、创新型的金融租赁产品和服务。
太平石化金融租赁有限责任公司	成立于 2014 年,是经中国银行业监督管理委员会批准开业的金融租赁公司,是第一家将公司总部设在中国(上海)自贸区的金融租赁公司。公司 2015 年实现租赁投放规模超 150 亿元,累计资产余额接近 200 亿。
华融航运金融租赁有限公司	成立于 2015 年,主营融资租赁、转让和受让融资租赁资产、接受承租人的租赁保证金、经济咨询、在境内保税地区设立项目公司开展融资租赁业务,在境外设立项目公司开展融资租赁业务。
海发宝诚融资租赁有限公司	成立于 2013 年,是中远海运发展股份有限公司的全资子公司。植根产业在医疗、教育、能源、建设、工业设备、电子信息、民生消费、交通物流、汽车金融等多个领域。
中航国际融资租赁有限公司	成立于 1993 年,是一家民用飞机及运输设备租赁服务提供商,主营民用飞机、机电、运输设备等资产的融资租赁及经营性租赁。
上海崇和船舶融资租赁有限公司	成立于 2011 年,主营融资租赁业务、向国内外购买租赁财产、租赁财产的残值处理及维修、租赁交易咨询和担保业务。

2. 航运保险

上海已成为区域航运保险市场中心,2009 年以来航运保险保费收入规模保持全国第一,部分企业如表 3.35 所示。

表 3.35　上海的国际航运经纪企业

企业名称	企业介绍
中远海运财产保险自保有限公司	由中国远洋海运集团有限公司全资设立,于 2017 年 2 月 8 日成立,是国内首家航运自保公司。主营财产损失保险、责任保险、信用保险和保证保险等业务。

企业名称	企业介绍
中国船东互保协会	于1984年1月1日在北京成立的船东互助非营利组织,现总部迁至上海,其宗旨是根据法律法规、国际公约和惯例,以会员为中心,维护与保障会员利益。协会保赔险入会总吨达8200万,位居全球同业第9位。
上海航运保险协会	成立于2013年,不断推动航运保险技术水平的提升以及服务领域的拓展,助力航运保险业发展全局,与航运上下游产业协调处理航运保险服务事宜。
中国太平洋财产保险股份有限公司航运保险事业营运中心	成立于2010年,主要从事船舶保险和货物运输保险,与航运产业相关的财产保险和责任保险,海上能源保险和航空保险业务;提供海事担保服务和代理赔查勘服务。
中国大地财产保险股份有限公司	成立于2003年,主营企业财产损失保险、货物运输保险、机动车辆保险、船舶保险等业务。
上海泛华天衡保险公估有限公司	成立于2002年,是一家综合性保险公估机构,覆盖国际货运险、航运服务、财产险等业务,涉及承保前的风险评估、保险过程中的防灾防损和事故发生后的检验公估理赔等业务。
天安财产保险股份有限公司航运保险中心	成立于2014年,主营货物运输保险、船舶保险、船舶建造保险、保赔保险、集装箱保险、海上能源保险、码头财产保险、物流责任保险、海事责任保险等各类航运保险业务。
中国人寿财产保险股份有限公司航运保险运营中心	成立于2015年,主营船舶及其相关利益保险,航空器及其相关利益保险,货物及其相关利益保险,航运设施及其相关利益保险,海上能源开发及其相关利益保险、保赔保险等业务。

3. 航运信息

上海从事航运信息的企业有270余家,涵盖航运咨询、港航信息技术、海事科研与信息科技等领域,部分企业如表3.36所示。

表3.36　上海的航运信息企业

企业名称	企业介绍
上海国际港口工程咨询有限公司	成立于1993年,主要经营范围包括提供国内外港口建设设计、工程、技术、设备及投资咨询服务,以及航道、公路、桥梁、涵洞、大坝、船坞和土木建筑等工程的咨询、监理服务。
上海远东水运工程建设监理咨询有限公司	成立于1994年,监理业务范围为全国范围内承担大、中、小型水运工程及其附属工程和辅助配套项目、水运机电工程专项监理的咨询业务。
上海深水港船务有限公司	成立于2005年,由上海国际港务股份有限公司和上海同盛投资有限公司共同组建,提供相关信息咨询服务。

续表

企业名称	企业介绍
上海海勃物流软件有限公司	成立于2001年,是上港集团旗下高科技企业,专业从事港航物流领域IT行业,是一家年营收超过5亿元人民币、从业人员近200人、科研人员占比超80%的大型国有IT企业。
中远海运科技股份有限公司	成立于1993年,隶属于中国远洋海运集团有限公司,主要从事智能交通系统,交通和航运信息化,工业自动化,安全防范工程领域的软、硬件产品科研、开发、销售、系统集成,网络技术开发,互联网信息服务等业务。
上海国际航运服务中心开发有限公司	成立于2007年,主要服务对象是港口、航运、物流企业以及相关的政府部门,信息服务需要为企业提供增值信息,为政府部门提供决策信息。
中国经贸船务有限公司	成立于1984年,主营船舶买卖、船舶修造、船舶租赁代理及信息咨询,国际货运代理,航运信息咨询服务业务。
商船三井(中国)有限公司	成立于1995年,主营国际船舶代理、航运信息咨询、商务信息咨询、企业管理咨询业务。
马士基航运经纪(上海)有限公司	成立于2013年,主营航运经纪(国际船舶)、航运信息咨询,投资咨询,商务信息咨询,企业管理咨询业务。
诺亚天泽控股(上海)有限公司	成立于2012年,主营实业投资、项目投资、航运咨询、企业管理咨询、投资咨询、财务咨询、电子商务、货运代理、货物及技术的进出口业务。
斯坦纳船务(上海)有限公司	成立于2016年,主营船舶租赁、航运经纪、航运信息咨询、票务代理、船舶技术咨询及技术服务业务。
富懋(上海)航运咨询有限公司	成立于2011年,主营航运咨询、船务咨询、船舶技术咨询,船舶设备及零部件、五金工具、日用品的批发、进出口、佣金代理业务,并提供相关配套业务。
上海中波航运管理有限公司	成立于2016年,主营海洋货物运输代理,企业管理,企业管理咨询,船舶设备技术领域内的技术开发、技术转让、技术咨询、技术服务,航运信息咨询,船舶、船舶设备及配件的批发等业务。
西崔克航运咨询(上海)有限公司	成立于2017年,为各类航运企业、造船企业、船舶设备供应商和相关机构提供航运和租船市场的商务信息咨询、航运管理咨询、船舶技术咨询。
豪罗宾逊航运经纪(上海)有限公司	成立于2011年,主营航运经纪(国际、国内船舶)、航运信息咨询、资产评估业务。
森罗商船(上海)有限公司	成立于2019年,从事国际船舶代理、航运信息咨询、商务信息咨询、企业管理咨询业务。
泛力(上海)航运经纪有限公司	成立于2017年,主营航运经纪(国际船舶)、船舶信息咨询、商务信息咨询、企业管理咨询业务。

续表

企业名称	企业介绍
上海海事大学	是一所以航运、物流、海洋为特色,具有工学、管理学、经济学、法学、文学、理学和艺术学等学科门类的多科性应用研究型大学,港航物流学科保持全球领先。
上海交通大学船舶海洋与建筑工程学院	设船舶与海洋工程系、工程力学系、土木工程系、国际航运系,其海事相关学科处于全球领先地位。
上海鼎衡航运科技有限公司	成立于 2004 年,经营一般项目有:软件开发;软件销售;技术服务、技术开发、技术咨询、技术交流、技术转让、技术推广;计算机系统服务;信息系统集成服务;人工智能应用软件开发等。
中远海运科技股份有限公司	成立于 1993 年,隶属于中国远洋海运集团有限公司,主要从事智能交通系统,交通和航运信息化,工业自动化,安全防范工程领域的软、硬件产品科研、开发、销售、系统集成,网络技术开发,互联网信息服务等业务。

4.航运法律

上海浦东新区集聚了多家国际仲裁机构办事处、上海海事法院、中国海事仲裁委员会上海总部等机构,逐步发展成为最有潜力并与国际接轨的航运法律服务高地。浦东国际航运服务中心设有 20 人左右的航运法律顾问团,为航运企业提供精准服务。上海地区海事仲裁案件数量占全国 71.4%。陆家嘴拥有上海海事法院、中国海事仲裁委员会上海分会和众多从事海事法律的机构。陆家嘴有 90 多家律师事务所,法律服务业总数占上海市的三分之一。部分机构如表3.37 所示。

表 3.37 上海的航运法律机构

机构名称	机构介绍
上海海事法院	主要受理海上、通海水域与船舶、运输、港口、船员有关的海商合同纠纷和海事侵权纠纷。
中国海事仲裁委员会	是唯一以解决海事海商、交通物流争议为特色并涵盖其他所有商事争议的全国性、国际化仲裁机构。
上海瀛泰律师事务所	目前拥有权益合伙人、合伙人、高级顾问、律师、律师助理、业务秘书、运营支持人员 400 余人,在全国设立近 20 家办公室,并与国际知名律所夏礼文(HFW)联营。
上海四维乐马律师事务所	成立于 2007 年,是一家以海事、商事为特色,提供全方位法律服务的国际化律师事务所。
上海耀良律师事务所	成立于 2000 年,是一家从事专业法律服务的律所。

机构名称	机构介绍
上海协力律师事务所	成立于1998年,致力于为客户提供专业的法律服务,并形成了以知识产权、金融并购、海事海商、公司证券、破产清算、国际仲裁等为代表的优势专业领域。
大成(上海)律师事务所	成立于2001年,是上海成立最早的合伙制律师事务所之一,提供高端法律服务,目前拥有450余名执业律师。
上海市锦天城律师事务所	成立于1999年,是一家提供一站式法律服务的综合性律师事务所,在核心业务领域具备行业领先优势。

5.航运教育与培训

上海海事类高校或开办海事类专业的高校有上海海事大学、上海交通大学、上海海事职业技术学院、上海交通职业技术学院、上海市南湖职业学院。这些教育机构以自身的优势以及专业化教育,不断为上海的航运事业输送人才。上海目前有主流船员培训机构12所,涉及到海事类高校内和企业内培训,专任航运相关教师1400余名,培育了大量现代航运人才,并投入到各个运输企业中进行海员相关工作,部分企业如表3.38所示。

表3.38 上海的船员服务和教育培训机构

机构名称	简介
上海海事大学、上海海事职业技术学院、上海长航职业技术培训中心、上海交通职业技术学院、上海市交通学校、上海市南湖职业学校	由高校内资源培训船员。
上海港教育培训中心	主要从事海员培训相关业务。
上海浦东新区三航教育培训中心	成立于2001年,主要从事海员相关培训。
上海雍和海连海事服务有限公司	成立于2022年,主要从事海员相关培训。
中国船级社上海培训中心	主要从事海员培训相关业务。
上海远洋运输有限公司海事培训中心	成立于2006年,主要从事海员相关培训。
中波轮船股份公司	兼营从事海员培训相关业务。
中国海洋工程有限公司	成立于2016年,兼营海员相关培训。
中交上海航道局有限公司	成立于1994年,兼营海员相关培训。
上海船员培训中心	1984年由交通部批准成立的,由当时的上海海监局、上海远洋运输公司、上海海运局及船研所等有关人员组成领导小组及工作班子,上海海事大学代交通部管理,是中国海事局认可的船员教育与培训机构。

6.航运文化会展

上海的航运文化展主要有上海国际航运中心成果展、上海临港海洋节和浦东航运周。2020年是上海国际航运中心基本建成之年,为展示上海国际航运中心建设所取得的辉煌成果,提升上海国际航运中心在全社会的显示度,由上海市推进上海国际航运中心建设领导小组主办,上海市交通委、中国航海博物馆承办的"上海国际航运中心建设成果展"。

浦东新区政府将牵头主办的"浦东航运周"的目标是打造国际化、市场化、专业化的行业盛会,为上下游企业协同发展提供更大的平台,共同提升产业链的生态价值。上海临港海洋节具有整合海洋产业、海洋文化、海洋娱乐三大板块共35项活动。

在航运文化旅游方面,长三角地区海洋文化旅游产业均未形成典型龙头企业和丰富产业生态。除传统滨海度假区、海洋公园等项目外,海洋运动、海洋科普行业优质企业较少,和一二产业融合程度较低,有待进一步协同发展。上海的部分企业如表3.39所示。

表 3.39　上海的航运文化旅游企业

企业名称	企业简介
上海海昌极地海洋世界有限公司	旗下有上海海昌海洋公园,一直秉承海洋特色文化主题公园以及周边配套酒店、餐饮、零售等物业综合开发运营的商业模式,为游客提供完整的娱乐休闲服务体验。
上海长风海洋世界有限公司	长风海洋世界成立于1996年,坐落于长风公园内,为国家4A级景区。园内拥有超过300余种、10000余尾海洋水生生物,是休闲娱乐、亲子游玩的好去处。
上海新东亚水上运动发展中心	成立于2016年2月6日,开展全民健身水上运动培训,组织策划水上运动比赛,传播水上运动文化,增进水上运动体育组织的合作交流,普及推广水上运动。
上海和斯娱乐有限公司	成立于1996年7月2日,提供滑水梯、活动池、海浪池等水上运动项目,室内外智力游戏场、沙滩排球场等康乐项目。
上海市帆船帆板运动协会	推广普及本市帆船帆板运动,开展竞赛、培训、研究及各类活动,进行对外交流,促进人才培养,推动项目管理专业化、规范化发展。

三、香港国际航运中心

(一)基础服务

1. 水上运输

香港提供客运渡轮服务的共 7 家公司,主要提供香港与内地、澳门等短途运输服务及香港各岛间的客运服务和观光服务。水上货运服务公司有 20 家。

在货物运输方面,香港港是世界最繁忙的港口之一,其货物运输主要集中于葵青货柜码头。香港港口的进口货物以电动机械、仪器及零件为主。2022 年香港港的货物集装箱吞吐量总额为 1668.5 万 TEUs,港口货物装载吞吐量为 19210.4 万吨,排名位居世界第十(图 3.6 和图 3.7)。

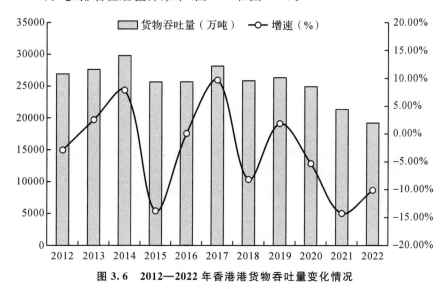

图 3.6　2012—2022 年香港港货物吞吐量变化情况

由图 3.6 和图 3.7 可知,香港港口所流经的货运量和货运市场份额逐年下降。这一方面是因为上海港、深圳盐田港、北部湾港的崛起,另一方面也是由于香港港口的产业重心由航运物流产业转向航运服务产业。香港主要的水上货运企业及其基本信息如下表 3.40 所示。

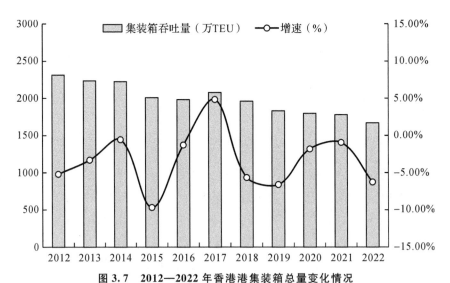

图 3.7　2012—2022 年香港港集装箱总量变化情况

表 3.40　香港港口水上运输货运公司

企业名称	企业介绍
中远海运货柜代理有限公司	为中远海控旗下主营货代公司,代理干线班轮 40 多条定期航班。年输送量 140 万个标准箱,服务范围包括:进出口货运、珠三角支线驳船、船舶代理以及内陆运输等服务。其母公司实力雄厚,在全球班轮公司运力排名中位居第 4,运力超过 150 万 TEU。
汉堡南美香港有限公司	隶属于马士基集团,根据马士基集团的财报显示,其 2023 年上半年货运业务毛利润为 148.18 亿元。
赫伯罗特(中国)有限公司	在 2023 年 10 月的全球班轮公司运力排名中位居第 5,运力超过 150 万 TEU。
东方海外货柜航运有限公司	有 70 艘船,其 2023 年上半年货运业务收益为 294.981 亿元。截至 2023 年 9 月 30 日,第 3 季度之总收入较去年同期减少 65.1%。总载货量上升 6.7%,运载力上升 13.6%。
中国外运(香港)船务有限公司	中外运公司 2023 年前三度海运代理 964.5 万标准箱,上年同期 956.0 万标准箱,在 2023 年 10 月的全球班轮公司运力排名中位居第 33。

　　在旅客运输方面,香港旅游业发达,是重要的客旅中转枢纽。2018 年,香港水运客运人次为 20 万人次,内河港口的客运人次占全港总客运人次的 25%,且逐年攀升,而澳门抵港船运人次逐年下降(图 3.8)。2019 年后由于疫情原因,各航线均受到影响,澳门与香港的航线停止营业,内河航线也遭受重创。疫情后,各航线正在逐步恢复运营。

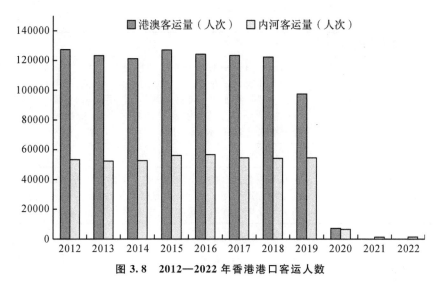

图 3.8　2012—2022 年香港港口客运人数

香港主要水上客运企业及其基本信息如下表 3.41 所示。

表 3.41　香港港口水上运输客运公司

企业名称	企业介绍
天星小轮有限公司	为香港唯一获得专利航线经营权的渡轮服务商,运营 2 条航线,拥有 8 艘船,总载客量为 3873 人,使用率为 87.5%。收入下跌至 1000 万元以下,较 2019 年低 65%。专营航线收入为 2720 万元,较 2019 年低 45%。
香港油麻地小轮船有限公司	隶属于香港小轮集团,截至 2023 年,有 5 艘汽车轮渡,运营 2 条危险品汽车轮渡航线,是香港唯一提供汽车轮渡和运载危险品车辆服务的轮渡公司。

此外,因为具有邮轮游产业设施发达、旅游资源丰富,且背靠内地的地理优势,香港的邮轮旅游业发达,其邮轮游产品占据亚洲市场较大份额。截至 2022 年底,在香港运营的邮轮公司有 13 家,部分邮轮公司及其运营航线如表 3.42 所示。

表 3.42　在香港运营的邮轮公司及其主要运营航线

邮轮公司	航线
Celebrity Cruises	香港—河内—岘港—胡志明市—曼谷/林查班—苏梅岛—新加坡
Cunard	开普敦—香港、弗里曼特尔—香港、悉尼—香港、新加坡—香港、香港—横滨
Hapag-Lloyd Cruises	胡志明市—香港—上海、横滨—香港、香港—吉隆坡、香港—上海

续表

邮轮公司	航线
Holland America Line	新加坡—泗水—爪哇—哥打基纳巴鲁—香港、新加坡—马尼拉—普林塞萨—香港—哥打基纳巴鲁—香港、香港—马尼拉—普林塞萨—新加坡—哥打基纳巴鲁—香港、新加坡—马尼拉—普林塞萨—哥打基纳巴鲁—普吉—香港、新加坡—香港—长崎—清水—东京、香港—上海—釜山—清水—福冈—东京
Norwegian Cruises Line	马尼拉—香港—东京
Oceania Cruises	曼谷—香港、新加坡—香港—台北、香港—首尔、新加坡—香港、迈阿密—香港—纽约、布宜诺斯艾利斯—香港—迈阿密、智利圣地亚哥—香港—迈阿密、洛杉矶—香港—纽约
Princess	新加坡—香港—福冈—东京
Regent Seven Seas Voyager	新加坡—香港、新加坡—香港—东京、悉尼—香港—东京、香港—曼谷
Seabourn	新加坡—香港、胡志明市—香港
Silversea	新加坡—香港、香港—东京、巴厘岛—香港

2.港口服务

在港口经营服务方面,香港有近 20 家企业提供港口货物装卸服务,10 余家企业提供拖船服务,近 30 家企业提供仓储服务。香港主要的港口经营服务企业如表 3.43 所示。

表 3.43 香港港口经营服务企业

企业名称	企业介绍
威盟物流有限公司	总部位于香港,主要运营整箱承运、拼箱承运及散件承运服务等。还兼有仓储服务。
创业国际物流有限公司	总部位于香港,主要从事货物代理、物流仓储。截至 2023 年,管理超过 100 万平方英尺的仓库空间和 100 辆卡车的车队。
招商局货柜服务有限公司	为招商局港口控股有限公司旗下子公司,运营 750 米的海岸线,码头水深-8.5 米,拥有 8 万平方米码头,货柜堆存量为 1.1 万 TEUs,冷冻柜电源插座 300 个。主要提供车船码头、中流码头、货柜维修及散货运输、驳船服务。
永进船务有限公司	成立于 1990 年,总部位于中国香港,越南是其核心业务地区,其在越南、泰国、缅甸及中国内地均设有分公司。在香港主营整柜运输和拼箱运输。
启阳国际货柜服务有限公司	成立于 2008 年,提供货柜租借销售、仓储及各项货柜和物流服务外,提供物流服务,包括冷藏箱制冷储存、散货拆转等。

续表

企业名称	企业介绍
South China Towing Co., Ltd.	是由 PSA Marine (Pte) Ltd.、Mitsui OSK Lines, Ltd. 和 Tokyo Kisen Co. Ltd. 于 1987 年组建的合资企业。为停靠船舶提供港口和沿海拖航服务,拥有 4000 马力和 5000 马力拖轮船队,能够承载超过 20000 标准箱的船舶。
Yiu Lian Dockyards Limited	是招商工业旗下子公司,香港友联拥有拖轮 13 艘、蛇口友联拥有拖轮 6 艘,还参股了深圳联达拖轮有限公司,是珠江区马力最大、功能最齐的拖轮船队。香港友联拥有全港最大的拖轮船队、区域市场份额超过 50%。
Hongkong Salvage and Towage	隶属于长江和记实业集团,拥有 13 艘一级拖船,总动力为 57800 BHP,在香港水域内为所有类型和尺寸的船舶提供港口拖航服务。

在口岸服务方面,近十年来,香港交易所先后推出了 16 只场内大宗商品期货合约,涉及贵金属、黑色金属及基本金属等,以及六个非供交易的黄金指数,此外还收购了 LME 及成立了前海联合交易中心。前海联合交易中心自 2018 年 10 月正式上线运营以来,陆续推出氧化铝、铝锭、铝棒、铜杆、电解铜、天然气、水泥、铝卷、大豆等 9 个品种,已发展成为国内唯一真正意义上的全国性、跨品类、综合性大宗商品现货交易场所。平台现有实体产业客户 1072 家,基本覆盖铝、铜、天然气及水泥产业链头部客户。2022 年,前海联合交易中心克服各种不利因素的影响,稳步推进业务发展,全年现货交易额实现 793.5 亿元,同比去年增长 145%,各项业务保持了快速增长的势头。

(二)辅助服务

1. 多式联运和代理服务

香港船务代理行繁荣,共有 70 余家多式联运和代理服务相关的企业,主要货代企业信息如表 3.44 所示。

表 3.44　香港港口多式联运公司

企业名称	企业介绍
太平洋航运集团	总部位于香港,现有 121 艘小灵便型和超灵便型干散货船、5 艘超大灵便型干散货船,服务 96 个国家,662 个港口,拥有 386 名岸上员工,4200 名船员。2022 年盈利 566.9 百万美元。2023 年上半年干散货运总量为 40.9 百万吨。

续表

企业名称	企业介绍
中远海运货柜代理有限公司	为中远海控旗下主营货代公司,代理干线班轮40多条定期航班。年输送量140万个标准箱,服务范围包括:进出口货运、珠三角支线驳船、船舶代理以及内陆运输等服务。其母公司实力雄厚,在全球班轮公司运力排名中位居第4,运力超过150万TEUs。
汉堡南美香港有限公司	隶属于马士基集团,根据集团财报,其2023年上半年货运业务毛利润为148.18亿元。
赫伯罗特(中国)有限公司	2023年10月的全球班轮公司运力排名中位居第5,运力超过150万TEUs。
东方海外货柜航运有限公司	有70艘船,2023年上半年货运业务收益为294.981亿元。截至2023年9月30日至第3季度之总收入较去年同期减少65.1%。总载货量上升6.7%,运力上升13.6%。
中国外运(香港)船务有限公司	2023年前三季度海运代理964.5万TEUs,上年同期956.0万标准箱,在2023年10月的全球班轮公司运力排名中位居第33。
China Rich Shipping Co. Ltd.	成立于2001年,总部位于香港,提供船舶代理和物流相关服务,处理前往香港的各类船舶入港事务。
Gulf Agency Co. (HK) Ltd.	是全球最大的航运代理机构之一,拥有3500名委托人并每年处理10万个工作岗位,是为数不多的拥有能力来支持全球范围内的航运业务的全球组织之一。
安亿租船及代理有限公司	成立于1998年,是在香港注册的私人股份有限公司,提供租船和船舶代理服务。
伯恩斯菲利普船务代理专有有限公司	是一家专业的航运代理公司,业务涵盖船舶代理、货物处理、港口操作、报关和物流支持等多个领域。

2.船舶供应

香港船舶供应业可分为船舶供应配件、船舶供应燃油、船舶安全供应等。香港登记在册的船舶燃油供应企业共有64家,大型船舶燃料油供应公司有6家,船舶供应(配件)企业有3家,船舶供应(安全)企业有6家,其主要企业信息如表3.45所示。

表 3.45　香港港口船舶供应公司

企业名称	企业介绍
中燃远邦石油化工有限公司	由远邦集团及中国船舶燃料有限责任公司所组成,是香港最大规模的船用燃油供货商。营运香港最大的驳船团队,拥有庞大的燃油储存库,每年给远洋轮船的供油量超过250万吨。

续表

企业名称	企业介绍
安达船油贸易有限公司	破产。
启航船供有限公司	总部位于香港,主要提供船用各类燃油、润滑油、食水供应等业务,装备 280 公吨到 450 公吨的柴油船队,另有配备质量流量计的 700 公吨到 2200 公吨的重油船队。
国际燃料有限公司	破产。
国际海洋石油贸易有限公司	总部位于香港,在上海、韩国设有办事处,主要在东亚地区各港口为船舶提供船用燃油,指导客户进行燃料油采购计划、不同港口供应物流、价格竞争力和燃料规格。
Hongkong United Dockyards Limited	于 1972 年在香港成立,由长江和记集团成员拥有。主营业务为船舶进坞维修、起浮维修和港口维修服务,游艇的维修、保养及改装,船舶配件供应,在全球 8 个地方设有海外办事处。
Carmichael & Clarke	总部位于香港,主要从事海洋和工程顾问、海事服务资格认证、船舶设备(管道和容器)检查和维修。

3. 船舶维修

全港现在约有 70 家船厂提供船舶维修服务。根据职业训练局 2016 年海事服务业人力调查报告,在受访的 657 家岸上海事业务机构中,从事岸上技术及顾问的相关机构于 2016 年共聘请超过 3000 名雇员。在上述 657 家受访的岸上海事业务机构中,有 14 家提供海事设备、船舶建造和维修的机构。港口设备修理行业主要由招商局港口控股有限公司负责,货柜维修行业共有 3 家公司,其中 1 家已破产,其主要企业信息如表 3.46 所示。

表 3.46　香港港口船舶设计与维修公司

企业名称	企业介绍
Amee & Co. Ltd.	主要为远洋和沿海船舶、高速船、本地和访问游艇以及任何需要磁罗盘调整和签发偏差卡的船舶提供检修和设备维护服务。
裕德科技有限公司	专营海事电子行业,提供专业服务及销售各类海事电子产品,提供技术咨询、系统设计、安装调试、维修保养服务。包括:通讯、救难、导航、气象、渔业、机舱自动化控制及警报系统。
快捷航海仪器有限公司	是大中华区和东南亚地区的无线电通信和导航救援解决方案、产品和技术服务的领先供应商。其产品主要是导航、通信、海事安全、夜视、娱乐系统和 IT。

续表

企业名称	企业介绍
Hostmost Group	提供船用内部电子产品维修服务、导航援助、GMDSS 系列。
深极水底工程有限公司	总部位于香港,主营业务有:船舶水下检查、车叶抛光、船舶水下修理、水下清洁、水下焊接破洞、水下切割、船舶水下封水门、船舶水下更换锌块。
Asia Divers Limited	总部位于香港,提供船舶水下检测、水下焊接切割、船体清洗等商业潜水服务。
Hongkong United Dockyards Ltd.	于 1972 年在香港成立,由长江和记集团成员拥有。提供船舶进坞维修、起浮维修和港口维修服务,游艇的维修、保养及改装服务,在全球 8 个地方设有海外办事处。
Irwin Marine Services Ltd	为造船厂和其他管道制造商等其他公司制造碳钢管道,用于 BWTS 和 EGMS 的改造以及船舶新造船的海水管道。
Marine Surveys & Engineering Services Ltd	总部位于香港,是亚洲领先的游艇组织,拥有训练有素的专业测量师,提供船舶检查、维修及建造方案设计等业务。目前在菲律宾也拥有办事处。
The Hong Kong Shipyard Limited	是香港小轮(集团)有限公司子公司,已获 ISO9001 颁发证书,拥有全港最大的同步升降船排,可处理高达千吨船只。范围包括:海事机械、电器、电子、船舶设计及船身上漆等工程服务。每年为约 50 艘游艇及 60 艘其他船只进行年检及定期维修服务。
Works Of Diving Hong Kong Company Limited	总部位于香港,主要提供水下焊接、水下切割、现场勘察、污水排放口安装、浮标维护、安全艇、海洋项目管理。
招商局货柜服务有限公司	成立于 1997 年,货柜堆存量为 1.1 万 TEUs,冷冻柜电源插座 300 个。提供车船码头、中流码头、货柜维修及散货运输服务。货柜维修服务为货柜的维修服务、清洁服务、冷藏箱设备维修服务。

4. 船舶管理(第三方)

香港登记在册的第三方船舶管理公司共有 120 余家,其中大型公司 10 家,中小型企业 110 余家。在港运营的部分船舶管理公司如表 3.47 所示。

表 3.47　香港港口船舶管理(第三方)企业

企业名称	企业简介
Abacus Ship Management Limited	总部位于菲律宾,提供船舶管理和配员服务,共有两个办事处,一个位于中国香港地区,一个位于马尼拉。

续表

企业名称	企业简介
Anglo-Eastern(香港)	母公司拥有680艘船舶接受全面技术管理,250多艘船舶接受船员管理,其各部门拥有近1000艘新造船和改装船,拥有39000多名海员和2100多名岸上员工。
China Energy Ship Management Co. Ltd.	主要提供液化天然气船的管理、运营、安全。
Eight Ships Limited	总部位于中国香港,是一家独立的航运咨询和顾问公司,主要提供船舶经纪、运输策略、项目评估、后勤、买断估值、船舶采购建议、船舶重新分类和换旗、特种船舶技术咨询。
Fleet Management Limited	总部位于中国香港,是全球最大的第三方船舶管理公司,主营业务为各类船舶的管理,载重吨位从600吨到32万吨不等。该公司拥有27000名员工,管理的船队规模为556艘,全部为全面技术管理。
Great Harvest Maeta Group Holdings Limited	总部位于中国香港,主营业务为管理、运营和维护液化天然气船,年利润为2470.3万美元。

5.船舶注册登记

香港注册处提供的主要服务包括船舶注册、船员注册及保障、安排海员考试及签发适任证书、向香港注册船舶提供技术支援,以及就涉及香港注册船舶的海上意外展开调查等。香港注册处是全球第四大船舶注册机构,辖下注册船舶总数由2014年的2342艘,增至2019年的2627艘,增幅逾12%;同期间,香港注册处的船舶注册总吨则由8780万总吨升逾三成至1亿2710万总吨。与全球船舶比较,香港注册船舶的表现亦在领先之列,港口国监督扣留率在2018年只有0.82%,远低于2.68%的全球平均扣留率。目前,香港提供船舶注册服务的公司共有3家,船舶注册处共5家,具体情况如表3.48所示。

表3.48　香港港口船舶注册处及船舶注册公司

企业名称	企业介绍
天德船务有限公司	总部位于香港,主要经营范围为海事顾问、海运设备支援、船舶供应商(设备)、船舶注册、船厂/修船服务。
海洋船务管理有限公司	总部位于香港,经营范围为船舶管理、船务代理、船舶注册。
裕洋服务有限公司	从2000年起开始为海外船东办理香港旗船注册业务,如为停靠香港的船舶提供代理服务,包括船员换班、CTM和加油。亦获香港MARDEP正式认可,可进行香港船旗登记、船舶证书及执照。

企业名称	企业介绍
香港注册处	拥有 2400 多艘船舶,吨位约 1.28 亿吨,以总吨位计算位列世界第四大船舶注册。香港船舶注册持续地在巴黎谅解备忘录和东京谅解备忘录保持着白名单,也获得美国海岸防卫队 Qualship21 的质量认可。
International Registries, Incorporated	在全球为船舶提供注册服务,香港分公司主要负责远东地区船舶注册业务。
利比里亚登记处	向世界上任何船东开放,接受符合船级社标准的任何类型的船舶。利比里亚法律还允许在光船租入或光船租出的基础上进行双旗登记。
圣文森特和格林纳丁斯登记处	总部位于北欧,香港是其四个海外区域性办事处之一,主要负责处理亚太地区的船舶登记注册。
瓦努阿图登记处	是一家私营公司,与政府签订合同,作为海事管理人运营。VMSL 的公司办公室总部设在维拉港。香港仅是其众多海外办事处之一。

6.船舶检验

所有世界知名的船级社,包括美国船级社、法国船级社、中国船级社、DNV GL AS、英国劳氏船级社、日本海事协会、韩国船级社、意大利船级社(RINA)、俄罗斯船级社均在香港设有办事处。他们拥有高级验船人员,为来香港的船只提供船只及有关仪器的检查服务。除这些船级社外,香港还有很多独立的验船公司,其专业验船员为船只承租者、货主及存货人提供独立的船只及货物检验服务,其主要企业信息如表 3.49 所示。

表 3.49　香港港口船级社及验船公司

企业名称	企业介绍
American Bureau of Shipping (H.K.)	总部位于美国,成立于 1862 年,香港分部成立于 1977 年,主要从事船舶入级、船员认证、安全体系检查等。
DNV AS	总部位于挪威,中国香港是其重要的分部,主要从事船舶入级、船员认证、安全体系检查等。
日本海事协会香港事务所	总部位于日本,业务涵盖船舶入级的各个方面,从船舶和机械图纸的批准到船舶和船舶设施的检验和注册,材料、设备和舾装装置的批准,以及评估和注册船舶安全管理体系和保安体系。

续表

企业名称	企业介绍
英国劳氏船级社	总部位于伦敦,成立于1760年,香港是其重要的海外办事处,在港设有9个办公地点,业务涵盖船舶入级各个方面。
韩国船级社	总部位于釜山,成立于1960年,香港主营业务为提供船舶检验和船用设备认证服务。
中国船级社	总部位于北京,成立于1956年,业务涵盖航运、造船、航运金融与保险、船舶配套、海洋资源开发、海洋科学考察、工业项目监理、体系认证、政府政策法规、节能减排、风险管理和评估等多个产业和领域。
俄罗斯船级社	总部位于圣彼得堡,成立于1917年,香港分社是其海外14个分社之一,其优势业务是为高科技破冰船和开发海上油气田的抗冰设备提供服务。
法国船级社	总部位于巴黎,成立于1828年,是世界主要的验船服务机构,国际船级社协会(IACS)创始成员之一。香港分部是其大中华区的重要分部。
RINA Hong Kong Limited	总部位于意大利,成立于1861年,是一家国际性的认证、测试、检验和咨询服务公司。服务范围,包括认证、质量和可持续性管理体系认证、产品认证、培训等领域。

7. 航运经纪

香港航运经纪机构共有54家,就业人数共228人,业务收益为811百万港元(75638.87万港元)。船运经纪增加值为384百万港元(35814.21万港元),人均增加值为1.68百万港元。香港航运经纪公司和部分全球航运经纪公司在港分公司情况如表3.50所示。

表3.50 香港港船舶经纪公司

企业名称	企业介绍
Anfari Shipbroking & Agency Limited	总部位于香港,从事在港船舶作业手续代理和货物装卸,在全球共有24个办事处,服务地域涵盖南美、东亚、欧洲。香港总部拥有7名全职人员。
Billion Gain Enterprises Private Limited	成立于1994年,总部位于新加坡,全球共3家分公司,分别位于北京、美国、香港。香港分公司,提供船舶经纪、干散货船舶运营服务。
三联船务有限公司	总部在香港,服务市场为中国香港、韩国、中国内地、东南亚、中国台湾。香港总部拥有10名全职人员,全年营业为百万美元(100万~499万)。

企业名称	企业介绍
Ben Line Agencies (HK) Ltd.	母公司在 130 个国家/地区设有 17 个办事处,提供班轮代理服务、ISO 储罐和化学品物流代理服务、海上支持和油气服务、综合物流。香港分公司主要为亚太地区的船舶、货运相关方、船员提供海事代理服务,共有 12 名全职职工,服务覆盖了 40 多个港口。
Clarkson's	主要提供租船、船舶清洁能源、船舶采购和货运金融产品,其航运经纪业务收入占总营业收入的 82%。香港分公司共拥有 4 名航运经纪咨询专家。
Eight Ships Limited	总部位于香港,主要提供航运经纪、运输策略、项目评估和船舶后勤供应等服务,拥有 10 名全职人员,参与世界各地多项船舶建造、船舶融资项目。如为船舶建造寻找合资伙伴,并向银行申请为此类交易提供股权和债务融资。
Great Harvest Maeta Holdings Limited	总部位于香港,主要从事自有船舶的租赁业务。拥有四艘巴拿马型干散货船,总运力约为 319923 载重吨。截至 2022 年 9 月 30 日该企业六个月收益约为 1.08 千万美元,环比去年上升 5.0%。
特里同	运营有 Container System Ltd. 和 MD Int'l Container Services Ltd. 两个香港站点。2022 年租赁业务量增加 7.26%,主营租赁业务为长期租赁(71.2%),增加了 17.06%。新增了干货集装箱(8.24%)、罐式集装箱(3.43%)、底盘车(1.15%)的持有量。
Textainer	是第二大的集装箱出租商,箱队共计 450 万标准箱。是最大的二手集装箱销售商。2018 年至 2023 年,平均每年向 1000 多家客户销售约 13 万个集装箱。运营有两个香港站点。
佛罗伦	总部位于香港,是全球第三大集装箱租赁公司,是中远海运的全资子公司,箱队共计 390 万标准箱。在全球有 20 个办事处,共有 300 多个仓库,占据全球约 20% 的市场份额。在港运营有 Container System Ltd、KTL Container Services Ltd、PCL Container Services Ltd. 和 BOSCO Logistics Limited 共 4 个站点。

8. 码头建设、码头设计、工程咨询

香港共有港口信息技术、工程技术等相关企业 5 家,其中 3 家已倒闭,剩余两家企业中一家属于大型企业,一家属于中型企业。相关企业信息如表 3.51 所示。

表 3.51 香港码头建设设计与工程咨询产业现状

企业名称	企业介绍
Chuen Kee Transportation Company	成立于 1923 年,于 1989 年重构,是一家主要从事地产开发、地产投资、渡轮、船厂及相关业务和证券投资的公司。
Marland Technical Services Limited	成立于 1988 年,是一家发动机配件批发商。其专业领域包括船舶修理和救生艇制造,以及救生艇、降落装置和负载释放装置的定期维修和维护。

9. 海洋工程

香港无海洋工程相关产业。

10. 船员劳务

香港主营业务为船员劳务的相关企业有以下 4 家,如表 3.52 所示。

表 3.52 香港船员劳务企业现状

企业名称	企业介绍
Sea Carrier Shipping Co., Ltd.	拥有中国海事局认证批准的海员外派经营资质,2011 年取得甲级船员服务机构证书,2012 年 9 月获得海员外派资质证书;各级船员达到 600 人以上。
Chuen Kee Transportation Company	成立于 2017 年,旨在提供南丫岛(索罟湾和毛筵湾)与香港仔之间的渡轮服务,向所有香港市民和组织提供船只租赁服务。
Fat Kee Stevedores Limited	成立于 1949 年,运营业务主要包括物流仓储运营和保税仓储等。拥有训练有素的装卸工人。
Martide Martide	提供了关于海事人员服务一体化平台,旨在帮助航运公司招聘和管理船员、供应商宣传他们的服务以及海员找到海事工作。
Oriental Ship Management Maritime Services Ltd.	成立于 1989 年,主营业务为船舶管理业务,包括技术管理、船员管理业务。管理的船舶数量大约为 700 艘,为 400 多艘船舶提供船员管理服务,为超过 250 艘船舶提供技术管理服务。

(三)衍生服务

1. 航运金融服务

2022 年,香港金融保险业的增加值为 1.2 万亿港元,占香港金融业的 78.6%,占香港 GDP 的 42.3%,创造了 26.8 万个就业岗位。香港港金融保险业的门类包括银行业、证券业、保险业、信托业、租赁业等,其中银行业占比最高,达到63.4%。香港金融保险业的对外开放程度非常高,2022年,香港金融保险业的外资引进额为1.4万亿美元,对外投资额为1.2万亿美元,国际业务量为3.6万亿美元,国际市场份额为23.7%。香港金融保险业还在国际标准和规则的制定中发挥着重要作用,例如《巴塞尔协议》《国际会计准则》等。香港是世界上银行业最密集的地区之一,2023年,全球百大银行中,有超过70家在香港营运。全球十大簿记行之中有7间在香港设有办事处。根据香港金融管理局的统计数字,截至2022年6月,船务贷款总额约为1020亿港元,占香港银行贷款总额1.4%。香港主要的航运金融企业及其基本信息如表3.53所示。

表3.53　香港航运金融服务公司

企业名称	企业介绍
Eight Ships Limited	总部位于香港,提供船舶融资等服务产品,目前该公司拥有10名全职人员,参与世界各地多项船舶建造、船舶融资项目。如为船舶建造寻找合资伙伴,并向银行申请为此类交易提供股权和债务融资。
Norton Rose Fulbright	是全球性的律师事务所,其负责为海事金融、海事资产管理提供咨询服务。香港分公司是其亚太地区业务核心,入选《500年亚太法律2024强》香港及中国指南版。
ABN·AMRO Clearing	总部位于荷兰,在全球共有10个办事处,香港设有荷兰银行结算香港有限公司,主要提供能源结算服务、资产托管服务等,在香港股票市场份额显著增长。

2.航运保险

在香港获得授权的承保船舶保险的公司有83家,其中注册地在香港的公司为52家,非香港注册地的有31家。香港主要的航运保险企业及其基本信息如表3.54所示。

表3.54　香港航运保险公司

企业名称	企业介绍
Charles Taylor	总部位于西班牙,在全球近100个地方设有办事处,香港分公司为亚太地区最大公司,设有海事保险部,为客户和经纪人提供专业的商业保险解决方案和风险控制服务。
The Standard Club Asia Ltd.(Hong Kong Branch)	是NorthStandard Group的子公司,主要负责亚洲事务,是世界一流的船东互保协会之一,业务稳定,发展良好,风险评级为A级。香港地区的保费收入占公司总和的2%。

企业名称	企业介绍
招商海达保险顾问有限公司(香港)	是招商局集团下的子公司,总部位于香港,位居亚太地区保险顾问公司前列,拥有中、港、英三地保险经纪牌照,主要服务欧洲、亚洲、美洲,是亚洲承保船舶总吨位最大的水险经纪公司。拥有超过 100 名员工,规模排名前 5。业务范围涉及水险、非水险、再保险等领域。
McLarens Hong Kong Limited	总部位于英国,在香港设有分公司,拥有 33 位雇员。在海事保险方面提供海运理赔、海事减损等业务。
三井住友海上火灾保险(香港)有限公司	是 MS&AD Insurance Group 成员之一 Mitsui Sumitomo Insurance Company Limited 的子公司,发展良好,被多家风险评级机构定级为 A。在香港运营的海运保险业务主要为货运保险、货运责任保险和游艇保险。
CTX Special Risks Limited	成立于 2008 年,总部位于中国香港,在伦敦、中国大陆、中国台湾均设有办事处,主要服务于亚洲地区海事经营者。

其中,国际保赔协会集团(IGP&I)有 12 家主要的成员协会,分布在世界各地,为全球约 90% 的远洋吨数提供保赔服务,其中 11 家在香港设有办事处,使香港成为伦敦以外最大的服务群组。国际海上保险联盟(IUMI)是代表全球海事保险业界的重要专业组织,于 2016 年 10 月在香港成立亚洲区首个办事处。2022 年海事保险领域的经营收入:毛保费为 2392.3 百万港元,净保费为 1398.4 百万港元,连续三年增长。香港海事保险业在过去数十年发展良好,过去十年船舶年保险总额年均增加近 10%,较整体保险业年均增幅高出约 7%。

3. 航运信息

香港大力发展数字物流服务,围绕客户门到门全程物流服务,依托香港国际都市、科创能力打造供应链综合服务,推动海陆空领域港航龙头企业打通物流信息链,并利用大数据、云计算等新技术开展价值挖掘,为客户提供货物海上运输、港口装卸、仓储集散等各个物流环节的智慧化服务,提高物流效率。香港有 8 家企业提供航运信息服务,企业信息如表 3.55 所示。

表 3.55 香港港口信息技术及电子服务公司

企业名称	企业介绍
裕德科技有限公司	专营海事电子行业。提供专业服务及销售各类海事电子产品的技术咨询、系统设计、安装调试、维修保养,如通讯、导航、气象、渔业及机舱自动化控制。

企业名称	企业介绍
快捷航海仪器有限公司	是大中华区和东南亚地区的无线电通信和导航救援解决方案、产品和技术服务的领先供应商。其产品主要是导航、地卫通信、有线通信、海事安全、夜视、娱乐系统和 IT。
Hostmost Group	提供船用内部电子产品维修服务、导航援助、GMDSS 系列。
Martide	提供了关于海事人员服务一体化平台,旨在帮助航运公司招聘和管理船员、供应商宣传他们的服务以及海员找到海事工作。
一路通有限公司	总部位于香港,是构建港口社群电子系统的港口电子贸易公司,主营业务为应港口社群的操作需要,开发电子服务。主要服务对象包括香港港口的货柜码头、船公司、货主及货运代理、运输公司及趸船营运商。
Seatrade/UBM	是一家海事服务咨询公司,主要提供海事相关的新闻报道和行业新锐意见。
SpecTec Group Holdings Limited	成立于 1985 年,致力于提供优秀的资产管理软件和配套服务,包括维修保养、备件和库存管理、采购、质量安全管理、航行管理及船员/人员管理。
Brookes bell	总部位于英国,在香港设有办事处,在香港提供故障调查和材料测试、无损检测(NDT),服务于海洋、能源和制造业的各种企业、组织和机构。
香港理工大学	是香港唯一提供高等教育海事教育的机构,设有物流与航运学系,与政府深度合作。2021 年,在航运研究领域论文影响力为第一(数据来源于 Clarivate Web of Science),软科 2023 年管理学排名第一。

4.航运法律

香港海事司法制度采用国际社会所熟悉和接受的法律体系和法律制度,如在国际租船合同中经常采用"适用英国法、伦敦或香港仲裁"的条款。香港高等法院有专门的海事法庭法官。香港作为区域仲裁和海运中心,香港海商法协会于 1978 年成立,香港海事仲裁协会于 2000 年成立,原属香港国际仲裁中心的一部分,于 2019 年 3 月成为独立的组织机构。2014 年,中国海事仲裁委员会(海仲委)在香港设立第一个海外分支机构——海仲委香港仲裁中心。同时,为鼓励从事海事业务的律师行或大律师,"海事人才培训资助计划—法律"于 2023 年 9 月推出,以支持香港的高增值海运服务。国际航运公会在 2019 年于香港成立首个海外办事处。此外,波罗的海国际航运公会(BIMCO)于 2020 年 9 月宣布通过《BIMCO 法律及仲裁条款 2020》,将香港列为四个指定仲裁地之一。香港有

30 余家律所提供海事法律服务,其中大型律所 5 家、中小型 20 余家,现收录在港口海运局的部分名单如表 3.56。

表 3.56 香港海事法律机构

企业名称	公司介绍
Brenda Chark & Co.	总部位于香港,主要业务:处理船舶的违法事件、协商损害赔偿金额、申请搁置司法管辖权范围外的颁令送达、追讨未偿付运费的仲裁案件、就货船环境纠纷提供意见、人身伤亡索赔等案件。
梁景威律师事务所	小型企业,公司总部在香港,擅长处理国际航运、国际贸易相关案件。
Hill Dickinson	总部位于英国,中国香港是其海外 3 个办事处之一。香港办事处拥有 6 名全职人员,还配备有一个 7 人的专业海事数据服务团队,拥有专业的 wet specialist 团队,能够为客户提供海运事故咨询服务。
Norton Rose Fulbright	总部位于英国,为全球性的律师事务所,其负责为海事金融、海事资产管理提供咨询服务。香港分公司是其亚太地区业务核心,入选《2024 年亚太法律 500 强》香港及中国指南版。

5.航运教育和培训

为鼓励本地船员修读由各院校、专业或业界团体提供的课程和参加专业考试,以提升技能及获得专业资格,政府在"海运及空运人才培训基金"下设立专业培训课程及考试费用发还计划,计划下的成功申请人在完成经核准的课程或通过相关专业考试后,可获发还 80% 的费用,上限为 3 万港元。此外,除海运业现职人士外,完成课程或通过考试后新入职的人士也可就相关课程或考试的费用提出发还款项申请。香港于 2014 年颁布《海运和航空业实习计划》,为行业吸纳年轻力量,计划向提供实习职位的公司提供实习生津贴,金额为每月酬金的 75% 或 7000 港币,上限为 3 个月。香港有近 20 家船员培训学院或机构,部分企业名单如表 3.57 所示。

表 3.57 香港船员教育培训企业

企业名称	企业介绍
香港大学专业进修学院	提供职业证书、专业文凭、衔接学位和研究生文凭课程,帮助学生全面了解供应链、物流、国际运营和航运中的问题和技能。在香港设立了 9 个学习中心,从 1957 年至 2023 年,共提供 55 万人次的课程。
Institute of Seatransport 海运学会	提供船员等级考试课程、海事法律、船舶融资初级课程及物流证书培训课程。

企业名称	企业介绍
Oriental Ship Management Maritime Services Ltd.	成立于1989年,主营业务为船舶管理业务,包括技术管理、船员管理业务,为400多艘船舶提供船员管理服务。
Maritime Services Training Institute（MSTI）海事训练学院	成立于1988年,前身为海员训练中心。为新入行人士、现役海员及与海事相关行业从业员提供优质的职业专才教育服务,包括船员等级考试培训课程、船舶安全课程等。

6.航运文化会展

政府积极参与大型国际海事展览,并到访内地及海外有发展潜力的港口城市。例如,2022年6月到访希腊,参与两年一度的国际海事展览"Posidonia";2017年2月到访伦敦和汉堡,与多个当地海运企业和国际机构会面;2017年3月到访东京,向日本的海运业界推广香港海运业。香港连续多年举办香港海运周活动,邀请业界前往香港了解香港海运现状,同时为业界和香港海运业提供世界海运前沿交流的平台和机会。

四、伦敦国际航运中心

（一）基础服务

1.水上运输

2022年,伦敦港口货物吞吐量5488万吨,同比增长8.6％,占英国货物运输总量的12％。在进出口货物中,以进口为主,主要进口的货物是煤、石油、原木、羊毛、粮食等;主要出口的货物是机械产品、原钢材、化工产品等。如图3.9所示,自2012年以来,伦敦港口的货物吞吐量稳定在5000万吨左右。

2022年,伦敦港口集装箱吞吐量196万TEU,世界排名第64。如图3.10所示,自2012年以来,随着国际船舶大型化、货运集装箱化、全球贸易联系日益密切,伦敦港口集装箱进出口吞吐总量总体呈上升趋势。但是,由于自身港口条件限制,且自身航运需求市场有限,整体而言伦敦港口集装箱运输总量偏低,传统港口业的发展较为缓慢。

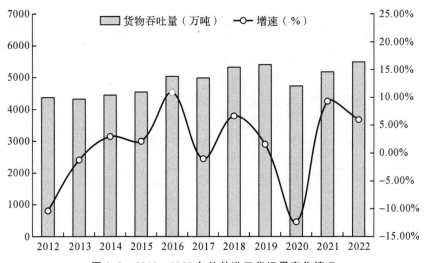

图 3.9　2012—2022 年伦敦港口货运量变化情况

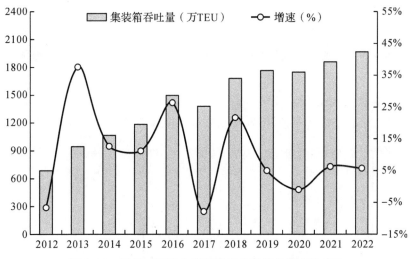

图 3.10　2012—2022 年伦敦港口集装箱总量变化情况

伦敦主要的货运企业及其基本信息如下表 3.58 所示。

表 3.58　伦敦货运企业基本信息

企业名称	企业介绍
Advance Shipping Limited	成立于 2008 年,总资产 424 万英镑。提供河海运输服务和内河、远洋船队运输管理。
Arcelormittal Shipping Limited	成立于 1995 年,净资产 1175 万英镑。提供水上及沿海货物水路运输服务。
Alcedo Shipping Limited	成立于 2012 年,总资产 7806 万英镑。提供干散货运输服务,船队悬挂马恩岛国旗。

续表

企业名称	企业介绍
Eclipse Shipping Limited	成立于 2007 年,净资产 6083 万英镑。提供 1 万吨以下的货物运输,主要提供锯材和钢材运输。
K Line Bulk Shipping (Uk) Limited	成立于 2003 年,净资产 1.1175 亿英镑。拥有多艘散货船,提供散货船租赁和散货运输服务。
Kent Steam Shipping Company Limited	成立于 2019 年,微型企业,净资产 28 万英镑。提供内陆货运和水路运输服务。
Latsco Shipping Limited	成立于 1937 年,拥有一支由 31 艘船舶组成的船队,包括 20 艘邮轮、9 艘液化石油气船和 2 艘 LNG 船。
Lomar Shipping Limited	成立于 1976 年,净资产 264 万英镑。有一支由 40 艘集装箱船、散货船以及化学品和成品油轮组成的船队。
Rio Tinto Shipping Limited	成立于 1948 年,净资产 6.5 亿英镑。拥有 17 艘自有船舶和 230 艘租赁船舶。

在旅客运输方面,如图 3.11 所示,自 2012 年以来,伦敦港口短途客运渡轮旅客数逐年下降。随着人们对物质与精神的追求提升,以及对邮轮旅游休闲文化的理解加深,国际邮轮产业迅猛发展,伦敦全球邮轮运力稳步增长,伦敦的国际邮轮乘客数大幅上升。2019 年以来,随着新冠疫情的暴发,国际邮轮营运大范围停止,2021 年重新启动,国际邮轮旅客量明显回升。

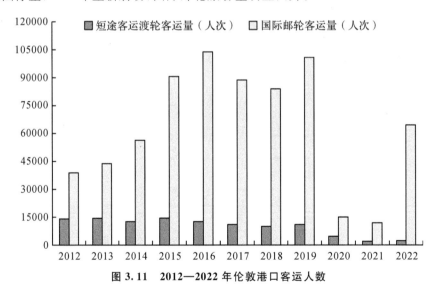

图 3.11　2012—2022 年伦敦港口客运人数

伦敦主要的客运企业及其基本信息如下表 3.59 所示。

表 3.59 伦敦客运企业基本信息

企业名称	企业介绍
Hp Shipping Limited	成立于 2015 年,净资产 54 万英镑。主要提供沿海客运服务。
Bolaro Shipping Enterprises Limited	成立于 2007 年,净资产 262 万英镑。主要经营游艇运输。
Latsco Shipping Limited	成立于 1937 年,拥有一支 31 艘船舶组成的船队,包括 20 艘邮轮、9 艘液化石油气船和 2 艘 LNG 船。

2. 港口服务

伦敦的港口经营服务企业如表 3.60 所示,主要提供港口货物装卸服务、拖船服务以及仓储服务。

表 3.60 伦敦港口经营服务企业现状

企业名称	企业介绍
Biglift Shipping B. V.	成立于 1990 年,净资产 3787 万英镑。提供重型起重船的管理和代理服务。
Dsb Offshore Limited	成立于 2016 年,净资产 409 万英镑。提供货物装卸设备的租赁服务。
Bhw Group Limited	成立于 1977 年,净资产 27 万英镑。经营货物起重机械设备的制造。
Livett's Launches Limited	成立于 1995 年,净资产 379 万英镑。提供泰晤士河的海运物流和拖航服务。
Smit Salvage B. V	成立于 2003 年,总资产 1157 万英镑,提供拖航、打捞(紧急响应)和残骸清除等服务。
Associated British Ports	成立于 1982 年,净资产 2.83 亿英镑,提供高质量的包括仓储在内的港口设施及相关服务。
Kerry Logistics (Uk) Limited	成立于 1981 年,净资产 3156 万英镑。提供海运、空运代理、保税仓储和配送服务。

在口岸服务方面,《期货》(Futures Magazine)杂志评选出的全球前十大大宗商品贸易公司中,有 2 家在伦敦有大型业务运营,其状况如表 3.61 所示。

表 3.61 伦敦口岸服务企业现状

企业名称	企业介绍
Glencore UK Ltd	Glencore 子公司,成立于 1974 年,公司总资产达 4.13 亿英镑,作为国际商品贸易商(石油和石油产品、天然气和糖),为集团其他公司提供服务。

续表

企业名称	企业介绍
Trafigura Ltd	Trafigura 子公司,成立于 1992 年,公司总资产达 1879 万英镑,作为集团在欧洲地区的贸易枢纽,提供热煤、焦煤和煤炭等产品的贸易服务。

(二)辅助服务

1.多式联运和代理服务

伦敦共有 35 家货运代理企业,提供 LNG 货代、集装箱货代等服务,主要的 10 家货代企业的基本介绍如表 3.62 所示。

表 3.62　伦敦多式联运和代理服务企业现状

企业名称	企业介绍
Grimaldi Agencies Uk Limited	成立于 1973 年,净资产 889 万英镑,提供船舶代理和货运承包以及物业租赁和管理服务。
James Fisher And Sons Public Limited Company	成立于 1926 年,净资产 2.178 亿英镑,为全球海洋工业的几乎所有部门提供服务(包括货运代理)。
K Line Lng Shipping (Uk) Limited	成立于 2005 年,净资产 5845 万英镑,提供 LNG 货代和船舶管理服务。
Macandrews & Company Limited	成立于 1937 年,净资产 3976 万英镑,提供海上运输和货运代理服务。
Maersk Logistics Uk	成立于 1984 年,净资产 1355 万英镑。提供集装箱物流和货代服务。
Mediterranean Shipping Company (Uk) Limited	成立于 1977 年,净资产 3261 万英镑。提供集装箱运输和货代服务。
Mol (Europe Africa) Limited	成立于 1989 年,净资产 923 万英镑,发展散货运输业务(包括货运代理)。
Nyk Bulkship (Europe) Limited	成立于 1997 年,净资产 5732 万英镑。代表其母公司日本邮船株式会社运营,作为欧洲地区集装箱运输、滚装船和集团管理的区域管理总部。
Sequana Maritime Limited	成立于 1972 年,总资产 1568 万英镑,提供不定期运输的租船和货代服务。
Shell International Trading & Shipping Company Limited (Stasco)	成立于 1953 年,净资产 2.80 亿英镑,提供石油产品的批发、海上及沿海货运水路运输和证券等服务。

2. 船舶供应

伦敦共有船舶供应企业 61 家,主要供应锅炉动力设备、燃油、甲板及舱口设备、船舶内部设施、润滑油、安全设备等,主要企业信息如表 3.63 所示。

表 3.63 伦敦船舶供应企业现状

企业名称	企业介绍
Preheat Engineering Limited	成立于 2015 年,总资产达 87 万英镑,是英国 PEREGRINE 和 FALCON 发动机加热和燃料加热解决方案的设计者和制造商。
Phillips 66 Limited	成立于 1954 年,净资产达 26.9 亿英镑,是一家多元化的能源制造和物流公司,承担炼油、中游、化工和营销等业务。
Valero Energy Limited	成立于 2013 年,净资产达 30 亿英镑,主要业务包括原油的精炼以及精炼石油产品的分销、运输和销售。
Zodiac Maritime Limited	成立于 1976 年,净资产达 1755 万英镑,是一家从事船舶管理、船舶经纪业务和燃油供应的集团。
Winn & Coales (Denso) Limited	成立于 1978 年,公司净资产达 278 万英镑,专门生产和供应耐腐蚀的化学涂层和衬里,可以长期保护甲板和舱口。
Agua Fabrics	成立于 1999 年,净资产达 113 万英镑,从事纺织品进口及销售,专门生产柔软面料和人造皮革。
Shell Marine Products	成立于 1997 年,总资产达 1700 万英镑,主要通过遍布全球的销售中心网络向国际航运公司推销和销售船用润滑油。
Quality Monitoring Instruments Limited	成立于 1984 年,净资产达 105 万英镑,是一家设计、制造、销售工业和船舶安全设备的企业。

3. 船舶维修

伦敦共有 30 家船舶维修企业,主要企业的具体信息如表 3.64 所示。

表 3.64 伦敦船舶维修企业现状

企业名称	企业介绍
Jotun Paint (Europe) Limited	成立于 1967 年,净资产达 9521 万英镑。公司的主要业务涵盖各种涂料系统和产品的开发、生产、营销和销售,以保护和装饰住宅和船舶。
Winn & Coales (Denso) Limited	成立于 1978 年,净资产达 277.8 百万英镑,专门生产供应耐腐蚀、耐化学涂层和衬里,可以长期保护甲板和舱口。

续表

企业名称	企业介绍
Beckett Rankine Partnership	成立于1985年,净资产达203万英镑,是英国领先的海洋土木工程咨询公司,负责规划、设计、采购和管理海上基础设施的建设、修复和维修。
Ishikawajima-Harima Heavy Industries Company Limited	成立于1853年,主要开展了四个业务领域:资源、能源和环境,社会基础设施,工业系统和通用机械以及航空发动机、太空和国防使用的尖端技术和产品。
Kawasaki Shipbuilding Corporation	成立于1896年,主要生产和维修专业商船,包括液化天然气运输船、液化石油气运输船、集装箱船、散货船、油轮以及高速客机翼型。
Pharung Shipyard Company Limited	成立于2006年,专门建造和修理各种类型的船只,包括货船、油轮和渔船。造船厂总面积40公顷,配备现代化设施设备,确保高质量工作。
Shanhaiguan Shipbuilding Industry Company Limited	成立于1972年,公司主营业务为修船,造船,船舶改装、报废、海上工程建设、维修保养,港口机械、钢结构制造,船舶备件供应,热镀锌工程施工、码头装卸及仓储业务。

4. 船舶管理(第三方)

英国是全球重要的船舶管理中心,2020年,英国管理船舶100吨及以上的船舶共993艘,总计4190万总吨,数量与规模与十年前相比均出现大幅下滑,但仍是全球重要的船舶管理中心。伦敦有超过80家的船舶管理企业,主要船舶管理企业如表3.65所示。

表 3.65 伦敦船舶管理企业现状

企业名称	企业介绍
Agelef Maritime Services Limited	成立于2013年,净资产达103万英镑,担任代表各种船舶经理和船东的船舶经纪人。对客户在公开市场上租用高规格船舶负责。
Arcelormittal Shipping Limited	成立于1995年,净资产达926万英镑,从事船舶经纪、租船及管理服务以及海上和沿海货运水路运输、内陆货运水路运输、水路运输附带的服务。
Aw Ship Management Limited	成立于2014年,净资产达19.4万英镑,提供完整的船舶管理服务,提供个性化、灵活和定制的服务。
Borealis Maritime Limited	成立于2010年,净资产达1024万英镑,一家从事船舶管理和经纪服务的集团,为船东提供船舶燃料和燃料经纪服务。

续表

企业名称	企业介绍
Chandris（Uk）Limited	成立于 1958 年,是一家船舶管理公司,专门从事油轮和化学品船的管理和运营,管理着近 3 万载重吨的船只。
Golar Management Limited	成立于 2002 年,净资产达 4406 万英镑,主要提供船舶管理和行政服务。
K Line Lng Shipping（Uk）Limited	成立于 2005 年,净资产达 5845 万英镑,是船舶管理人、船东和区域代理,支持和加强集团在欧洲和更广泛的大西洋地区在液化天然气海上运输方面的业务活动。
Lomar Shipping Limited	成立于 1976 年,净资产达 264 万英镑,拥有并经营着运输全球易腐货物的冷藏船队,是高质量国际船舶管理服务的市场领导者。
Navalmar（Uk）Limited	成立于 1990 年,净资产达 2734 万英镑,是一家私营航运公司,主要从事散装、普通货物和项目货物的运输。
Nigel Burgess Limited	成立于 1975 年,净资产达 422 万英镑,是一家从事游艇经纪、租船运营管理和技术监督的公司。
Nyk Lng Ship management（Uk）Limited	成立于 2002 年,净资产达 276 万英镑。为运载液化天然气的船舶提供技术运营和船员管理服务。

5.船舶注册登记

根据 IHS Markit 统计,排名全球前五大船舶注册地分别为巴拿马、马绍尔群岛共和国、利比里亚、中国香港和新加坡。伦敦船舶注册登记机构信息如表3.66 所示。

表 3.66 伦敦船舶注册登记企业现状

企业名称	企业介绍
United Kingdom Ship Register	英国船舶注册局是英国政府的官方船舶注册机构,负责管理和注册英国籍的商业船舶和游艇。
International Registries（U. K.）Limited	成立于 1972 年,总部位于美国维京群岛,公司净资产达 172 万英镑。主要是为集团公司提供辅助服务,负责管理和注册马绍尔（Marshall Islands）船舶。

6.船舶检验

在全世界 50 多个船级社中,有 10 个组成了国际船级社联盟,其总部位于伦敦。此外,伦敦是全世界最早的船级社——劳埃德船级社总部所在地,也是其他世界顶尖船级社的集聚地,可为全球 90% 的货物吨位的船舶提供船级评估服务。伦敦拥有的 4 家船舶检验企业情况如表 3.67 所示,它们是世界级船舶检验公司在伦敦的分公司。

表 3.67　伦敦船舶检验企业现状

企业名称	企业介绍
ABS (Europe)	成立于 1990 年,净资产 4338 万英镑,是全球领先的船舶和近海工业入级和技术咨询服务提供商,致力于在设计、建造和运营方面制定安全和卓越的标准。
Korean Register of Shipping	成立于 2009 年,属于总部联络处,是一家负责分类检验的企业,主要负责:定期检查、中间检查、年检;传动轴检查;占用检查;锅炉检查;连续检测;临时检查、改造检查。
Lloyd's Register Limited	成立于 2006 年,可以从设计和建造到运营和维护的每个阶段转变供应链和资产生命周期。
Nippon Kaiji Kyokai (UK) Limited	成立于 2014 年,净资产 362 万英镑,主要从事船舶、设备和建造的检验和发证业务。

7. 航运经纪

伦敦拥有世界上最多的经纪公司,经纪服务资源逐步沉淀。根据波罗的海交易所数据显示,约 30%~40% 的干散货运输订单和约 50% 的油运订单是由总部在伦敦的经纪公司促成的。伦敦共有航运经纪公司 18 家,主要的企业信息如下表 3.68 所示。

表 3.68　伦敦船舶经纪企业现状

企业名称	企业介绍
Advance Shipping Limited	成立于 2008 年,公司净资产 15.9 万英镑,主要提供内河和海上运输的租船、运输和代理服务。
Agelef Shipping Company (London) Limited	成立于 1968 年,净资产 401 万英镑,主要从事船舶代理和经纪业务。
Braemar PLC	成立于 1988 年,净资产 7668 万英镑。公司拥有投资、租船及风险管理方面的专家顾问。
Cldn Ro-Ro Agencies Ltd	成立于 1982 年,净资产 426 万英镑。是综合码头到码头、门到门物流解决方案的领先供应商。
Curzon Maritime Limited	成立于 1991 年,净资产达 102 万英镑。是一家船舶经纪和咨询公司,在伦敦和雅典设有办事处。拥有一支经验丰富的船舶经纪人团队,为客户提供高质量的船舶经纪服务。

续表

企业名称	企业介绍
Grimaldi Agencies Uk Limited	成立于 1973 年,净资产 889 万英镑,是一家跨国物流集团,专门从事滚装船、汽车运输船和渡轮的运营业务。
International Shipbrokers Limited	成立于 1933 年,净资产达 335 万英镑。专门管理从 2500 载重船到 6000 载重船的船队,主要从波罗的海南部到地中海和黑海进行贸易。
James Fisher And Sons Public Limited Company	成立于 1926 年,净资产达 2.17 亿英镑,在恶劣环境中开发了操作专业知识,为国防、能源和海上运输部门提供专业解决方案,从海上风电场调试到潜艇和高压救援和支持。
Nigel Burgess Limited	公司成立于 1975 年,公司共有职工 103 名,属于中型企业,公司净资产达 422 万英镑,是一家从事游艇经纪、包租经营管理和技术监督的集团公司。
Sequana Maritime Limited	公司成立于 1972 年,公司共有 11 名员工,属于中型企业,公司净资产达 345 万英镑。经营干货船经纪业务,为船东和贸易商提供服务,将货物与从 1000 吨到 10 万吨不等的船只匹配,运到世界各地的港口。

8.码头建设、码头设计、工程咨询

伦敦共有港口信息技术、工程技术等相关企业 2 家,具体信息如表 3.69 所示。

表 3.69　伦敦码头建设设计与工程咨询企业现状

企业名称	企业介绍
ABS（EUROPE）	成立于 1990 年,净资产 4338 万英镑,是全球领先的船舶和近海工业入级和技术咨询服务提供商,致力于在设计、建造和运营方面制定安全和卓越的标准。
ARUP	成立于 1990 年,净资产 660 万英镑,在亚洲,主要在南美洲从事设计和工程咨询服务、建筑和其他相关专业技能的实践。

9.海洋工程

近年来,英国海洋新能源产业的迅速发展,主要得益于以下几点:一是英国拥有欧洲几乎一半的海浪能资源,超过 1/4 的潮汐能资源;二是政府政策的大力支持,不仅制定了支持海洋能源产业发展的规划和战略,并在资金和技术上给予了大力支持;三是全球大约 120～130 家海浪及潮汐能开发商中,约有 35 家在英国,技术研发能力强,成本逐年降低。

（三）衍生服务

1.航运金融服务

伦敦是全球海洋金融之都,由波罗的海航运交易市场、伦敦劳合社专业保险市场和证券交易三部分组成。伦敦 50 余家海运专业投行年均航运贷款额高达 150~200 亿英镑,除此以外,位于伦敦的许多国际银行都设有专门的航运部门为船东提供金融服务,约占全球的 15%~20%。伦敦共有 20 余家企业提供航运金融相关服务,主要的公司信息如表 3.70 所示。

表 3.70　伦敦航运金融企业现状

企业名称	企业介绍
Ansbacher & Company Limited	成立于 1966 年,净资产达 316 万英镑,主要提供金融服务和金融保险服务。
Ernst & Young	成立于 2005 年,净资产达 6.1 亿英镑,在英国和海峡群岛从事商业担保、税务和交易咨询服务。
Kpmg	成立于 2002 年,净资产达 7.51 亿英镑,是一个提供审计、税务和咨询服务的集团。
Marine Capital Limited	成立于 2003 年,共有净资产 23.3 万英镑,主要为航运业提供顾问服务。
Merill Lynch International	成立于 1988 年,总资产达 300 亿英镑,主要为来自欧洲、中东和非洲、亚太地区和美洲的企业提供广泛的全球金融服务,担任金融工具的经纪人和交易商,提供企业融资服务。
Tufton Investment Management Limited	成立于 2014 年,净资产达 75.3 万英镑,为从事海事和能源相关行业的客户和基金经理提供咨询和企业融资服务。
Willis Limited	成立于 1922 年,净资产达 8.42 亿英镑,提供风险管理、保险及再保险经纪服务。

2.航运保险

伦敦是欧洲保险业的中心,专门从事海上保险的劳合社诞生于伦敦,伦敦航运保险市场保费占国际航运市场的 23%。伦敦既是海事保险业的发源地,也是全球海事保险业发展最成熟的地区。伦敦主要的航运保险企业信息如表 3.71 所示。

表 3.71 伦敦航运保险企业现状

企业名称	企业介绍
Ansbacher & Company Limited	成立于 1966 年,净资产达 316 万英镑,主要提供金融服务和金融保险服务。
Allianz Marine & Aviation	成立于 1890 年,现有员工 159243 名,为 122 多个国家/地区的 70 多亿客户提供广泛的保险和资产管理产品、服务和解决方案。
Britannia Steamship Insurance Association Limited	成立于 1876 年,为船东和租船人提供保护和赔偿保险(P&I)以及运费、滞期费和国防保险(FD&D)。
Charterers P&I Club	成立于 1880 年,为区域或全球贸易船舶的船东和承租人提供各种各样的保险产品,从贸易中断保险到保赔保险。
Dolphin Maritime & Aviation Services Limited	成立于 1965 年,在海运、航空和内陆运输货物索赔的各个方面都是经验丰富的国际专家,涵盖损失预防、保单覆盖建议、理赔、赔偿和伤亡工作。
Elysian Insurance Services Limited	成立于 1880 年,现在是世界上最大的保险公司和再保险公司之一,在 40 多个国家拥有 5 万多名员工。慕尼黑再保险被标准普尔评为 AA 一级。
Gard Services A. S	成立于 1907 年,是 Gard 的英国分公司,Gard 的创建和发展与现代航运业和保险业的发展密切相关。
Hiscox Syndicates Limited	成立于 1991 年,是 Hiscox 集团的子公司,该集团在 3 个国家/地区拥有 14000 多名员工,客户遍布全球。
London Steamship Owners Mutual Insurance Association Limited	成立于 1886 年,除了共同保赔险外,还提供租船人保险、FD&D 保险、战争风险保险和 K&R 风险保险。
Markel International Insurance Company Limited	成立于 1969 年,超过 250 名员工,总资产达到 2.49 亿英镑。

3.航运信息

世界公认的具有国际影响力的航运信息和研究咨询类机构基本都集中在伦敦,包括波罗的海航运交易所、劳埃德船舶日报、Clarkson、Drewy 等,这些机构发布的信息和研究报告,如波罗的海干散货指数、Lloyd's Top100、Clark SIN 和 Drewry 发布的航运产业研究报告等信息在全球航运产业界具有较强的影响力和公信力。伦敦共有 140 余家航运信息企业,主要企业信息如表 3.72 所示。

表 3.72　伦敦航运信息企业现状

企业名称	企业介绍
Bevi Group UK	成立于 1931 年,是北欧地区电力驱动系统和发电领域最大的公司之一。提供品种齐全的电动机、传动装置、电力电子、线圈绕组材料、起动设备和电机执行服务。
Fernau Avionics Limited	成立于 1970 年,为军事、海军、民航提供地面导航设备,并为海军、港口当局和海岸警卫队提供搜寻设备。
Bureau Veritas	1908 年成立,总资产 5.07 亿英镑。是实验室测试、检验和认证服务领域的世界领先者,在全球设有 1600 多个办事处和实验室,拥有 82000 多名员工。提供实验测试和检验服务。
Apeejay London Limited	成立于 1990 年,净资产 130 万英镑。总公司是印度最大的私营航运公司之一,拥有一支庞大的现代干散货船船队,主要服务于印度沿海贸易。
Brookes Bell	成立于 2005 年,总资产 1237 万英镑。提供海洋科学技术咨询和船舶安全事务咨询服务。
Burgoyne & Partners Llp, Dr. J. H.	成立于 1985 年,总资产 515 万英镑。服务范围主要是对事故和灾难进行调查。
Burness Corlett-Three Quays (London) Limited	成立于 1993 年,总资产 40 万英镑。主要从事工程相关的科学技术咨询业务。
Cawl Bunker Services Limited	成立于 1995 年,总资产 22.2 万英镑。提供航运咨询服务。
Chios Navigation Company Limited	成立于 1960 年,总资产 26.1 万英镑。提供航运经纪和航运代理服务,同时也有航运咨询业务。
Global Ship Lease Incorporated	成立于 2007 年,总资产 256 万英镑。专注于中型超巴拿马船和小型集装箱船运输,同时为客户提供租船解决方案。
Goulandris Brothers Limited	成立于 1968 年,总资产 18.1 万英镑。提供全面的现代化、专业化的船舶租赁、经纪和运营服务,包括航运咨询服务。
Graig Ship Management Limited	成立于 1919 年,中型企业,总资产 480 万英镑。在亚洲从事海上运输、船舶管理、船舶租赁、项目管理和船舶建造监督等,并提供咨询和顾问服务。
James Fisher Everard Limited	成立于 1956 年,大型企业,总资产 7131 万英镑。业务范围包括成品油运输和提供海上运输方案、船舶管理方案和船员服务。
Lloyd's	世界上成立最早的一个船级社,是国际公认的船舶界权威认证机构。主要从事有关船舶标准制定与出版,进行船舶检验、检定船能、公布造船规则等,同时开展与风险、安全、环境、质量以及项目管理有关的咨询、培训等服务。

4.航运法律

以契约精神为核心、以英国法为代表的海事法律主导国际航运服务发展,伦敦是世界国际海事法律服务中心,拥有全球最好的海事仲裁条件和最专业庞大的法律仲裁队伍,75%的国际海事仲裁在伦敦举行,80%以上造船合同选择在伦敦仲裁,90%以上造船合同选择英国法律作为适用法律(其中80%以上选择在伦敦仲裁)。英国的海事法律制度深刻影响了香港等其他后起之秀,如国际租船合同经常采用"适用英国法、伦敦或香港仲裁"的条款。

5.航运教育和培训

伦敦不仅拥有完备和特色的航运服务教育机构,包括专门的航海学院以及知名海运院校,提供船舶经纪、航运保险、海商法、船舶检验、航运金融、航运咨询、航运软件等教学,还拥有业界领先的航运服务专业研究中心。此外,伦敦的航运服务的职业培训机构也相当成熟,注重跨领域融合和密切实践,采用研讨会、定制培训、播客网站远程学习等方式培训。伦敦共有29家航运教育和培训机构,主要企业信息如表3.73所示。

表3.73 伦敦航运教育和培训企业现状

企业名称	企业介绍
Bond Solon Training	成立于1988年,是英国领先的法律培训和信息公司,专门为非律师提供服务。提供有关法律知识、程序、证据和技能的培训和信息者。
Drewry Shipping Consultants Limited	成立于1996年,是海事和航运业领先的独立研究和咨询服务提供商,在伦敦、德里、新加坡和上海设有办事处,拥有100多名专业人员。
Marine Society & Sea Cadets	成立于1992年,帮助海员充分发挥潜力、学习新技能、获得认证资格和改善福利。
Nautical Institute	成立于1976年,是一个非政府组织,在国际海事组织(IMO)具有咨商地位。我们的目标是促进整个海运业的专业精神、最佳实践和安全,并代表我们会员的利益。
Richardson Lawrie Associates Limited	成立于1988年,是一家独立的国际海事咨询公司,拥有一支经验丰富的商业顾问和经济学家团队,提供熟练和专业的服务,涵盖所有商业航运部门。
RRC Business Training	成立于1928年,是英国领先的国际健康安全和环境管理资格培训提供商,已帮助世界各地数百万人获得专业、教育和职业资格。

6.航运文化会展

伦敦国际航运周每两年举办一次,是世界上最具影响力和最重要的国际海事和航运活动之一。致力于将伦敦和英国其他地区打造成为全球航运和世界贸易的心脏区域。2017 年的 LISW17 在伦敦举办了 160 多场官方活动和其他交流活动,吸引了国际航运业各领域的领导者和约 15000 名行业领袖前来参加。

英国伦敦国际海洋技术与工程设备展览会创立于 1969 年,每两年举办一届。上届展会总面积 3 万平方米,参展企业 529 家,来自中国、中国香港、俄罗斯、美国、迪拜、巴西等国家或地区,参展人数达 35880 人。包括当前市场上领先的海洋技能与装备及设备,展会为海上与海底行业的供货商、承包商与终端用户提供了新型技能、事务资源和潮流。

第二节　代表性航运中心的港航服务业产业政策总结

产业政策是国家为实现经济和社会目标所采取措施的总称,旨在实现产业结构调整、经济振兴与提升国际竞争力等,包括引导、促进、保护、支持和限制等干预措施,针对各个产业甚至产业内部的企业而实施。产业政策反映了国家对国民经济的干预,是经济调控的手段之一。

特定于港航服务业的产业政策旨在促进和推动港航服务业的发展。要想提升国家的港航服务业的竞争力,使其成为助力国民经济发展的有力支撑,与国家经济发展相协调,很多时候需要制定合理、有效和完善的港航服务业产业政策。我国上海和香港、伦敦和新加坡等国际航运中心的发展都离不开各国政府制定的相关产业政策。前面对 4 个国际航运中心的各类港航服务产业的发展进行了梳理,本节将针对它们的港航服务业的产业政策进行分析和总结。

一、新加坡港航服务业产业政策

(一)船舶相关优惠政策(涉及产业——船舶登记)

新加坡船舶登记为开放登记制,新加坡船舶登记机构(Singapore Registry of Ship,SRS)最早于 1996 年为在新加坡注册的船舶所有人提供的优惠包括:免除船舶经营所得税和海外贷款利息预扣税(只限集体注册的船舶)、不限制船员国籍,承认外国政府签发的船员适任证书,并让船舶所有人享有具竞争力的船舶注册费。从 2004 年 3 月起,新加坡把船舶公司的注册费调低到 5 万新元。

在 2006 年,为鼓励船舶在新加坡注册,SRS 推出了《船旗转换优惠政策》(Block Transfer Scheme,BTS),初始注册费(IRF)可享受八折优惠,以 0.5 美元/净吨优惠价进行计算,单只船舶注册费最高可优惠 2 万美元。

2011 年,SRS 推出了《绿色船舶计划》(Green Ship Programme,GSP),以激励新加坡旗船舶减少碳足迹。根据绿色船舶计划,在新加坡注册并采用节能技术或低碳替代燃料的船舶可享受降低初始注册费和年度吨位税回扣等优惠。

在服务方面,SRS 自 2017 年以来推出了 24/7 热线,全天候处理船舶技术、船员和船舶登记相关事宜,还优化了电子服务流程,以改善客户体验、缩短服务时间。SRS 还对旗下船舶全面使用电子证书,以减轻船公司、船员、PSC 官员和其他利益相关者的工作负担。在行业/船东参与方面,SRS 通过监控市场需求,保证了其满足行业业务需求变化的灵活性。SRS 通过访问船舶公司和年度 SRS 论坛等方式与利益相关者进行交流,征求他们对 SRS 服务的反馈,使双方建立长期的合作关系,彼此分享最佳实践和最新发展,支持航运业的可持续发展。

2021 年 11 月,SRS 推出了 SRS Notation,一种为在智能、网络、福利和绿色四个关键领域表现良好的船舶准备的认证系统,供船东免费使用。SRS 也是首个引入此类认证系统的船舶登记处。SRS 认证系统旨在表彰采用新方案推动数字化转型、加强网络安全、提高海员福祉和追求可持续航运的船东和船舶运营公司。船舶符合任何一个 SRS 标志类别要求且悬挂新加坡旗就可以获得"认证"。MPA 会公布这些船舶及其公司的详细信息,以提高它们对租家的吸引力。

2022 年 4 月 22 日,新加坡海事和港口管理局公布了《新加坡海事绿色倡议的修订版绿色船舶计划》,降低低排放船舶的注册费。该措施自 2022 年 5 月 1 日起生效,有效期至 2024 年 12 月 31 日。新措施规定:一、对使用低碳燃料发动机的船舶,即 CF(燃料消耗和二氧化碳排放之间的转换系数)等于或低于使用 LNG 替代燃料(如:生物 LNG、生物甲醇、生物乙醇)的发动机,首次注册费将享受 75% 的减免,且年度吨位税将退回 50%;二、对使用零碳燃料(如:氨燃料、氢燃料)的发动机的船舶,豁免首次注册费,并全额退回年度吨位税。

(二)港口收费降费政策(涉及产业——港口运营)

2015 年 11 月至 2016 年 4 月,新加坡海事及港口管理局(MPA)相继推出临时优惠政策,后又延长至 2018 年 6 月 30 日。根据相关规定,在新加坡港装卸货物并停留天数不超过 5 天的集装箱船,将继续享受港口费减免 10% 的优惠政策。该优惠政策主要用于除实施绿色港口计划以及享受 20% 税收减免以外的其余港区。在干散货领域,该优惠政策仍适用于干散货船只在新加坡港口装卸且停留不超过 5 天的船舶。

疫情期间,MPA 宣布自 2020 年 5 月 1 日起提供一揽子支持计划,2020 年 5 月 1 日至 12 月 31 日期间,货船可享受 30% 的港口税优惠,同时对所有到港的非载客港口运输船给予 30% 的港务费优惠。

2022 年 5 月新加坡发布《加强新加坡海事绿色倡议—绿色港口计划》的通知,宣布对使用低碳或零碳燃料的船舶提供港口费优惠。主要内容包括船舶若在新加坡港使用零碳燃料可减免 30% 港口费;若使用液化天然气以外的低碳燃料,且较国际海事组织的第三阶段能效设计指数要求高出 10%,则可减免 25% 港口费。另外,船舶若在港内接受由使用低碳燃料的港口工作船提供的服务,可再获减免 10% 港口费。

(三)海事环保推进政策(涉及产业——船舶代理、港口运营)

2011 年,新加坡海事和港务局(MPA)发布《新加坡海事绿色倡议》(MSGI),承诺五年内投资一亿新加坡元,用来减少航运和相关活动对环境的影响,并促进新加坡的清洁和绿色航运。MSGI 是一项综合举措,包含绿色船舶、绿色港口、绿色能源和技术以及绿色意识五个激励计划。

2016 年,新加坡把《新加坡海事绿色倡议》(MSGI)延长至 2019 年 12 月 31 日,同时新增绿色意识项目(Green Awareness Programme,GAP)和绿色能源项目(Green Energy Programme,GEP)。其中,GAP 主要关注对可持续运输方式的探索,而 GEP 旨在促进海洋清洁燃料的使用,及节能操作措施的运用,以迎合全球航运业限流的规定。

2017 年,新加坡海事局宣布再投资 1200 万新币资助 LNG 船舶的建造和使用,同时新加坡还与壳牌签署了谅解备忘录,合作推进清洁燃料技术的研发,推动港口的绿色化发展。2019 年,《新加坡海事绿色倡议》进一步延长至 2024 年 12 月 31 日,主攻航运脱碳任务。

2021 年 7 月,为协调和指导减少温室气体排放、实施脱碳战略并为新加坡航运业创造绿色增长机会,MPA 与六个行业合作伙伴设立了 1.2 亿新元的基金,用来建立全球海事脱碳中心(GCMD),以推进部署航运业的低碳/零碳解决方案。新加坡作为全球最大的燃油加注中心,随着 2020 年"限硫令"实施日期的临近,也逐渐向 LNG 清洁燃料的加注业务发展。

(四)金融财税优惠计划(涉及产业——海事金融、海事保险)

2006 年,新加坡推出了一项新的税收管理政策,旨在为船舶租赁公司、船务基金和船务商业信托提供更为优惠的税收政策,即《新加坡海事金融优惠计划》(MFI)。该计划规定十年内购置的船只所赚取的租赁收入只要符合条件,将永久豁免缴税,直至相关船只被售出。同时,负责管理船务基金或公司的投资管理人,只要符合条件,可享有 10% 的优惠税率,为期十年。

2006 年出台《海事融资奖励计划》(MFD),对于从事船舶、集装箱租赁业务的公司、基金、信托或合伙组织取得的租金收入予以 5 年的税收优惠。基金、信托的管理人收取的管理费可以获得不低于 10 年的税收优惠。

2007 年颁布的《贷款保险计划》明确规定政府支付 50% 的贷款保险费,到 2009 年继续调低贷款保险费,企业所需承担的贷款保险从 50% 进一步降低到 10%。

2020 年在疫情的冲击下,新加坡为救助中小企业,对企业贷款保险费补贴比例由 50% 上调至 80%,以强化企业贷款保险计划,且给所有企业提供临时过渡性贷款计划(TBLP),最高支持贷款从 100 万新元提高至 500 万新元。2022 年通过《企业融资计划》(EFS)下的营运资金贷款,把最高贷款额由 60 万新元提高至 100 万新元。除 EFS 之外,政府在预算法案中预留了 200 亿新元的贷款资本,准备为抗风险能力强的优质公司提供后续资金支持。

1966 年颁布的《自由贸易区法案》是新加坡自贸区法律制度中的核心法律,对新加坡自贸区建设运营进行了较为完善的制度安排,具体包括管理模式、优惠制度、监管创新等内容。其中,优惠制度又包含减免税收、自由投资、便利贸易、自助通关、劳工保护、土地利用等内容。之后于 1985 年、1997 年、2001 年、2003 年、2011 年、2014 年和 2021 年多次修订与完善,新加坡自贸区在《自由贸易区法案》的制度框架下依法有序运营。

对于自贸区内的企业,《自由贸易区法案》并没有作出特殊的规定,其基本税收规则与新加坡国内其他地区一样,遵循《关税法案》的规定进行缴纳,现在享有仅收取 17% 企业所得税的低税负政策。对于自由贸易区内的产品,《消费税法案》和《自由贸易区法案》也并没有作出特殊规定,目前自由贸易区实际执行的是缓征消费税的政策,即:港内可以缓征消费税,在离开海关进入国内市场时再缴纳。

另外,新加坡政府于 1969 年制定出台了《自由贸易区条例》,以保证《自由贸易区法案》的全面准确适用,其中货物只要没有进入关境,就无需缴纳关税,当货物离开海关进入(离开)国内市场,则视为进口(出口),应税货物正常缴纳税款。

在个人所得税方面,新加坡个人所得税最高税率仅为 22%(2024 年税务年度起最高税率调高至 24%)。在其他税收上,新加坡的税收也都处于比较低的水平。对于自由贸易区的企业,其税收政策上与其国内的税制体系也基本保持一致。

(五)海事企业发展扶持政策

1991 年发起的《特许国际航运企业计划》(AIS)旨在鼓励国际船务公司在新加坡开展航运业务。在航运界拥有良好信誉及营运记录的国际航运企业才能取得 AIS 资格。取得资格后,特许企业享有一系列的税收优惠,包括免除经营外籍船舶所得税、船舶租金预扣税的优惠,以及免税从特许子公司收取的股息。特许企业可享有 10 年的 AIS 资格,并可在资格消失后申请延长 10 年。自 2004 年起,出售船舶所得收益被视为资本收益,可在优惠有效期内免税,该有效期最长可达 5 年。目前,AIS 最长有效期也从原先的 20 年延长到 30 年。

2002 年 MPA 推出了《海事集群基金—业务发展》(Maritime Cluster Fund, MCF-Business Development)以支持在新加坡建立新的海事业务或扩展到新的海运业务线以及海运公司的国际化经营所产生的合格费用。

2004 年又推出了《特许航运物流(ASL)企业计划》,特许航运物流企业可以享受所得增加收入不少于 10% 的优惠税率,且此优惠期限长达十年。2013 年 MPA 在 MCF-Business Development 的基础上延伸,推出了《MCF-Productivity 基金》,进而激励港航企业的生产效率。

(六)海事人力培训计划(涉及产业——船员服务和教育培训)

2002 年 MPA 推出了海事集群基金——人力资源发展(MCF-Manpower Development)激励政策,主要内容包括为海事公司在人力资源开发、培训计划和能力方面提供资助。2004 年 7 月,新加坡南洋理工大学开设本科及硕士海事学课程。在海事基金的支持下,各海事企业也可把人员派往国外航运企业实习。基金将抵消高达 50% 的合格费用,抵消限额是 5 万新元。2022 年 MPA 确定在未来五年(2022 年至 2026 年)拨出 8000 万元资助新加坡海事研究机构(SMI)的研发工作,以达到将新加坡打造成世界级的全球海事知识与创新中心的目的。

(七)海事技术研发扶持政策

2003 年,MPA 建立了《海事创新科技(MINT)基金》,投入 1 亿新币用于支持新加坡的大学、研究机构和企业对海事技术的研发和测试,该基金为期 10 年。

在 2013 年、2016 年又增加了 5000 万美元的资金,并将资助期限延长至 2021 年。

2010 年 9 月,MPA 与新加坡科学技术研究局(A∗STAR)和新加坡经济发展局(EDB)合作,成立新加坡海事学院(SMI)。通过支持一系列研发项目、研究项目、研发基础设施和卓越中心,SMI 促进了更广泛的产学研究合作,增强了新加坡的研究能力,并提高了对行业的影响。

此外,新加坡海事及港口管理局希望能通过发布大量的数字化项目和举措加速行业的数字化转型(例如,数字加油联盟、增材制造联盟和港口船舶电气化联盟等技术联盟项目)、MIC、PIER71 和海运数字项目等。更重要的是,通过监管沙盒(如 Living Labs、Maritime Drone Estate)、研发基金和海事数据等推动因素,为创新和数字转型培育有利的环境。

(八)自由贸易政策(涉及产业——大宗商品贸易服务)

新加坡无外汇管制,资金可自由流入流出,企业利润汇出无限制也无特殊税费。企业在新加坡一般可开立新元、美元、港币、欧元、澳元等账户,可自由决定结算货币种类。在新加坡,企业开展进出口和转运业务只需向会计与企业管理局注册,并向新加坡关税局免费申请中央注册号码即可。

(九)新加坡港航服务业产业政策分析

新加坡港是目前全球声誉最好、盈利能力最强的国际港口之一。在新加坡经济发展的关键支撑——自由港的建设过程中,其政府发挥了主导作用,主要包括保护自由竞争、总体调节港口发展过程以及创造港口发展的基础和稳定条件。新加坡政府实施了一系列政策,例如:税收优惠、贸易自由、金融自由等,以吸引国际贸易商和航运公司依托新加坡港开展业务。经过长期的发展努力,新加坡自由港已经成为国际知名的航运中心、金融中心和新兴工业化基地。

如图 3.12,在建国初期,新加坡政府制定了相关的法律法规,并积极投资建设港口。1966 年颁布的《自由贸易区法案》是新加坡自贸区法律制度中的核心法律,对自贸区的运营和管理提供了法律保护、法律规范和法律约束,在此后数十年,《自由贸易区法案》经历了多次修订与完善,为新加坡自贸区发展提供了制度性保障。在税收政策上,新加坡在进出口、个人所得税、企业税收等领域出台了多项降税政策。新加坡仅对进口产品征收 7% 的增值税,这使得企业和个人都能从中获益。新加坡作为世界上税制简易和税负最低的国家之一,吸引了众多跨国公司选择在新加坡开展业务。在政府扶持和企业的不断努力下,新加坡

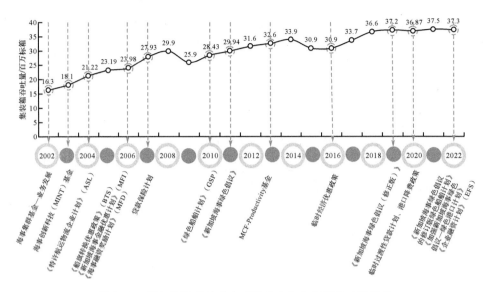

图 3.12　新加坡港政策出台时间节点与集装箱吞吐量变化

港的集装箱吞吐量在 1990 年超过香港而跃居世界第一位[①]。

　　为继续鼓励国际船务公司在新加坡开展航运业务。1991 年推出了《特许国际航运企业计划》(AIS),使得 1991—2002 年期间新加坡港口集装箱吞吐量持续增加,到 2002 年突破千万标准箱(达到 1630 万标准箱),保持了世界第一的好名次。为吸引更多优秀人才加入海运业和提高海事人员技能,2002 年开始新加坡推出系列培训项目。如,推出《海事集群基金(MCF)》激励政策,旨在为海事公司在人力资源开发、培训和能力提升等方面提供资助。得益于此政策,新加坡南洋理工大学于 2004 年 7 月开始开设本科及硕士海事学课程,为新加坡提供了培养海事人才的重要平台。同样得益此基金的支持,很多海事企业得以把员工派往国外航运企业实习,通过实习提升其专业素养,因为海事基金可提供不高于 5 万新元的高达 50％的资助。另外,2004 年新加坡为吸引航运物流企业落地,推出了《特许航运物流(ASL)企业计划》。在人才培养和特惠政策的双重加持下,2004 年新加坡的港口集装箱吞吐量的增长速度迎来了历史新高,同比增长率达到了 15.6％。

　　2006 年,新加坡出台了《船旗转换优惠政策(BTS)》《新加坡海事金融优惠计划(MFI)》《海事融资奖励计划(MFD)》等多项政策。2007 年又出台了贷款保险计划等,维持住了新加坡港口集装箱吞吐量强势增长的势头,到 2008 年其集装箱吞吐量高达 2991 万标准箱。

---

　　①　新加坡港集装箱吞吐量数据来源于新加坡数据统计局(The Department of Statistics Singapore)。

2008 年爆发的金融危机影响了新加坡港口的稳定增长,之后的 2009 年以及 2010 年其集装箱吞吐量始终未超过 2008 年。到 2010 年上海港代替新加坡港成为全球集装箱第一大港的时候,新加坡港的港口集装箱增长率仅为 9.9%,这表明到 2010 年新加坡港还未走出金融危机带来的困境。

为减少航运及相关活动对港口环境和生态的影响,新加坡港务局 2010 年推出《绿色船舶计划(GSP)》,并于 2011 年投资 1 亿新币用于实施为期 5 年的《新加坡海事绿色倡议》。该倡议包括绿色船舶、港口、科技、意识和能源五项激励计划,这些激励计划奠定了新加坡港口成为绿色大港的基础。

2011—2014 年间,新加坡港保持了集装箱吞吐量稳步增长的态势,但 2015 年其港口集装箱吞吐量还是出现了自国际金融危机爆发以来首次下跌的状况。2015 年,新加坡的港口集装箱吞吐量约为 3090 万标准箱,同比下滑 8.7%。为应对这个前所未有的挑战,2015 年 11 月至 2016 年 4 月,新加坡海事及港口管理局相继推出临时经济优惠政策,使得港口集装箱吞吐量下滑的趋势得以缓和,并实现了及时向好的发展势头,到 2017 年新加坡的港口集装箱吞吐量达到了 3370 万标准箱。

2019 年底,新冠疫情暴发后,全球的港口都受到了影响,2020 年为帮助港航企业度过危机,新加坡出台了很多临时过渡性贷款计划与港口降费政策,因此尽管受到疫情的影响,2020 年其港口集装箱吞吐量与 2019 年相比只微降了 0.9%。之后的 2022 年,新加坡推出了《新加坡海事绿色倡议的修订版上绿色船舶计划》《加强新加坡海事绿色倡议—绿色港口计划》《企业融资计划(EFS)》等优惠政策,这些政策不仅为港航企业的发展提供了好的福利,而且也为港航领域的可持续发展提供了经济支持。因此,尽管 2022 年全球集装箱贸易量下降了 3%~4%,但新加坡港仍迎来了其历史上第二个繁忙的年度,其集装箱吞吐量达到了 3730 万标准箱,与前 2021 年的历史新高相比略有下降,降幅为 0.7%。

综上,可以看出新加坡港航服务业相关产业政策的实施为其港航服务业的发展和港口地位的提升做出了积极贡献,为亚太区域的国际航运和物流合作提供了一个成功的范例。

二、上海港航服务业产业政策

(一)船舶相关优惠政策(涉及产业——船舶注册登记、船舶代理、船舶检验)

2016 年 6 月,《上海市推进国际航运中心建设条例》指出海事部门应当简化登记手续,完善登记内容,优化船舶登记及相关业务流程,为船舶营运、融资、保险、修造、交易等提供便捷高效的船舶登记服务。2020年1月,根据《中国(上海)自由贸易试验区临港新片区总体方案》和国务院批复,上海在新片区设立了洋山特殊综合保税区,对符合条件的新片区国际登记船舶,依照有关规定享受洋山特殊综合保税区优惠政策,对守信企业及船舶提供材料减免、网上申请、预审服务、多证联办、办结时限等便利措施。

2022年1月,《绿色交通"十四五"发展规划》规定经停上海港如果使用新能源燃料及靠港时使用港口岸电的外贸船舶,可享受50%的停泊费优惠。该政策旨在鼓励船舶公司使用新能源燃料,及在船舶靠港时使用港口岸基供电,减少二氧化碳排放和大气污染,促进港航业减少污染,降低碳排放,自2022年4月1日起实施,预计持续至2022年12月31日。

2022年6月的《关于促进洋山特殊综合保税区高能级航运服务产业发展的实施意见》优化了"中国洋山港"籍船舶登记工作流程,实行多证联办、统一发证等登记便利,提高登记服务水平,对符合条件船舶首次入籍费用给予最高50%奖励。同时,鼓励全球领先的国际船舶检验机构入驻,开展船舶检验业务。对船舶检验机构提供配套船舶检验服务,按服务船舶规模能级,给予最高不超过200万元/年的专项奖励。鼓励经国家相关部门授权的船舶检验机构为"中国洋山港"籍船舶实施船舶法定检验、入级检验。该政策起到了支持船舶融资租赁业务发展的目的,支持航运金融企业为登记注册为"中国洋山港"籍的国际航行船舶提供金融服务,对金融企业在区内设立融资租赁公司,并将标的船舶登记为"中国洋山港"籍的给予专项奖励。

(二)港口收费降费政策(涉及产业——港口运营)

2019年3月的《上海口岸深化跨境贸易营商环境改革若干措施》提出要落实货物港务费降15%、保安费降20%的政策,推动港口企业进一步降低搬移费10%,推动船舶公司将港口作业包干费降费效应传导到进出口收发货人,相应下调THC和减并部分文件类附加费。

2019年3月,上海港按照交通运输部、国家发展改革委出台的《关于修订〈港口计费办法〉的通知》要求,进一步实施降低港口相关收费标准,将货物港务费、港口设施保安费、引航(移泊)费、航行国内航线船舶拖轮费的收费标准分别降低15%、20%、10%和5%。

2019年12月上海市财政局、市商务委联合发布了《关于本市实施港口建设费减负政策措施有关工作的通知》,表明自2019年1月1日起至12月31日止,在上海港范围内向上海海事局缴纳的港口建设费地方留成部分退付缴款人(以

《港口建设费专用收据》抬头为准），上海市港口建设费退付金额为《港口建设费专用收据》缴费金额的20%。

（三）海事环保推进政策（涉及产业——船舶代理、港口运营）

2015年7月的《上海港靠泊国际航行船舶岸基供电试点工作方案》对岸电设施建设费用按照投资额给予30%的节能减排专项补贴，并由港口建设费给予1∶1的配套补贴。此外，为进一步提高港口企业投资建设岸电设备的积极性，还根据岸电设备的用电量对相关维护费用给予0.07元/千瓦时的补贴，同时鼓励码头所在区县给予配套政策支持。

2015年7月上海市政府推出了《绿色港口三年行动计划》，为鼓励和支持试点码头和所靠泊船舶投资建设和使用岸电，对开展试点工作的相关企业给予政策支持。支持范围包括开展试点的码头企业的岸电设施建设费、电力增容费、船舶使用岸电所致的电费差价和运行维护费等。通过鼓励内河、沿海船舶和港作船舶应用电力、LNG、低硫油，积极推进乳化柴油等新产品在船舶上的应用，提高船用发动机排放标准，重点推进纯电动力在黄浦江、苏州河旅游船舶等领域的应用；提高船舶油品质量，开展船舶发动机尾气处理装置试点，加快老旧船舶淘汰更新，提高船舶能效管理水平，实施船舶节能减排技术改造，优化船队结构和航线配置，改善新建和在用船舶排放状况。

2022年6月的《关于促进洋山特殊综合保税区高能级航运服务产业发展的实施意见》支持电力、氢能、液化天然气等新能源、清洁能源在航运业推广运用，加快推进行业绿色低碳转型。对符合条件企业，在上海港推广运用电力、氢能、液化天然气等清洁能源加注服务，按其新能源、清洁能源的加注成本给予最高不超过1000万元/年的奖励。

（四）金融财税优惠计划（涉及产业——海事金融、船舶租赁、港口运营）

2021年11月的《关于促进中国（上海）自由贸易试验区临港新片区高质量发展实施特殊支持政策的若干意见》推出一批针对性强、含金量高的支持政策，围绕产业项目、市政基础设施项目、公共服务项目三大领域，从产业发展全链条、项目落地全生命周期出发，强化政策的可操作性，为上海港的用地和建设提供了优惠的政策环境和服务保障。该意见明确了对洋山特殊综合保税区内提供交通运输服务、装卸搬运服务和仓储服务取得的收入，免征增值税的政策。

上海港在2023年12月31日根据交通运输部、国家发展改革委印发的《关于减并港口收费等有关事项的通知》的要求,降低引航(移泊)费基准费率5%,2024年1月1日起按降低10%的标准执行。

(五)海事企业发展扶持政策

2014年推出的《上海市调整优化航运集疏运结构项目资金管理实施细则(暂行)》对在支持范围内的航运和港口企业实际发生的承运箱量或装卸箱量发放政府补贴,补贴标准为:航运企业"五定班轮"业务箱量补贴20元/TEU、港口企业"五定班轮"业务箱量补贴50元/TEU、航运企业"内河集装箱"业务箱量补贴35元/TEU、港口企业"内河集装箱"业务箱量补贴35元/TEU、航运企业"江海联运(洋山)"业务箱量补贴50元/TEU。

2022年5月,上海市人民政府发布《上海市加快经济恢复和重振行动方案》,鼓励港口企业减免特定时期内的货物堆存费,延长进口重箱堆存费减免50%的措施;鼓励航运公司减免特定时期内的滞箱费,原基础上额外免收10天滞箱费;倡导港航相关企业减免外贸进出口相关物流操作费用。

为支持全球领先的国际航运组织和功能性机构入驻,并实质开展业务,集聚高端航运资源要素,2022年6月的《关于促进洋山特殊综合保税区高能级航运服务产业发展的实施意见》对参与国际规则制定、国际经济治理的国际航运组织和功能性机构落户并开展实质业务的企业,根据其绩效评估给予最高不超过500万元的一次性落户支持。同时,确定了一系列支持高能级航运服务企业设立各类总部机构,发挥龙头带动效应,加快集聚一批高能级航运服务总部机构,协同整合上下游企业,不断提升集群式发展规模与水平的举措。对经认定的总部机构,按照实缴注册资本的一定比例,给予最高不超过1000万元的一次性落户支持,奖励资金自企业设立之日起分3年拨付。另外,对符合条件的企业,登记注册为"中国洋山港"籍的国际航行船舶在根据国际海事组织的新规对船舶进行符合性改造时予以支持。

除此之外,还鼓励全球领先的国际船舶管理公司入驻,对开展国际船舶管理的企业,根据其实际管理的船舶总吨,给予最高不超过300万元/年的专项奖励。支持洋山深水港、上海南港与芦潮港铁路中心站海铁联运发展,进一步提升运输效率、降低物流成本。对使用洋山深水港或上海南港与芦潮港铁路中心站开展海铁联运服务的企业给予最高不超过600万元/年的奖励。对开展离岸服务贸易的重点企业,按离岸服务贸易跨境收汇金额给予专项奖励,支持航运企业开展离岸船舶管理、船舶经纪、船舶交易等离岸服务贸易,推动离岸航运服务产业发展。

（六）海事人力培训计划（涉及产业——船员服务和教育培训）

2022 年 6 月的《关于促进洋山特殊综合保税区高能级航运服务产业发展的实施意见》适当放开了对自有海员社保缴纳地的限定要求,鼓励具有船员、飞行员劳务外派资质的机构落户特保区。根据外派机构开展劳务外派人员情况,给予最高不超过 300 万元/年的专项奖励。鼓励具有国际海员、飞行员培训资质的专业机构入驻特保区开展培训业务。对开展船长、机长、轮机长以及船舶动力定位系统操作员培训,并取得相关管理机构颁发的适任证书或者合格证书的,根据一定标准给予最高不超过 600 万元/年的专项奖励。

2023 年 11 月的《中国(上海)自由贸易试验区临港新片区支持人才发展若干措施》对高水平人才实施专项奖,对高端人才直接发放贡献奖。同时,延续实施新片区设立以来出台的人才政策,进一步开展差异化人才政策创新试点,构建形成更加积极、更加开放、更加有效的政策体系。重点支持青年人才发展,打造高标准青年发展型城区建设样板区。一是进一步优化高校应届毕业生直接落户政策;二是优化完善人才引进落户重点支持行业范围;三是加大技术技能人才培养支持力度。支持新片区建设高技能人才培养基地,赋予新片区管委会对东方英才领军项目、政府特殊津贴、上海市高技能人才评选表彰项目等的初审推荐权;四是实行更加开放灵活的激励机制。支持新片区对紧缺急需、专业性强的公务员职位加大聘任制实施力度,试点面向海(境)外招聘高端紧缺人才,实行协议年薪,一职一薪,并进一步探索更大力度的激励措施。按照国家和我市有关规定,支持新片区选派干部赴海外工作学习,拓展干部国际化视野和国际化思维。进一步巩固新片区人才激励政策,对新片区内事业单位在编在册工作人员,按照国家和我市有关规定,实施相关补贴,并纳入单位绩效工资总量。对为新片区建设和发展做出重大成绩、重要贡献的人员,按照国家和我市有关规定,给予表彰奖励。

（七）海事技术研发扶持政策

2019 年 8 月的《中国(上海)自由贸易试验区临港新片区促进产业发展若干政策》对上年度新认定为国家高新技术企业的,给予一次性认定支持奖励 25 万元。2022 年 6 月的《关于促进洋山特殊综合保税区高能级航运服务产业发展的实施意见》支持各类航运数字化平台集聚,开展远期运价合约交易、航运指数衍生品交易等创新业务,提高国际国内两个市场、两种资源配置效率。经认定,对搭建功能平台的企业,根据绩效评估给予最高不超过 200 万元的一次性奖励。

对符合条件企业在平台交易金额超过 3 亿元(含)的,根据其在平台交易金额给予最高不超过 100 万元/年的奖励。

(八)用地支持政策(涉及产业——码头建设)

2015 年 6 月的《上海市内河航运"十二五"规划》提出,加强相关配套政策研究和水运市场需求分析,强化政策扶持,注重发挥航道建设投资效益。探索降低内河集装箱运输成本的政策措施。研究出台内河水运市场培育、企业扶持以及支持保障体系建设等政策措施。依法保障内河公用性码头和航道建设所需用地,确保补偿资金来源。

2021 年 7 月上海市人民政府印发了《上海国际航运中心建设"十四五"规划》,提出加快构建综合对外交通体系、优化港口码头布局、提升港口物流服务水平、推动港口绿色发展等任务,为上海港的用地和建设提供了规划支撑和发展方向。2021 年 11 月,上海市政府出台了《关于促进中国(上海)自由贸易试验区临港新片区高质量发展实施特殊支持政策的若干意见》提出在地方事权范围内,推出一批保障上海港用地和建设的支持政策。2023 年 11 月,上海市发改委印发了《关于支持中国(上海)自由贸易试验区临港新片区氢能产业发展的若干意见》,提出支持在洋山深水港、南港、滩涂等未利用地、近海水域等研究建立氢能(富氢载体)船舶输运码头和储运氢基地,探索将临港打造成为国内外重要的氢贸易基地,为上海港的用地和建设提供了新的产业方向和增长点。

(九)自由贸易政策(涉及产业——大宗商品贸易服务)

2014 年 11 月出台的《上海自贸区大宗商品现货市场交易管理规定》确定了自贸试验区内大宗商品现货市场的交易主体、交易方式、交易规则、交易监管、风险防范等方面的具体要求,为大宗商品现货市场的规范运行提供了法律依据。2021 年 4 月出台的《"十四五"时期提升上海国际贸易中心能级规划》提出聚焦钢铁、有色、化工等领域,建立期现联动、内外连接的大宗商品现货市场,打造集交易、结算、物流、金融、资讯等功能为一体的行业生态圈。创建与之相配套的市场规则和治理体系,吸引境内外贸易商同台竞价,提升大宗商品价格的国际影响力。

2021 年 7 月出台的《上海实施区港一体化推进自贸试验区建设暨中国自由贸易港建设》提出,整合保税区和港区口岸资源及政策优势,充分发挥"一线放开、二线安全高效管住、区内自由"的贸易便利化制度创新红利,提高货物通关效率、降低物流成本、促进贸易转型升级、提升全球航运资源配置能力,为国际高标准自由贸易园(港)区建设提供重要制度—技术支持。

（十）上海港航服务业产业政策分析

上海港位于我国沿海及长江两大经济带的交会处，处于国家综合运输通道和国际国内物流的重要节点，在我国生产力布局和区域经济协调发展中处于极其重要的战略地位。

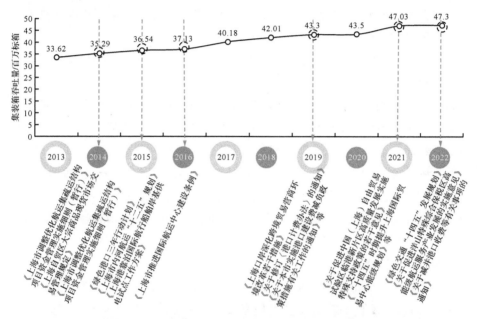

图 3.13　上海港政策出台时间节点与集装箱吞吐量变化

如图 3.13 所示，2010 年，上海的港口集装箱吞吐达到 2907 万标准箱[①]，首次问鼎世界第一，但其港航服务体系和服务能力仍与世界一流港口城市有不小差距。因此，上海不断对标世界一流，持续在制度上突破创新，提升上海港航服务业的服务能力和服务能级，上海港也展现出日新月异的面貌，从"东方大港"蜕变为"世界强港"，到 2014 年，上海以 3500 万标准箱的港口集装箱吞吐量傲视全球。2016—2018 年间，上海港口吞吐量一直保持稳步增长状态。2016 年上海推出的"上海市推进国际航运中心建设条例"，从总体目标、建设推进机制、航运发展扶持政策、海运领域创新措施、邮轮产业发展、国际航空枢纽建设、航运科技创新、航运营商环境等八大方面，具体阐述了推进上海国际航运中心的目标和措施，为推动航运市场发展带来了新的机遇和空间。

---

　　① 上海港集装箱吞吐量数据来源于上海市人民政府官网及上海国际港务（集团）股份有限公司官网。

2019 年上海港完成集装箱吞吐量 4331 万 TEU,同比增长 3.1%,连续十年蝉联全球集装箱吞吐量第一大港。2019 年 3 月,《上海口岸深化跨境贸易营商环境改革若干措施》《关于修订〈港口计费办法〉的通知》《中国(上海)自由贸易试验区临港新片区促进产业发展若干政策》《关于本市实施港口建设费减负政策措施有关工作的通知》等多项政策出台实施,持续推动口岸提效降费,减轻港口建设费缴费人的负担,降低港口使用成本。2020 年上海港集装箱吞吐量突破 4350万标准箱,比 2019 年增长 20 万标准箱。

2021 年,当全球港口在疫情造成的"世纪拥堵"中裹足不前时,上海港却交出了一份令人惊喜的答卷,装箱吞吐量达到 4703 万标准箱,同比增长 8.1%。2021 年 4 月上海市人民政府印发了《"十四五"时期提升上海国际贸易中心能级规划》,同年陆续出台了《上海实施区港一体化推进自贸试验区建设暨中国自由贸易港建设》《上海国际航运中心建设"十四五"规划》等政策。其中,以《上海国际航运中心建设"十四五"规划》为引领,提出 7 个方面 22 条任务,包括优化空间布局,发挥航运产业集聚辐射效应;引领长三角,推动港航更高质量一体化发展;凝聚发展合力,建设品质领先的世界级航空枢纽等,这些措施有助于上海国际航运中心形成枢纽门户服务升级、引领辐射能力增强、科技创新驱动有力、资源配置能级提升的发展新格局。

在集装箱吞吐量屡攀新高的同时,2022 年上海港也在相关政策的支持下向新科技突破、新区域开拓、新业态发展方面不断发力。2022 年推出了《绿色交通"十四五"发展规划》《关于减并港口收费等有关事项的通知》《上海市加快经济恢复和重振行动方案》《关于促进洋山特殊综合保税区高能级航运服务产业发展的实施意见》等政策。其中,《关于促进洋山特殊综合保税区高能级航运服务产业发展的实施意见》提出 6 方面共 19 条具体措施,包括支持高能级航运服务产业集聚、鼓励制度创新和国际性组织入驻、加快推进国际船籍港建设、支持航运业绿色低碳转型、支持航运数字化平台集聚、支持航运物流企业功能业态提升等。这些政策涵盖了智慧港口、绿色港口、科技港口、效率港口等多个方面,为上海港建设成为辐射全球的航运枢纽提供了建设方向,为港航企业奠定了政策保障和经济支持。

上海以中国(上海)自由贸易试验区临港新片区改革为契机,已引入大量国际班轮公司、船舶管理机构、国际船级社、金融租赁、航运保险、海事法律等服务型和功能性机构。与此同时,上海市为上海国际航运中心建立了自由化便利化的投资贸易制度体系,出台了更加科学的国际航运管理制度和政策。如,《关于促进中国(上海)自由贸易试验区临港新片区高质量发展实施特殊支持政策的若干意见》《关于支持中国(上海)自由贸易试验区临港新片区氢能产业发展的若干意见》《中国(上海)自由贸易试验区临港新片区支持人才发展若干措施》《关于支持中国(上海)自由贸易试验区临港新片区深化拓展特殊经济功能走在高质量发展前列的若干意见》。这些政策推动了港航服务业实现更深层次、更高水平开放,实现航运服务资源在长三角区域互融共享,营造更具国际市场竞争力的航运发展营商环境,全方位提升航运服务品质、服务能级,夯实现代航运服务发展基础。

上海港作为我国对外货物贸易重要进出通道,坚定不移地将代表全球货物运输先进运输发展方向的集装箱运输作为支柱产业。通过相关政策的实施为上海港持续的结构调整和转型升级做出了巨大贡献,也形成了体现中国影响力的"上海样本"和"上海模式"。

三、香港港航服务业的产业政策

(一)船舶相关优惠政策(涉及产业——船舶登记、船舶租赁)

2000年推出《商船(注册)(费用及收费)规例》,规定凡在中国香港注册的船舶,停靠中国内地港口均享有高达29%的港口吨税优惠。2006年2月起实施《香港注册船舶吨位年费减免计划》,基于此政策在香港注册的船舶如持续在香港注册两年(合格期),并在此两年内从未有滞留纪录,则可获六个月的吨位年费减免。

2020年6月通过的《2020税务(修订)(船舶租赁税务宽减)》进一步引入税收优惠政策,以促进香港地区的船舶租赁业务。优惠政策包括为香港地区船舶租赁活动所取得的合资格利润提供零税率,船舶租赁管理业务所取得的合资格利润提供8.25%的优惠税率(即目前企业所得税税率16.5%的一半)。2020年推出的《税务条例》112章第23B条规定,船舶营运商得到的来自香港注册船舶的国际营运(包括运载及租赁)入息,获豁免课缴利得税。

(二)港口收费降费政策(涉及产业——港口运营)

2020年推出《关于延续阶段性降低港口收费标准有关事项的通知》,明确将阶段性降低港口收费政策延续至2020年12月31日,即延续实行政府定价的货物港务费和港口设施保安费收费标准分别降低20%的政策;《通知》同时鼓励各地结合本地实际情况,在疫情防控期间加大港口收费优惠力度;鼓励港口经营人对受疫情影响严重的小微企业,继续给予减免库场使用费等优惠。

2022 年推出《香港特区政府延长豁免或宽减 34 项收费一年通知》,延长了豁免港口设施及灯标费至 2023 年 9 月 30 日及停留许可证费用至明年 10 月 31 日,惠及约 18 万远洋船、高速船及内河船的抵港船次的经营者。

(三)海事环保推进政策(涉及产业——船舶代理、港口运营)

2008 年香港实施《商船(防止空气污染)规例》(第 413M 章),以执行《国际防止船舶造成污染公约》附则 VI(《防污公约》附则 VI)的规定。除对船用燃料实施 3.5% 的含硫量上限外,《防污公约》附则 VI 亦实施多项空气污染管制措施,包括限制有害物质的排放、管理消耗臭氧层物质的使用及管制船上焚化。2012 年推出为期三年的《港口设施及灯标费宽减计划》,以鼓励远洋船在香港水域停泊时使用低硫燃料(含硫量不超过 0.5%)。2014 年出台了《空气污染管制(船用轻质柴油)规例》,规定供应本港船用轻质柴油的含硫量不可超过 0.05%。

2015 年出台了《空气污染管制(远洋船只)(停泊期间所用燃料)规例》,规定所有远洋船只在停泊时须转用清洁燃料(含硫量不超过 0.5%)。2019 年出台了《空气污染管制(船用燃料)规例》,要求所有在香港水域内的船只,不论该船只正在航行或停泊,都必须使用合规格燃料(包括含硫量不超过 0.5% 的燃料或液化天然气)。

(四)金融财税优惠计划(涉及产业——海事金融、海事保险)

自贸港内,香港的主要税收法律是 2003 年出台的《税务条例》及其附例《税务规则》,后经过 2004 年多次修订与完善,多年来香港自贸区在《税务条例》及其附例《税务规则》的制度框架下依法有序运营。

除酒类、烟草、石油、机动车外,一般进出口商品零关税。薪俸税按 2%、7%、12%、17% 四档超额累进制进行收取。企业利润小于或等于 200 万港币,按 8.25% 缴纳所得税,其中独资和合伙制企业按 7.5% 征收率实行。企业利润大于 200 万港币,按 16.5% 缴纳所得税,其中独资和合伙制企业按 15% 征收率实行。并且不设增值税和消费税。

2020 年推出了《2020 年税务(修订)(船舶租赁税务宽减)条例》内容包括直接保险人得自选定一般保险业务(包括海运相关的保险活动)的利润,按 8.25% 的减半税率评税。

（五）海事企业发展扶持政策

2022年推出了《2022年税务（修订）（与航运有关的某些活动的税务宽减）条例》（《修订条例》），为符合资格的航运业商业主导人（即船舶代理商、船舶管理商和船舶经纪商）提供利得税半税优惠（即税率为8.25%）。税务宽减适用于航运业商业主导人在2022年4月1日或之后收取或累算的款项。此外，根据《修订条例》，在合资格航运业商业主导人为享有税务宽减或入息豁免征税的相联船舶企业进行合资格活动的情况下，所得利润亦按该相联船舶企业所适用的相同优惠税率或入息豁免征税。

（六）海事人力培训计划（涉及产业——船员服务和教育培训）

2002年，香港海事专才推广联盟率先推出一项《航海训练资助计划》，向有志从事航海工作的人士提供助学金，让其有机会实现到船上工作的梦想。2004年推出《航海训练奖励计划》，增加资助在远洋船上实习的甲板及轮机见习生名额，以让更多有兴趣入行的年轻人受惠。《航海训练奖励计划》向在学习期间的见习生发放现金津贴，激励其向航运事业的梦想进发。

2006年首度推出《船舶维修训练奖励计划》，目的是为培训焊接技工，以减缓航运业在船舶维修方面的人手短缺。成功申请者可在接受学徒训练期间，每月获得奖励津贴港币1500元，为期不超过36个月。2008年香港大学与大连海事大学签署《香港大学—大连海事大学互换法学生合作计划》。这是香港航运发展局、香港大学及大连海事大学的首次学术合作，目标是培养具有航海法和普通法知识的航运专业人才。

2014年4月创立了《海运及空运人才培训基金》，投入一亿元港币用以延续和提升政府对相关行业人才发展及推广的支持。该基金旨在逐步建立一个有活力、多元化和具竞争力的专业及技术人才库，支持香港海运和航空业的长远发展。《本地船舶业训练奖励计划》为基金的一项新措施，符合计划资助资格的申请人可获得总额不多于3万元的资助。《本地船舶能力提升计划》为基金的一项新措施，规定符合资助资格的申请人可在考取本地船只船长二级或轮机操作员二级证明书后，申请发放一次性的资助。计划也向考取本地船只船长三级或轮机操作员三级证明书的人士（已成功参与本地船舶业训练奖励计划的人士除外）提供一次性的资助。

2017年8月香港特别行政区政府与香港大学和上海海事大学，就《香港大学—上海海事大学学术合作计划》签订协议。通过两所大学的合作,共同培训海商法律专业人才,为海运业的持续发展奠定良好基础。2018 年推出了《船舶维修训练奖励计划》,为受雇于本地船舶业的新入职人员提供每月 2500 港元奖励津贴,为期最长 12 个月,其中 12000 港元在考获本地三级船长/轮机操作员资格后发放。2022 年推出《香港航海及海运奖学金计划》,为获选的香港理工大学国际航运及物流管理工商管理学士课程的学生颁发奖学金。此计划分为两部分:"航海奖学金"鼓励学生投身远洋航海事业,"海运奖学金"吸引在香港中学文凭考试取得良好成绩的学生报读。

(七)海事技术研发扶持政策

2004 年 9 月推出《粤港科技合作资助计划》,旨在加强香港与广东/深圳的大学、研究机构和科技企业之间的科研合作。2010 年 4 月推出了《投资研发现金回赠计划》,旨在鼓励本地企业投放更多资源进行研发,并鼓励本地企业与指定本地公营科研机构加强合作。2015 年推出《企业支援计划(ESS)》,资助本地企业进行内部研究及发展(研发)工作,旨在鼓励私营机构在研发方面做出投资。2019 年 4 月推出了《内地与香港联合资助计划》,旨在支持及鼓励香港和内地的大学、科研机构和科技企业加强科研合作。

(八)自由贸易政策(涉及产业——大宗商品贸易服务)

在香港,可使用任何货币进行贸易结算,对货币买卖和国际资金流动,包括外来投资者将股息或资金调回本国都无限制。香港拥有成熟、活跃的外汇市场,与海外金融中心保持密切联系。企业可以在香港银行开立多种货币账户,使用任何货币进行贸易结算。香港对外来及本地投资者一视同仁,没有任何歧视措施。对其经营活动,政府既不干预,也无任何补贴政策,只要遵守香港的法律法规,就可投资从事任何行业。

(九)香港港航服务业产业政策分析

经过逾百年的演变,香港港口不再仅仅是单一的转口贸易港口,而是逐渐蜕变成为国际贸易中心、国际金融中心,乃至全球最开放的自由港之一。香港港独特的地理位置使香港成为国际贸易的要冲,而开放、透明、创新的港航服务业营商环境吸引了全球的企业和投资者。香港卓越的港航服务业营商环境与其采取的诸多优化政策密不可分。

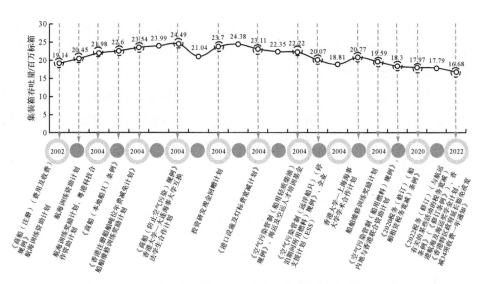

图 3.14　香港港产业政策的时间节点与其集装箱吞吐量的变化

如图 3.14 所示,2000 年香港推出了《商船(注册)(费用及收费)规例》,以吸引船舶来港注册。2002 年推出了《航海训练资助计划》,给予对航海有兴趣的青年人才更多福利与机会。2003 年推出了《税务条例》及其附例《税务规则》,经过 2004 年的多次修订与完善后,为企业和个人提供了税收优惠,包括零关税、一般商品无关税、企业所得税分层累进(最低只有 8.25%)。2004 年又进一步推出了《航海训练奖励计划》《粤港科技合作资助计划》等政策。得益于这些支持政策,2000—2004 年香港港集装箱吞吐量呈现增长趋势,并在 2004 年之前一直保持全球排名第一的地位[①]。

为继续保持香港港口集装箱吞吐量的增长,2006 年的《香港注册船舶吨位年费减免计划》《船舶维修训练奖励计划》,给予吨位年费减免优惠以及海事学徒发放奖励津贴。2008 年推出的《商船(防止空气污染)规例》《香港大学—大连海事大学互换法学生合作计划》,为香港港航服务业的可持续发展和高水平专业知识的航运专业人才的培养奠定了基础。这些政策起到了立竿见影的效果,2005—2008 年香港的集装箱吞吐量约增长了 8.4%,并于 2008 年达到历史最高的 2449.4 万标准箱。

为应对 2008 年金融危机为香港港口带来的冲击,也为鼓励本地企业进行更多的研发投入,提升其创新能力和科技竞争力,进而促使港航服务业走出低迷的态势,2010 年香港推出《投资研发现金回赠计划》,为企业增加研发投资提供现

---

① 香港港集装箱吞吐量数据来源于《香港港口运输统计摘要》。

金回赠,并鼓励与指定的本地公营科研机构加强合作,使得企业可以充分利用专业人才和研究设施,提升自身的竞争力。得益于这些政策,2011 年香港港的集装箱吞吐量恢复到 2438 万标准箱。

受到全球贸易疲软、码头用地不足、内地码头崛起等诸多因素影响,从 2012 年开始,香港港集装箱吞吐量大体呈衰败趋势。为此,香港港陆续出台了一系列政策,试图挽回香港港的航运中心地位,分别于 2012 年、2014 年和 2015 年推出了《港口设施及灯标费宽减计划》《海运及空运人才培训基金》和《企业支援计划(ESS)》。但是,这些政策并未有效地阻止香港港口集装箱吞吐量连续下滑的态势,仅 2015 年其集装箱吞吐量就下降了 9.5%,全球排名下滑至第五位,创下 13 年来的新低。值得注意的是,在全球前十的港口中,2015 年出现负增长的仅有香港港和新加坡港(其中,新加坡港降幅为 8.7%)。这反映出在世界经济不景气的情况下,以集装箱中转运输为主的港口,都会面临更大压力。

到 2016 年,香港集装箱吞吐量下降至 1981 万标准箱。为缓和下降趋势,香港在 2017 年推出了《香港大学—上海海事大学学术合作计划》,为香港港航业人才储备提供后备力量。之后,2017 年集装箱吞吐量有所回升,同比增加 4.8%。自 2018 年起,香港陆续还推出了《船舶维修训练奖励计划(2018)》《内地联合资助计划(2019)》《2020 税务(修订)(船舶租赁税务宽减)条例》《2022 年税务(修订)(与航运有关的某些活动的税务宽减)条例》(《修订条例》)等一系列激励政策。但是,到 2022 年香港的港集装箱吞吐量仅为 1668.5 万标准箱,排名全球第九,仍无法满足香港的预期,集装箱吞吐量继续呈现小幅震荡下跌的趋势,这表明振兴港航服务业的挑战仍然存在。在未来,香港特区政府可能需要持续评估并调整产业政策,以适应不断变化的市场条件,促进香港港口和航运业的可持续发展。

香港港航服务业相关产业政策的实施为其经济繁荣做出了重要的贡献,为亚太区域的国际航运和物流合作提供了一个成功的范例。具体的产业政策实施经验主要体现在以下几个方面:(1)奉行简单税制,明确划一的低税制为企业创造了清晰和稳定的经营环境,企业享有独立税制和低税率政策的保护。如,香港海事处自 2006 年 2 月 2 日起实施了《香港注册船舶吨位年费减免计划》,根据该计划,在香港注册的船舶可凭借其注册年限和优良纪录获得年费减免。(2)香港高度重视航运产业从业人员素质的培养,采取一系列政策和计划来实施人才培养。这些措施旨在通过资助、奖励、培养人才和提供学术合作机会,推动香港港口海事人力的发展和培训。2004 年的《航海训练奖励计划》和 2006 年的《船舶维修训练奖励计划》是其中的亮点。这两个计划为在远洋船上实习的甲板和轮机见习生提供现金津贴,鼓励他们追求航运事业。此外,为促进船舶维修学徒的培训,还针对香港永久居民提供每月 1500 港币的奖励津贴。(3)香港特区政府通过一系列科技合作资助计划,持续推动港口海事技术研发,加强香港与广东、深圳等地的大学、研究机构和科技企业之间的合作。如,2004 年推出的《粤港科技合作资助计划》,旨在促进科研合作,其目标是通过资助,加强香港与广东、深圳的科技界之间的合作关系,促进知识交流和技术创新,实现经济发展的长远目标。

四、伦敦港航服务业产业政策

(一)船舶相关政策(涉及产业——船舶租赁、船舶代理、船舶登记)

17 世纪和 18 世纪期间,为吸引外国商人和殖民者来到英国,开展贸易活动,发展造船业,伦敦推出一系列优惠措施,如:免除关税、提供租船补贴、设立海事保险公司、建立海事仲裁机构等。

1988 年,新的《商船航运法案》颁布,《商船航运法案》包括三部分,即船舶注册政策、商船海员储备补贴政策以及船员培训补贴措施。紧随其后,海员免税措施也得以推行,免税的门槛从 10 个月海外工作时限缩减到了 9 个月,更多船员得以满足免税条件,远洋海员职业在经济上的吸引力不断增强。进入 21 世纪,为适应全球化和数字化的趋势,伦敦不断调整和优化自己的海事政策,如:推动泰晤士河治理计划、加强与欧盟和美国等地区的合作、发展新兴海事产业等。

(二)港口收费降费政策(涉及产业——港口运营)

1850 年伦敦港废除一系列古老的航海条例,之后政府和议会开始寻求降低港口使用费,以促进贸易和航运业的发展,包括降低码头使用费、简化收费程序以减少对航运公司的财务负担。1960 年的《高地和岛屿航运服务法案》提出直接补贴航运公司,以降低其运营成本和提供更频繁、更可靠的服务。

2016 年 4 月 1 日,伦敦港务局宣布将取消对进出口货物的关税和增值税,以及对进出口船舶的海关费和检疫费,其目的是支持英国保持其在全球贸易中的地位,促进伦敦的国际贸易的恢复和发展。

2021 年 9 月 1 日,伦敦港务局宣布对进出口货物实施一项新的海关服务优惠计划,即《海关服务优惠计划》(Customs Service Relaunch Scheme),此计划适用于所有使用英国海关电子系统进行报关和缴税的进出口商,包括个人和企业,以简化和加快进出口手续的流程,提高海关服务效率和质量。

(三)海事环保推进政策(涉及产业——船舶代理)

2017年,伦敦港成为英国首个认可船东致力于改善环境性能的港口,伦敦港管理当局推出船舶港口收费打折措施,环境航运指数(ESI)超过30的低污染排放船舶可享受港口收费折减。

2019年,伦敦港管理当局在英国政府发布的《海事战略2050》目标的基础上,计划到2030年将运输工作的碳强度降低至少40%,到2050年降低70%。初步IMO温室气体战略的目标是到2025年将零排放的商业船舶投入运营,此时所有新船舶的设计均采用"零排放"模式推进。

(四)海事企业发展扶持政策

1981年《港口(财政援助法)》规定,经财政部同意国务大臣可向伦敦港务局、默西码头和港口公司提供财政援助。

1985年以前,英国实行自由折旧制度,后发展为余额递减折旧法。这种折旧政策可降低船舶购置和维修的成本,提高船舶使用效率。

(五)金融财税优惠计划(涉及产业——港口物流、货运)

2018年6月1日,伦敦港务局宣布对进出口货物实施一项新的税收优惠计划,即《海外货物税收优惠计划》(Global Trade Tax Relief Scheme),以减轻进出口商在使用电子商务平台跨境交易时所面临的税负。此计划适用于所有使用英国海关电子系统进行报关和缴税的进出口商,包括个人和企业。

2022年12月推出《自由港计划年度报告》,允许进口货品进入自由港海关站点,并简化海关文件、延迟支付关税,允许自由港内的企业使用进口货品开展保税加工等业务。

(六)海事人力培训计划(涉及产业——船员服务和教育培训)

1998年英国政府落实了三大海员支持政策:一是吨税改革与公司最低培训责任,二是SMarT计划,三是保护海员免受歧视、骚扰和伤害的法案。吨税改革与公司最低培训责任这一政策的核心在于通过经济手段(吨税)与法律手段(最低培训责任)相结合,激励航运公司投资于海员的培训与发展。该政策涉及对航运企业征税方式的调整,要求其承担更多的社会责任,具体要求为:每一航运公司,在其船队的每15个高级海员岗位中,需要最少招募并培训一名高级海员实习生,且对于普通海员的聘用与培训予以适当考虑。该高级海员实习生必须为英国公民或者是具有英国居民身份的欧盟公民。英国政府通过财政支持航运组织推出了 SMarT 计划（即：航运培训支持计划），以确保英国可以始终保持一定数量的专业航海人才储备。SMarT 计划覆盖约一半的高级海员实习生培训成本，起初每年财政预算 1200 万英镑，后来又提高至 1500 万英镑。

（七）港口经营管理（涉及产业——港口运营）

基于 1964 年《港口法》，英国政府与港口企业之间真正做到了产权明晰、职责明确。在港口的管理和建设方面，政府的主要作用就是制定港口发展政策，规范港口经营行为，创造良好的发展环境。可以说，港口经营者在宽松、规范、自由的环境中，自主经营，自负盈亏，自主发展。

（八）伦敦港航服务业产业政策分析

伦敦港一直以来都是国际贸易的重要枢纽，它不仅有着悠久的历史，更是全球经济的重要连接点。尽管近年来，伦敦港主动减少了诸如制造、货物集散等较为传统的港口业务，但其全球海洋金融中心的地位并未动摇。这得益于政府在港口的开发建设过程中发挥的主导作用，他们实施了一系列政策，如税收优惠、海员支持、建立金融服务体系等。这些政策促使伦敦开始发展海事商业服务集群（MPBS），作为英国向国际市场提供出口服务的枢纽，伦敦港也成为了一个提供高端航运服务的国际航运中心典型代表。

18 世纪 60 年代，英国爆发工业革命，以伦敦为中心城市的英格兰中部大城市带开始崛起，为伦敦发展为国际航运中心提供了可靠的腹地货运保障，货物的集散和转运效率大幅提高，吞吐量大幅增长。同时，世界最大的海事保险组织——劳埃德船级社的成立和船舶登记资料的印制，为保险商和商人提供保险及租用船舶的运行状况信息，进一步推动了航运业的发展。19 世纪 30 年代，英国完成工业革命，伴随着国际货物贸易的迅猛增长，伦敦港也逐渐成为欧洲的枢纽港。1850 年，伦敦港废除一系列古老的航海条例。这一重大政策变革开启了伦敦港的新篇章，例如，通过降低港口使用费、简化收费程序，减轻航运公司的财务负担，因此更多的航运公司和货物进入伦敦港，直接推动了伦敦港货运量的增长。此外，波罗的海有限公司和伦敦航运交易所相继成立，并于 1902 年成功合并，这既为伦敦港的发展打下了坚实的基础，同时也为全球贸易的进一步增长提供了强大的支撑。

20 世纪初，伦敦港急需基础设施改造和新设施建设，为此成立了伦敦港务局来评估港口发展状况，制订和实施改善计划。1960 年推出的《高地和岛屿航运服务法案》增加了航运服务的频率和可靠性,同时改善了高地和岛屿地区的物资供应和交通状况。1964年出台了《港口法》,确立了产权明晰和职责明确的原则,改善了英国政府与港口企业之间的关系。《港口法》的出台使得港口经营者得到了更大的发展空间,他们在自主经营、自负盈亏和自主发展的环境中,得以更好地适应市场需求的变化。1981年《港口(财政援助法)》的实施为伦敦港务局、默西码头和港口公司提供了财政援助,帮助港口恢复盈利能力,伦敦的航运业变得更加繁荣。

随着全球制造业中心移向亚洲,以及无法停靠巨型货轮的硬伤,伦敦道克兰港区业务开始下滑。雪上加霜的是1984年以来,英国政府逐渐废除了购买、建造船舶等相关航运业的补贴政策,给其他不断加码航运利好政策的国家提供了发展机遇,从而引发了英国大规模的船队移籍别国,英国船公司运营船队的总体运力从1975年的5000万吨下滑到1982年的2800万吨,伦敦的航运业受到重创。

为弥补取消补贴政策带来的负面影响,英国1988年颁布了新的《商船航运法案》,并实施海员免税政策,不仅简化了船舶注册和运营的流程,降低了航运业的经营成本,还为航运业提供了更多的劳动力资源,增强了远洋海员职业的吸引力。这些因素都促进了伦敦航运业的发展,提升了其港口吞吐量以及航运中心的地位。1998年工党基于《英国航运:开拓新道路》政府白皮书,落实了三大支持海员的政策,即:吨税改革与公司最低培训责任、SMarT计划与保护海员免受歧视及骚扰和伤害的法案。这些政策吸引了更多的专业人才投身海运产业,提高了海员的职业素质和技能水平,进而提高了航运服务的效率和质量,使伦敦港成为全球重要的贸易枢纽之一。此外,在强化船舶入级及检验制度,鼓励国际船级社协会等大型船级社及相关企业在伦敦设立办事处等举措使得更多的贸易伙伴选择伦敦的航运服务,从而进一步提高了伦敦在国际航运市场中的影响力。

在海事金融方面,1970年末,英国通过颁布《内城地区法》和撒切尔执政后(1979年)的一系列自由主义改革,金融服务业进入快速增长阶段,为伦敦金融城的发展提供了良好的环境。1985年,波罗的海交易所推出了世界上第一个货运运费指数期货,并衍生出了作为运费指数期货结算依据的波罗的海运价指数,这为伦敦金融城提供了新的投资和交易机会。自此,波罗的海交易所完成了从航运交易市场向航运交易信息服务的重大转变,伦敦金融城在航运信息服务和市场分析方面占据了国际领先地位。此外,伦敦许多国际银行都设有专门的航运部门,为船东提供金融服务,它们向国际海事行业提供的贷款总额超过90亿英镑,表明伦敦金融城在海事金融服务方面具有强大的实力和影响力。同时,伦敦还成立了海事仲裁协会,许多会计师事务所专门从事航运相关业务,专门负责解决全球各类海事纠纷,使伦敦金融城在海事法律、会计和仲裁等领域也具有很高的专业水平和服务能力。这一时期,先进的商船队、发达的租船市场与多样化的航运服务,使伦敦实现了从货运中心到服务中心的转变,伦敦在全球航运服务业的很多方面获得了垄断地位,傲居国际航运中心之列。

进入 21 世纪,面对全球化和数字化的浪潮,伦敦作为国际航运中心,始终积极调整和优化自身的海事政策,以适应不断变化的市场环境。这些政策不仅确保了其在全球市场中的竞争力,且为英国提供了更多的就业机会和创新动力。2016 年 4 月 1 日,伦敦港宣布一项重大政策变革:取消对进出口货物的关税和增值税,以及对进出口船舶的海关费和检疫费。这一政策显著降低了进出口货物的成本,提高了贸易活动的吸引力,直接推动了伦敦港货运量的增速超过10%,达到了自 2012 年以来的最高值 5038 万吨,集装箱吞吐量增速接近 30%,达到了 1497 万 TEU,进一步证明了伦敦港作为国际航运中心的地位,以及其对全球贸易的重要贡献。

从 2017 年起,伦敦港实施了一项创新政策,即把船舶污染排放挂钩船舶港口使用费折扣,目的在于提升伦敦港港口的环保形象,吸引更多环保船舶,减少环境影响,并推动航运行业向更环保、更可持续的方向发展。由于环保船舶需要更多的维护和运营成本,以及需要更多的引入时间以适应新的环境标准和港口设施,因此这项政策在实施初期并未如期带来显著的成效,2017 年伦敦港货运量增速接近 0%,集装箱吞吐量增速为负。

2018 年 6 月 1 日,伦敦港宣布了一项新的政策——《海外货物税收优惠计划》(Global Trade Tax Relief Scheme)。这一政策进一步降低了进出口成本,增加贸易活动,有助于提升港口的吞吐量和吸引力,促进跨境贸易发展。2018 年伦敦港的货运量实现了增长,增速超过 5%,达 5320 万吨,而集装箱吞吐量增速超过 20%,达到了 1680 万 TEU。

2021 年,英国政府宣布对进出口货物实施一项新的海关服务优惠计划,即《海关服务优惠计划》(Customs Service Relaunch Scheme)。实施这项政策后,海关服务效率和质量得到了显著提高,进出口商们将更多的精力投入到商业活动中。这一政策的实施,直接促成了伦敦港货运量的增长。据统计,伦敦港的货运量出现了明显的增长,增速接近 10%,达 5177 万吨,集装箱吞吐量达到了1857 万 TEU。

2022 年 12 月英国政府发布了《自由港计划年度报告》,报告明确提出提供税收减免、创新激励、优化监管、贸易推广和便捷通关等多项政策支撑。该政策有助于自由港的建设发展,促进了伦敦港的货运量稳步增长,增速超过 5%,达 5488 万吨,集装箱吞吐量达到了 1964 万 TEU,且泰晤士自由港吸引到超过 45 亿英镑的投资,创造 26 亿英镑的经济增加值。

伦敦从国际航运中心发展成国际航运服务中心,既依赖以日积月累的国际化市场体系、完善的法律环境、稳定的市场,又有其自然禀赋、历史积淀和积极的政策变革因素。同时,伦敦海运集群快速发展的历史路径也为世界各国培育海事产业提供了极好的借鉴。

五、代表性航运中心港航服务业产业政策小结

基于上述航运中心对各港航服务业的产业政策进行深入分析,对其进行总结,如表 3.74 所示。

表 3.74 代表性航运中心港航服务业产业政策小结

类别	新加坡	香港	上海	伦敦
船舶相关政策	开放船舶登记制,免税优惠;绿色船舶计划;SRS Notation 认证系统	注册船舶享港口税优惠;船舶租赁活动免税;符合条件的船舶租赁管理业务享受 8.25% 税率优惠	简化船舶登记手续,提供税费减免政策;促进船舶检验业务发展	提供海员免税措施,调整优化海事政策,如泰晤士河治理计划、与国际合作等
港口收费降费政策	货船和非载客船舶,享受港口税优惠;绿色港口计划降低低碳燃料船舶的港口费	延续阶段性降低港口收费;对疫情影响的小微企业提供减免优惠	降低港口相关收费标准,实施港口建设费减负政策	简化收费程序,取消部分关税和增值税;推出海关服务优惠计划
海事环保推进政策	新加坡海事绿色倡议;建立全球海事脱碳中心;推进清洁燃料和节能技术	实施《防止空气污染》规例;推广低硫燃料和清洁燃料的使用	支持新能源和清洁能源在航运业的推广,提供新能源加注服务的奖励	提供低污染排放船舶的港口收费折减;计划到 2030 年和 2050 年降低碳强度
金融财税优惠政策	海事金融优惠计划和贷款保险计划;自由贸易区享有低税负政策	税务宽减和零关税政策;个人所得税最高税率为 22%	提供税收优惠和专项奖励,免征增值税;对洋山特殊综合保税区内企业提供财税优惠	推出海外货物税收优惠计划;允许自由港内企业使用保税加工等业务
海事企业发展扶持政策	特许国际航运企业计划;支持海事企业在新加坡建立和扩展业务	航运业商业主导人享受利得税半税优惠;扶持船舶维修和航海训练	支持航运服务企业设立总部,提供落户支持和专项奖励;促进离岸服务贸易发展	提供财政援助和自由折旧制度,支持航运公司发展

续表

类别	新加坡	香港	上海	伦敦
海事人力培训计划	海事集群基金资助海事公司的人力资源开发;支持海事研究机构的研发	提供助学金和实习生津贴,扶持本地船舶业培训	适当放开海员社保缴纳地的限制,提供专项奖励;支持高技能人才培养	落实 SMarT 计划,覆盖一半高级海员培训成本;推动海员免税措施
海事技术研发扶持政策	建立海事创新科技基金,支持大学和研究机构的海事技术研发	推出科技合作资助计划和研发资助计划,鼓励本地企业进行研发	支持航运数字化平台建设,提供专项奖励和交易金额奖励	提供研发资金和技术支持,推动海事产业的创新和发展
自由贸易政策	无外汇管制,资金自由流动;企业可自由决定结算货币种类	允许使用任何货币进行贸易结算,对外来及本地投资者一视同仁	确定大宗商品现货市场交易管理规定,推动区港一体化	允许进口货品进入自由港海关站点,简化海关文件,延迟支付关税
用地支持政策	无具体政策	无具体政策	加快构建对外交通体系,优化港口码头布局,提供用地和建设支持	无具体政策

第三节　代表性航运中心的港航服务业产业政策经验总结

一、新加坡国际航运中心

首先,结合自身资源禀赋,不断推动港口枢纽建设。新加坡港西临马六甲海峡,扼守太平洋及印度洋之间的航运要道,是连接东西贸易的关键交通枢纽。另外,由于位于赤道附近,温度和天气条件相对稳定,新加坡港不易受到自然灾害的影响,是可以全年运作的天然深水良港。这些自然禀赋优势为新加坡成为国际贸易中心和物流枢纽奠定了重要的物理基础。新加坡政府始终将港口视为国家生存和发展的基础,1964 年,在面临资源短缺、政治冲突等一系列遗留问题的情况下,新加坡港务局(PSA)敏锐地把握住了集装箱化运输的发展趋势及未来集装箱运输将主导世界航运格局的潜力,抢抓机遇,集中全力兴建集装箱专用码头。1972 年,其丹戎巴葛码头正式投入运营,是当时东南亚地区第一个真正意义上的集装箱码头。此后,PSA始终致力于集装箱化码头和泊位的全面深化,通过逐步改建和新建集装箱专用码头,配合积极的集装箱中转政策,并与政府当局和相关行业紧密协作,使得新加坡港迅速发展,终于在20世纪90年代初期,成为东南亚国际集装箱的中转中心。近年来,新加坡港进一步完善数字化基础设施建设,为港区、码头、堆场、船舶进出港及商务运作等数字化、网络化提供完备的基础支撑,其中最重要的就是大士港(Tuas)智能港口建设。新加坡政府于2013年正式公布大士港建设规划,大士港成为新加坡发展下一代港口的重要组成部分。大士港的规划思维超前,在建造技术、操作技术、管理技术、整体思维和功能设计方面进行了全方位的创新,是新一代集装箱港口的典范。大士港综合港区规划占地面积约1337公顷、拥有66个泊位、年吞吐量6500万标准箱。在未来的30年内,新加坡将分四期建设大士港综合港区,建成之时它将成为全球最大的全自动集装箱港口,可停泊400米以上的超大集装箱船舶,能安全有效地管理数量更多、密度更高的船舶交通流和海运物流。

其次,发展外向型制造工业,提高经济多元化水平。1965年独立后,为解决战后人口剧增、就业困难等问题,新加坡政府制定了以工业化为中心的经济发展战略,将原工业促进局改为经济发展局(EDB),通过外税减免、提供信贷和土地征用等方式引进纺织、玩具、电子零部件等劳动密集型制造业。为此,新加坡采纳了荷兰经济学家阿尔伯特·温斯敏团队为其设计的工业化方案,将石化工业作为支柱产业。在这一产业规划的指引下,新加坡政府成立了裕廊镇管理局,加快了裕廊工业区的开发建设和吸引外资的进程,尤其是大力引进西方跨国公司石油化工项目。由于优惠税制、简化政府审批等一系列自由贸易措施,皇家壳牌、美孚等大型石油公司相继落户,随后新加坡炼油公司建立,新加坡从而一跃成为继美国、荷兰之后的全球第三大炼油中心。20世纪70年代末至90年代中后期,新加坡主要聚焦石化产业链延伸、升级与附加值提升,引进了美国菲利普斯等8家石化公司,石化产业集群初步形成。1991年,新加坡政府开始实施"化工岛"建设,将裕廊岛本岛以南的7个岛屿通过填海、造桥加以合并,形成石油化工产业集聚区。2009年,裕廊岛的全部建成标志着新加坡石化产业朝着高度集群方向发展。与此同时,在政策扶持和国外技术转让的加持下,新加坡修造船业快速发展。1968年,新加坡新建了吉宝船厂、三巴旺船厂、新科造船和裕廊船厂。由于当时苏伊士运河长期关闭,航运公司只有使用更大的船舶才能降低运营成本,大型船舶船队规模的扩张带来了船舶维修要求的提高。对于船东而言,设施完善、能力较强的新加坡是船舶维修的最佳选择地。新加坡顺应形势,开始高额投资,还建造了一部分码头,以满足不断增加的船舶停靠要求。经过十几年的发展,1983 年新加坡修船集中度创世界最高水平,总容量达到 282 万载重吨。随修船数量的增加,新加坡修船厂选择向高效率、低成本转型,开展相应的员工技能培训,尽可能降低企业房租、水电等成本和风险。此外,面对不断加剧的国际市场竞争,新加坡修船厂积极调整发展策略,从一般的船舶修理转移到高附加值的业务,并开始向国外扩展。由此,新加坡在世界修船业中的地位越来越重要。

最后,政府强势有为,拥有全球视野。20 世纪 90 年代为解决资源和扩建的瓶颈问题,新加坡与其邻国马来西亚签订了资源补助协议。马来西亚借鉴新加坡的成功经验,并通过低廉的费用及通航优惠,在航运领域成为新加坡的强力竞争对手,因此 PSA 迅速在港口服务系统等方面进行改进,如:再度进行税率优惠,豁免海事福利费;大力建设配套港口服务的金融、餐饮等临港产业;降低或免除消费品税等。相反,马来西亚没有在港口硬件环境上改进,一味追求压低成本,导致长荣和马士基最后撤离马来西亚,回流新加坡。与之相比,新加坡综合服务能力大大提升,巩固了其东南亚中转枢纽的地位。

21 世纪以来,全球经济环境混乱,大国竞争深刻影响世界格局。新加坡恰恰抓住了全球化机遇,以平衡外交维护自身安全,在大国竞争中保持开放的立场,注重与周边国家保持友好往来,既没有"选边站",也没有卷入地缘政治风险。新加坡与美国关系密切,是美国在亚洲的主要伙伴之一。在新加坡的外国投资中,美国占比超过 20%,是最大的投资国,仅过去三年,就有超过 4500 家美国企业在新加坡注册。在与西方大国保持良好外交的同时,新加坡积极开拓亚洲市场。在过去的三十年里,随着以中国为首的亚洲经济崛起,全球经济轴心逐渐东移,新加坡充分利用这个趋势,积极深化与中国合作,改变传统的发展制造业思维,依靠自身创新型、知识型优势,努力成为全球供应链的关键节点。新加坡凭借先进的制造业吸引了不少中国企业的目光,据《2023 年中国海外投资指数报告》显示,新加坡已成为全球最吸引中国对外投资的目的地。

二、上海国际航运中心

首先,趁改革开放之势,造东方贸易"桥头堡"。以加入 WTO 为标志,中国经济实现了市场化和国际化,成功融入世界经济体系和经济全球化之中。改革开放释放了大量的生产力,进一步激发了企业的活力和创造力,因此自 2000 年起我国对外贸易激增,随之而来的是外贸货运需求高速增加,此时的中国迫切需要"新贸易运输门户"。处于改革开放"后卫"位置的上海,凭借其得天独厚的地理优势和历史沉淀,首当其冲担负起对外贸易运输门户的重担,先后制定《上海经济发展战略汇报提纲》《上海市城市总体规划方案》等相关政策,确定了上海港发展的指导思想、建设原则和建设目标。20世纪90年代,国家开始明确以浦东为龙头,带动长江流域经济起飞的国家战略,明确在21世纪初将上海建成国际经济、金融、贸易中心的发展目标。在我国对外开放的一类口岸达到235个,二类口岸达到350个,逐步形成了从沿海到沿江、从沿边到内陆,多层次、多渠道、全方位的新格局下,上海趁势加大港口和航运业的建设力度,打造中国进出口"桥头堡",使上海港的核心地位得以确立。迄今为止,大量外资的引进、产业布局的优化、港城综合能力的提升等都为上海国际航运中心发展奠定了坚实的基础。

其次,稳定长三角龙头地位,充分发挥区位优势。上海位于我国南北海岸线的中心,是长江入海的咽喉,前通中国南北沿海和世界大洋,后通长江流域和江浙皖内河、太湖流域。其地理空间上占有独特优势,即"背靠陆地、面向海洋、依临长江、内怀黄浦",其工业基础雄厚,商品经济发达,水陆交通方便,是经济综合能力最强的地区。上海港的经济腹地几乎囊括全国20%~30%的地区,全国有31个省份(包括台湾地区)都经由上海港装卸或换装出口货物。长三角地区发展迅猛,是我国经济发展速度最快、经济总量最大、最具发展潜力的经济板块之一。上海以其人才、资金、技术和产业政策等方面优势在长三角经济的发展过程中发挥了龙头引领作用。伴随长三角经济带的蓬勃发展,从内河大宗货物运输到集装箱化运输,上海港不断承接腹地货源,持续扩大港航服务业规模,随着经济腹地不断地扩大,上海港不仅为经济腹地转运进口的生产物资,也是经济腹地生产货物出口的重要口岸,逐渐形成进出口相辅相成的新局面。

最后,迎接集装箱化浪潮,推动产业结构性变革。40年前"平城乡"轮的首航拉开了上海港以集装箱运输为支柱产业发展和体制机制改革的大幕。20世纪80年代,上海港预见到国际贸易运输集装箱化的发展趋势,趁全球集装箱化的浪潮,实施了以发展集装箱运输为主的产业结构调整,如今其集装箱吞吐量已连续14年位居世界第一,这是敏锐捕捉到集装箱化运输大势的结果。近几十年来,上海市通过出台集装箱物流的产业扶持政策、政企联合,助力推动集装箱运输的发展,切实落实集装箱化运输相关基础设施的落地,大力开展集装箱多式联运业务,深化集装箱运输的管理与协调,加快构造集装箱产业一体化的新格局。同时,上港集团通过不断吸纳航运公司开拓新集装箱班轮航线,目前已成为中国集装箱航线最多、航班密度最高、覆盖面最广的港口集团,进一步助力上海港实现集装箱化发展。伴随集装箱运输需求的激增,上海港开始优化集装箱运输产业布局,加快运输业结构变革。新落成的港区也以发展集装箱运输为主,因而使得传统货物运输业的份额占比相对变低。同时,上海港还大力发展港口自动化,建成了全球最大的全自动化集装箱码头——洋山港四期码头,向更智慧高效、更绿色低碳的发展方向进军。如今,上海港各主要港区的集装箱运输业务定位清晰、分工明确,港口产业也向多元化发展,集装箱运输的相关业务不断完善,将集装箱运输业推向了新高潮。

三、香港国际航运中心

首先,地缘优势吸货流,设施升级抓机遇。香港地处中国与其他亚洲国家的要冲,是东南亚地区重要的货运中转点和邮轮航线集中地。凭此优势,香港港口产业自形成之日起,就以转口贸易为主。但随着上世纪 60 年代货柜在美国、地中海等海运繁忙地区的逐渐兴起,香港看到了货柜码头未来巨大的发展潜力,开始了为期十年的填海筑港的工程,大力建设葵涌货柜码头,以通过集装箱专业化设备的投入,大力地提升香港港口的作业效率。1978 年我国内地地区实行改革开放政策,其制造业迅速发展,香港港主要腹地的对外贸易量激增。由于同地区的内地港口规模小、服务水平低,因此大量的内地外贸货物经香港港口进出。此阶段以集装箱运输为主导的香港港进入高速发展阶段,香港港凭借其区位优势和集散内地的外贸货物,成为中国内地的门户港,也成为知名的中转型国际航运中心。此阶段,考虑到珠三角地区内河水运的集疏运作用,香港于 1991 年开始建设内河码头,为香港与珠三角间的货物集散提供专用场地,将其与公共货物装卸区分开,优化内河水运集疏运体系,提高集装箱货物流转效率,提升港口运营能力,香港港口集装箱货运量逐年攀升。

其次,服务营商环境好,管理模式有创新。香港自 1841 年即成为自由港,绝大多数商品进出口香港豁免关税,其外汇管制宽松,市场自由化,大量的国际资本选择香港作为交易地点,香港因此成为国际金融中心,拥有优越的商贸环境,为航运金融和航运保险等高附加值港航服务业提供了良好的营商环境。同时,为促进相关航运产业的发展,香港出台了一系列税收减免和其他鼓励措施。在香港的港口建设和服务业的新管理模式中,最为有名的是"触发点机制"和 1999 年的"船舶注册措施"。其中,"触发点机制"能确保港口运营商的投资具有稳定的回报,政府分担部分码头建设投资风险,从而极大地提高港口运营商的码头建设积极性,加快了香港港的建设速度。1999 年香港海事处采用船旗国品质管理系统和注册前品质管理评估,以更开放和更全面的方式执行船旗国的监督制度,得到了国际社会的广泛认可,由此香港成为世界第四大船舶注册地。更值得指出的是,香港凭借其良好的营商环境、透明的监管制度和高品质的服务,集聚了高附加值港航服务业的产业要素,促进了航运金融、航运保险、航运法律等相关产业的发展,加快了香港航运中心由货运型航运中心向服务型航运中心转型。

最后,明确自身优劣势,多种政策促港口转型。20 世纪 90 年代后期,受内地地区经济开放政策和自身工业发展资源不足的影响,香港工业内迁,香港港货运业务量下降。另外,香港港受困于其土地资源紧张、港口升级难度大、航运成本增大等因素,其中转港的优势被削弱。香港特区政府意识到由于运输成本、用地资源等因素,香港港难以与周围的港口争夺货源,但能依托国际金融中心及专业服务的优势,大力发展航运衍生服务,如:航运金融、航运保险、航运法律及航运教育。在此背景下,香港特区政府于 2016 年联合运输物流局、海运及港口发展委员会、推广及外务委员会成立香港海运港口局,加强政府与产业界合作,为港口及海运服务业制定长远发展方向和策略措施。香港特区政府于 2018 年宣布推行多项措施支持和提升高附加值海运服务的发展,包括以税务措施推动香港的船舶租赁业务发展,及在选定的政府驻海外经济贸易办事处和驻内地办事处及联络处设立海事处下辖香港船舶注册处区域支持团队等。此外,香港特区政府于 2021 年进一步推出高附加值的海运服务业的利好措施,鼓励发展高附加值海运商业服务,包括:船舶注册、融资及管理,海事保险,海事法律及仲裁等;香港还提高了税率优惠力度和扩大优惠范围以吸引航运业界人士在香港开展业务;进一步扩大香港船舶注册处在海外办事处的网络,海外办事处增至 7 个;以及发展智慧港口及绿色港口等新措施。截至 2023 年,虽然香港港口集装箱吞吐量跌至全球第 10 位,但根据新华·波罗的海数据显示,香港的航运中心城市综合实力仍稳居第 4 位。

四、伦敦国际航运中心

伦敦国际航运中心属于高端型港航服务中心,拥有涵盖"船务服务＋航运专业服务＋航运监管服务＋航运支持服务＋适量港口服务"的完备港航服务体系。以航运信息服务、船舶融资租赁、航运保险、航运法律和仲裁为主的伦敦港航服务业掌握着国际话语权和影响力。世界 20％的船舶管理机构常驻伦敦,全球

1750多家从事航运业务的公司和机构在伦敦设有办事处,伦敦国际航运中心承担了其全球50%的邮轮租船业务、40%的散货船业务,其船舶融资规模和航运保险总额分别占据世界的18%和20%。伦敦还拥有世界级的高素质海员队伍,形成了一套完善的"从海上到岸上"的海事服务产业体系。伦敦国际航运中心有两方面非常值得其他航运中心借鉴的发展经验。

一方面,紧抓发展先机,注重形成要素积累。随着大航海时代的开启,英国凭借其作为岛国的特殊地缘区位,逐渐取代了欧陆或地中海国家在世界贸易中的优势地位。到17世纪,英国依赖于其在全球范围内的控制力,开拓大量外生性货源。之后,随着伦敦、曼彻斯特、伯明翰和利物浦等新兴城市制造业的发展,伦敦开始积累内生性货源,推动了港城经济的发展,奠定了其国际航运中心建设成型的基础。第一次工业革命后的英国,纺织工业和采矿业成为主导产业;以伦敦为中心城市的英格兰中部大城市带崛起,为伦敦成为国际航运中心提供了可靠的腹地货运保障。伦敦成为全球国际商业和贸易中心、国际金融中心,带动了海运、金融、保险服务的发展,从而成为国际运输枢纽与欧洲的门户。这些因素共同奠定了伦敦在国际航运市场的核心地位。

另一方面,顺应时代发展,高效利用竞争优势。第二次世界大战后,英国的国际竞争力日益减弱,给伦敦国际航运中心的发展带来了负面的影响。但是,伦敦顺应时机,利用其在服务业上的比较优势,大力发展航运信息服务、航运金融服务和航运法律服务等。生产性服务业和消费性服务业的蓬勃兴起,使得伦敦继续保持着现代化国际航运中心城市的地位,在全球航运服务业的很多方面仍然处于垄断地位。伦敦之所以能保持这种垄断地位,主要归因于其在以下几个方面:一是努力掌握行业话语权,承担国际航运信息枢纽功能。伦敦是世界海运专业媒体最为集中的城市,国际航运业权威机构德鲁里航运咨询公司、国际航运信息权威机构克拉克松研究公司、国际海事权威机构劳埃德船级社、国际集装箱运输权威集装箱化国际资讯中心等均设在伦敦。出版的《劳氏航运经济学家》《国际集装箱化年鉴》,以及德鲁里和克拉克松发布的研究报告和国际航运数据成为指导全球航运交易与航运市场运行的理论基础;二是努力发展高端航运服务业,强化航运金融服务业。伦敦的港航服务业主要集中在高端航运服务上,如:金融服务、海上保险和航运咨询服务等。金融中心和航运中心相伴而生,因为航运中心发展离不开金融的支持。作为全球最大的外汇交易市场、场外金融衍生交易市场、国际保险市场和主要的再保险全球中心以及全球第二大期货与期权交易市场,伦敦依托其远超其他国际金融中心的国际商业银行数量,非常重视航运金融保险业的发展。规模化的航运高端服务业赋予伦敦国际航运中心极强的国际竞争力;三是努力建立海事法律体系,制定符合国际规则的法律。英国法广泛应用于全球航运领域,英国商业法庭和职业律师在航运业界享有很高的地位和声望。以海事仲裁制度的建立及其仲裁法的制定和修改为例,伦敦作为世界国际海事法律服务中心始终考虑如何吸引外国人到伦敦仲裁;同时,注意国际航运游戏规则的制定。伦敦完善的海事法律体系为其港航服务业的发展创造了优越的环境,从根本上保障了伦敦国际航运中心的地位和优势。

第二部分

分析篇——港航服务业机理

第四章
港航服务业业态发展机理解析

第一节　全球港航服务业的时空分布特征

2014 年,中国经济信息社联合波罗的海交易所首次向全球推出了"新华·波罗的海国际航运中心发展指数",从港口条件、航运服务和综合环境三个纬度对全球主要国际航运中心城市展开评价。新华·波罗的海国际航运中心发展指数旨在全面真实地衡量国际航运中心港口城市的综合实力,尤其是港航服务业的发展水平。新华·波罗的海国际航运中心发展指数可清晰地反映各港口城市在港航服务业中的位置及其优势与短板,对于港航服务业的发展决策、投资布局与政策制定等方面具有重要的参考意义。

由于领先的国际航运中心城市经过一段时间的发展,其航运资源集聚与配置能力开始逐步沉淀,或将进入一个相对稳定的阶段性格局,所以近年来全球国际航运中心排名变化不大。根据最新的 2022 年指数,我们选取前 20 大国际航运中心城市(表 4.1),以 2012 年和 2022 年为节点,分析其港航服务业的时空分布特征,从时间和空间两个维度归纳总结全球港航产业链上各类产业的特色与发展环境。

表 4.1　2022 全球前 20 大航运中心(新华·波罗的海国际航运中心发展指数排名)

排名	城市	得分	排名	城市	得分
1	新加坡	94.88	11	东京	65.96
2	伦敦	83.04	12	休斯顿	65.90
3	上海	82.79	13	广州	64.41
4	香港	79.15	14	安特卫普—布鲁日	64.26
5	迪拜	75.74	15	青岛	64.08
6	鹿特丹	73.85	16	釜山	63.61

排名	城市	得分	排名	城市	得分
7	汉堡	73.07	17	深圳	59.14
8	纽约—新泽西	72.58	18	哥本哈根	58.33
9	雅典—比雷埃夫斯	68.67	19	洛杉矶	57.81
10	宁波舟山	66.12	20	墨尔本	57.60

为确保数据的准确性和统一性,选取《劳氏名录》(Lloyd's List)统计的在港口城市本地设立二级公司及以上的企业作为衡量前20大国际航运中心港航服务业时空分布的依据。我们根据各航运中心相应的产业数量占该产业在排名前20的航运中心的总数量的比例把各产业划分为1~5级,以直观地分析港航业的时空分布情况。其中,1级代表处于世界前列、2级代表发展势态良好、3级代表处于中庸级别、4级代表较为一般、5级代表产业较少或者没有,处于欠发达状态。

一、基础服务业的时空分布特征

从地理空间上看,基础服务业的分布和制造业、开采业等密切相关,制造业大国和大宗货物生产大国的水上运输业覆盖密度高。伴随运输的集装箱化以及制造业国际转移,全球港航基础服务业的格局随之发生变化。分析波罗的海指数排名前20的国际航运中心的相关数据,可以明确水上运输业和港口服务业的时空分布特征,以及近些年来基础服务业的全球变化情况。

(一)水上运输业时空分布特征

2012年全球排名前20的国际航运中心拥有水上运输企业总数为1115家,涉及12个国家,20个城市,主要集聚在东亚和欧洲。其中,新加坡170家、上海151家和宁波舟山131家,分别占总量的15.24%、13.54%和11.74%(表4.2)。

2022年全球排名前20的国际航运中心拥有水上运输企业1115家,与2012年相同,但各航运中心的数量有所变化,上海增加到163家、宁波舟山增加到158家,而新加坡下降到156家,它们的占比分别为14.61%、14.17%、13.99%(表4.2)。在所选国际航运中心的水上运输业中,中国的增速最快,目前已成为水上运输业的主要分布地区。

表 4.2　2012 年和 2022 年全球前 20 大航运中心的水上运输企业数量排名和等级

排名	2012 年航运中心排名	2022 年航运中心排名
1	新加坡	上海
2	上海	宁波舟山
3	宁波舟山	新加坡
4	汉堡	汉堡
5	雅典—比雷埃夫斯	雅典—比雷埃夫斯
6	釜山	釜山
7	鹿特丹	鹿特丹
8	迪拜	迪拜
9	东京	青岛
10	青岛	广州
11	广州	东京
12	伦敦	伦敦
13	深圳	深圳
14	纽约新泽西	纽约新泽西
15	香港	香港
16	安特卫普	安特卫普
17	哥本哈根	哥本哈根
18	休斯敦	洛杉矶
19	洛杉矶	墨尔本
20	墨尔本	休斯敦

注:表格颜色由浅到深,分别表示该航运中心的等级为第 1、2、3、4、5 级。

　　海上贸易发展之初,欧洲各国的水上运输业一直处于世界前列,荷兰、英国和西班牙等一直扮演着重要角色。例如,伦敦国际航运中心以及鹿特丹国际航运中心在上个世纪一直位居世界前列。随着全球集装箱化运输的开启,处于全球航线中段的航运中心如新加坡、中国香港地区的地位日渐重要,成为重要的中转中心,集装箱中转量持续增加,逐渐位居世界前列。与此同时,在这些城市航运辅助服务业和衍生服务业得到极大的发展。后来,随着全球制造业的东移,中国成为全球制造业的中心,其海运货运需求高速增长,随之上海、深圳、宁波和青岛等城市的水上运输业迅猛增长。

可以看出,水上运输业的布局受全球贸易的影响,逐渐从欧美转向东亚。随着东亚地区工业经济发展,出口量增大,海运需求量上升,港口投资与建设力度增加,东亚各国的国际海运业发展势头旺,东亚地区航运相关产业得以高速发展,因此东亚地区水上运输业分布相对密集。

(二)港口服务业的时空分布特征

港口服务业与水上运输业相辅相成,良好的港口服务业往往会成就水上运输业的良性发展。如表4.3所示,2012年,全球排名前20的国际航运中心的港口服务业共有193家,主要分布在洛杉矶(43家)、深圳(21家)、上海(19家),分别占比22.27%、10.88%、9.84%。中国是港口服务业的主要聚集区,占比为33.67%;其次是北美地区,占比为31.08%。

如表4.3所示,到2022年前20的国际航运中心的港口服务业增加到212家,相较2011年增加了19家,仍然主要分布在洛杉矶(37家)、上海(36家)、宁波舟山(24家),占比分别为17.45%、16.98%、11.32%,宁波舟山超过深圳位居第三。此时,中国是港口服务业的主要聚集区,占比为45.28%;其次是北美,占比为31.08%。

表4.3 2012年和2022年前20大航运中心的港口服务企业数量排名和等级

排名	2012年航运中心排名	2022年航运中心排名
1	洛杉矶	洛杉矶
2	深圳	上海
3	上海	宁波舟山
4	新加坡	深圳
5	休斯敦	新加坡
6	香港	香港
7	鹿特丹	鹿特丹
8	宁波舟山	伦敦
9	迪拜	迪拜
10	伦敦	休斯敦
11	雅典—比雷埃夫斯	雅典—比雷埃夫斯
12	汉堡	汉堡
13	哥本哈根	哥本哈根

排名	2012 年航运中心排名	2022 年航运中心排名
14	安特卫普	安特卫普
15	纽约新泽西	东京
16	东京	釜山
17	釜山	青岛
18	青岛	墨尔本
19	墨尔本	纽约新泽西
20	广州	广州

注:表格颜色由浅到深,分别表示该航运中心的等级为第 1、2、3、4、5 级。

从两个年份的数据可以看出,虽然中国的港口服务企业数量增加较快,但总数还是少于排名第一的洛杉矶国际航运中心。宁波舟山的增长尤为迅速,因为宁波舟山地区码头区域多,各码头区域的区位不同,专业化程度不同,因此近年来随着运量的增加和区位优势的改善,宁波走出的港口服务企业数量增长得较快。

二、辅助服务业的时空分布特征

(一)多式联运和代理服务业时空分布特征

多式联运和代理服务可分为物流多式联运服务、货运代理、船舶代理,物流多式联运一般涉及堆存、集装箱拆拼箱、仓储、保税、中转等。随着世界航运业的蓬勃发展,多式联运和代理服务随之诞生,为港口业和航运业提供持续的服务。如表 4.4 所示,2012 年排名前 20 的国际航运中心共有多式联运和代理服务企业 1099 家,主要分布在新加坡(127 家)、上海(120 家)、宁波舟山(87 家),占比分别为 11.55%、10.91%、8.46%。其中,欧洲是主要的聚集区,占比达到 32.48%;其次才是中国,占比为 29.57%。

表 4.4　2012 年和 2022 年全球前 20 大航运中心的多式联运和代理服务企业数量排名和等级

排名	2012 年航运中心排名	2022 年航运中心排名
1	新加坡	上海
2	上海	宁波舟山

排名	2012 年航运中心排名	2022 年航运中心排名
3	宁波舟山	釜山
4	釜山	安特卫普
5	迪拜	迪拜
6	安特卫普	雅典—比雷埃夫斯
7	雅典—比雷埃夫斯	新加坡
8	香港	鹿特丹
9	汉堡	香港
10	鹿特丹	汉堡
11	伦敦	伦敦
12	哥本哈根	哥本哈根
13	东京	墨尔本
14	休斯敦	东京
15	墨尔本	青岛
16	青岛	深圳
17	洛杉矶	洛杉矶
18	广州	休斯敦
19	深圳	广州
20	纽约新泽西	纽约新泽西

注:表格颜色由浅到深,分别表示该航运中心的等级为第 1、2、3、4、5 级。

到 2022 年,各国际航运中心的多式联运和代理服务企业数量下降到 1043 家,比 2012 年减少了 5.09%。由表 4.4 可以看到,此时上海有 162 家、宁波舟山有 108 家、釜山有 92 家,占比分别为 15.53%、10.35%、8.82%,欧洲仍是主要聚集区(占比 68.07%),其次是中国(占比 34.89%)。与 2012 年相比,2022 年新加坡的多式联运和代理服务企业数量排名从第一下降到第七。

纵观所有 20 个航运中心,上海多式联运和代理服务业最发达,因为中国国际货运需求激增,而上海作为长江经济带的出海口,区位优势得天独厚,其内河运输和海上运输都非常发达。欧洲有多座历史悠久的航运中心,例如鹿特丹、汉堡等,经过数十年甚至上百年的经验积累,它们的多式联运和代理服务业非常稳定,因此位于各航运中心的企业数量相差不大。新加坡作为世界前列的集装箱中转港,航运物流业需求旺盛,催生了一批多式联运和代理服务企业。

（二）船舶供应业时空分布特征

船舶供应服务包括船用燃料加注、海图供应、伙食供应、配件供应、船舶保洁服务、船舶安全服务、航运废弃物接收与处置。船舶供应企业与水上运输业息息相关，保证船员的物资供应以及船舶航行中的相关事务等。

如表4.5所示，2012年，排名前20的国际航运中心共有船舶供应企业1201家，其中新加坡333家、上海212家、雅典—比雷埃夫斯107家，占比分别为27.72％、17.65％、8.9％。新加坡是船舶供应服务业的主要聚集区，占比达到27.72％。

到2022年，这些国际航运中心共有1067家船舶供应企业，其中上海237家、新加坡207家、雅典—比雷埃夫斯103家，分别占比22.21％、19.4％和9.65％，比2012年减少了11.15％。2022年，上海的船舶供应企业超过新加坡，跃居第一，中国成为主要聚集区，占比达到34.02％，其次是欧洲，占比为28.2％。

表4.5 2012年和2022年全球前20大航运中心的船舶供应企业数量排名和等级

排名	2012年航运中心排名	2022年航运中心排名
1	新加坡	上海
2	上海	新加坡
3	雅典—比雷埃夫斯	雅典—比雷埃夫斯
4	香港	香港
5	迪拜	伦敦
6	东京	迪拜
7	汉堡	东京
8	伦敦	鹿特丹
9	鹿特丹	汉堡
10	休斯敦	宁波舟山
11	宁波舟山	釜山
12	釜山	安特卫普
13	安特卫普	休斯敦
14	哥本哈根	洛杉矶
15	洛杉矶	哥本哈根
16	纽约新泽西	纽约新泽西

排名	2012 年航运中心排名	2022 年航运中心排名
17	墨尔本	墨尔本
18	广州	广州
19	青岛	青岛
20	深圳	深圳

注：表格颜色由浅到深，分别表示该航运中心的等级为第 1、2、3、4、5 级。

船舶供应企业在这两个年份中呈现下降趋势，尤其是在新加坡以及部分欧洲地区，其中新加坡减少了 37.83%，欧洲地区减少了 4.45%，可能与新冠疫情和产业转移有关。相比之下，中国的上海、宁波舟山以及香港的船舶供应企业数量都有所提升。可以说船舶供应正在逐渐向东亚转移，与水上运输业的空间格局变化有关，也就是说东亚的水上运输业的增加促进了船舶数量的增加，随之船舶供应企业得以发展。

（三）船舶维修业时空分布特征

如表 4.6 所示，2012 年前 20 的国际航运中心中共有船舶维修企业 918 家，其中在新加坡 252 家、上海 122 家、汉堡 71 家，占比分别为 27.45%、13.28%、7.73%。新加坡是船舶维修业的主要聚集区，其次是中国。到 2022 年，这些航运中心中拥有的船舶维修企业减少到 748 家，下降了 18.51%。其中，上海 136 家、新加坡 116 家、迪拜 56 家，占比分别为 18.18%、15.5%、7.48%。如表 4.6 所示，上海超过新加坡位居世界第一，迪拜超过汉堡位居第三。中国已经成为产业的主要聚集区，占比增加到 33.95%；其次是欧洲，占 23.26%。

表 4.6　2012 年和 2022 年全球前 20 大航运中心的船舶维修企业数量排名和等级

排名	2012 年航运中心排名	2022 年航运中心排名
1	新加坡	上海
2	上海	新加坡
3	汉堡	迪拜
4	迪拜	香港
5	香港	汉堡
6	东京	洛杉矶
7	釜山	鹿特丹

续表

排名	2012 年航运中心排名	2022 年航运中心排名
8	洛杉矶	东京
9	鹿特丹	釜山
10	安特卫普	广州
11	广州	安特卫普
12	伦敦	伦敦
13	宁波舟山	宁波舟山
14	哥本哈根	纽约新泽西
15	纽约新泽西	雅典—比雷埃夫斯
16	休斯敦	哥本哈根
17	雅典—比雷埃夫斯	墨尔本
18	墨尔本	休斯敦
19	深圳	深圳
20	青岛	青岛

注:表格颜色由浅到深,分别表示该航运中心的等级为第 1、2、3、4、5 级。

可以看出,新加坡和欧洲地区的船舶维修业呈现下降趋势,这可能与新冠疫情和产业转移有关。发展船舶维修业需依托水上运输业,由于中国在近些年来水上货运需求激增,船舶业和港口业相应高速发展,因此相关设备维修需求增加,船舶维修企业随之发展壮大。

(四)船舶检验业时空分布特征

船舶检验企业指建立和维护船舶和离岸设施的建造和操作的相关技术标准等船舶检验及定级业务的企业,主体包括船级社、船舶检验公司等。

如表 4.7 所示,2012 年,全球船舶检验服务企业机构总数为 143 家,主要分布在雅典—比雷埃夫斯和上海,二者分别占比 10.49% 和 9.80%。雅典—比雷埃夫斯和上海在船舶检验业中具备较高的地位,也是极具代表性的船舶建造和船舶检验中心,在全球船舶检验业中占据近 21% 的市场份额。其次,是新加坡以 13 家位居第 3。2012 年,亚洲是全球船舶检验业的主要聚集区。整体来看,船舶检验行业布局分散。

2022 年,全球船舶检验服务机构数增至 151 家。如表 4.7 所示,相比 2012 年,各航运中心的船舶检验业规模变化较大,第四层级航运中心拥有的船舶检验企业数量有所增加。例如,宁波舟山的机构数量增加100%,排名由第9位上升至第2位。船舶检验业的企业布局趋于集中,上海拥有22家,成为新的中心,并处于断层领先的状态,而2012年时排名第3位的新加坡下滑至第11位。整体而言,船舶检验业正逐渐向中国转移,上海和宁波舟山成为新的船舶检验企业聚集地,这可能是因为我国的港口货运量和航线繁忙度日益增长、船舶检验需求持续增加的缘故。

表4.7 2012年和2022年全球前20大航运中心的船舶检验企业数量排名和等级

排名	2012年航运中心排名	2022年航运中心排名
1	雅典—比雷埃夫斯	上海
2	上海	宁波舟山
3	新加坡	伦敦
4	迪拜	迪拜
4	香港	雅典—比雷埃夫斯
6	釜山	香港
7	鹿特丹	釜山
8	汉堡	鹿特丹
9	宁波舟山	汉堡
10	安特卫普	新加坡
10	广州	广州
10	纽约新泽西	安特卫普
10	休斯敦	哥本哈根
14	青岛	纽约新泽西
14	伦敦	青岛
16	哥本哈根	休斯敦
16	洛杉矶	洛杉矶
18	墨尔本	墨尔本
19	东京	东京
20	深圳	深圳

注:表格颜色由浅到深,分别表示该航运中心的等级为第1、2、3、4、5级。

（五）船舶管理业的时空分布特征

2012 年全球船舶管理行业的企业机构总数为 1265 家。如表 4.8 所示,其中新加坡 302 家,是当时船舶管理企业最集中的地区,位居全球第一。与新加坡同属于第五层级的雅典—比雷埃夫斯有 210 家,位居第 2 位。另外,汉堡 128 家和东京 126 家分别位居第 3 位和第 4 位。可以看出船舶管理业的空间布局呈现出聚集特征,主要聚集在欧洲和东南亚。前 5 位航运中心占据近 67% 的市场份额,新加坡是亚洲乃至全球的船舶管理中心,企业数目位居世界第一。东亚地区已经成为船舶管理集聚区,这与此地区航运业繁荣有关。

表 4.8　2012 年和 2022 年全球前 20 大航运中心的船舶管理企业数量排名和等级

排名	2012 年航运中心排名	2022 年航运中心排名
1	新加坡	新加坡
2	雅典—比雷埃夫斯	上海
3	汉堡	雅典—比雷埃夫斯
4	东京	东京
5	香港	汉堡
6	迪拜	伦敦
7	伦敦	香港
8	上海	迪拜
9	鹿特丹	鹿特丹
10	宁波舟山	宁波舟山
11	安特卫普	安特卫普
12	休斯敦	哥本哈根
13	哥本哈根	洛杉矶
14	青岛	纽约新泽西
15	纽约新泽西	墨尔本
16	洛杉矶	青岛
17	墨尔本	广州
18	广州	釜山
19	釜山	休斯敦
20	深圳	深圳

注:表格颜色由浅到深,分别表示该航运中心的等级为第 1、2、3、4、5 级。

到 2022 年,全球船舶管理行业的企业机构总数减少到 1146 家。与 2012 年相比,数量没有较大改变,但空间分布更均匀,地区间船舶管理企业数量差距减少。如表 4.8 所示,2022 年尽管新加坡以 199 家,继续位居第 1 位,但企业数量和市场份额均有大幅下降。上海拥有 199 家,企业数量增加了近 200%,排名从第 8 位上升至与新加坡并列的第 1 位。雅典—比雷埃夫斯下降到 179 家,尽管排名变化不大,但企业数量下降了近 15%。与 2012 年相比,2022 年船舶管理行业的企业布局趋于分散,东亚地区一家独大的局面正被改变,但前 5 名依然占据近 67% 的市场份额,上海港经过十年的发展,成为与新加坡并驾齐驱的船舶管理行业中心。新加坡、雅典—比雷埃夫斯等欧洲老牌航运中心的船舶管理业企业数量下降,一方面是因为航运业基础产业的转移,另一方面来自新冠疫情的冲击。总的来说,2022 年,船舶管理业的空间布局呈现出部分地区聚集的特征,即东亚地区呈现向上海转移的趋势。在全球层面上,新加坡领跑的局面发生变化,第五层级内的航运中心城市船舶管理业规模差距减小,各层级间的数量差距也在减小。

(六)船舶注册登记业的时空分布特征

2012 年全球船舶注册登记行业的总数为 49 家。如表 4.9 所示,其中伦敦和雅典—比雷埃夫斯都拥有 8 家,是当时船舶注册登记企业最集中的城市。纽约新泽西拥有 7 家,位居第 3 位,香港拥有 5 家和新加坡拥有 4 家,分别位居第 4 位和第 5 位。2012 年船舶注册登记业主要集中于航运发展历史悠久的欧美地区,东亚地区的船舶注册登记业规模远小于欧洲地区。

到 2022 年,全球船舶注册登记行业的机构总数减少到 45 家,该阶段它们分布在近 50 个国家里,空间分布趋于集中。如表 4.9 所示,2022 年伦敦拥有 8 家,继续稳居第 1 位,纽约新泽西和并列第 2 位,都拥有 7 家。与 2012 年相比,2022 年船舶注册登记行业的空间布局变化不大,呈现出向欧美航运中心进一步集中的趋势,而我国香港地区和新加坡依然是东亚地区重要的船舶注册登记业中心。

表 4.9　2012 年和 2022 年全球前 20 大航运中心的船舶注册企业数量排名和等级

排名	2012 年航运中心排名	2022 年航运中心排名
1	伦敦	伦敦
2	雅典—比雷埃夫斯	纽约新泽西
3	纽约新泽西	雅典—比雷埃夫斯

排名	2012年航运中心排名	2022年航运中心排名
4	香港	香港
5	新加坡	鹿特丹
6	迪拜	新加坡
7	鹿特丹	哥本哈根
8	哥本哈根	迪拜
9	东京	东京
10	汉堡	汉堡
11	安特卫普	安特卫普
12	釜山	休斯敦
13	洛杉矶	釜山
14	休斯敦	洛杉矶
15	上海	上海
16	青岛	深圳
17	广州	青岛
18	墨尔本	广州
19	宁波舟山	墨尔本
20	深圳	宁波舟山

注:表格颜色由浅到深,分别表示该航运中心的等级为第1、2、3、4、5级。

(七)航运经纪业的时空分布特征

2012年全球航运经纪行业的企业机构总数为124家。如表4.10所示,汉堡有25家和上海有22家,它们成为2012年全球航运经纪企业分布最集中的城市。同样位于最高层级的还有伦敦和新加坡。2012年,航运经纪业在全球空间布局较为均匀,各层级的航运中心数目差距不大,层级内各航运中心城市差距不大。但是,前五位占据了近66.7%的市场份额,各层级间的企业运营数目差距较大。航运经纪主要有四个集中区域,欧洲和亚洲各拥有两个。汉堡和伦敦是以服务业为支柱产业的城市,其航运经纪业势态良好。上海和新加坡凭借其区域性金融中心和航运中心的优势,也大力发展航运经纪业。

表 4.10　2012 年和 2022 年全球前 20 大航运中心的航运经纪企业数量排名和等级

排名	2012 年航运中心排名	2022 年航运中心排名
1	汉堡	上海
2	上海	伦敦
3	伦敦	汉堡
4	新加坡	新加坡
5	雅典—比雷埃夫斯	雅典—比雷埃夫斯
6	迪拜	香港
7	香港	宁波舟山
8	休斯敦	哥本哈根
9	哥本哈根	休斯敦
10	鹿特丹	纽约新泽西
11	宁波舟山	鹿特丹
12	纽约新泽西	安特卫普
13	安特卫普	东京
14	东京	墨尔本
15	墨尔本	迪拜
16	釜山	深圳
17	青岛	青岛
18	广州	广州
19	洛杉矶	釜山
20	深圳	洛杉矶

注:表格颜色由浅到深,分别表示该航运中心的等级为第1、2、3、4、5级。

2022 年全球航运经纪行业的企业机构总数为 134 家。相较于 2012 年,整体数量没有较大改变,但空间分布趋于集中。如表 4.10 所示,相比 2012 年,2022 年上海 36 家、伦敦 30 家和汉堡 19 家仍处于最高层级,但伦敦和汉堡拥有的航运经纪企业数量下降,产业规模缩小。排名前 5 的航运中心中,仅上海的航运经纪行业规模扩大,并由第 2 位上升至第 1 位。2022 年,大多航运中心的企业数量下降,航运经纪企业向上海转移,上海航运经纪强港城市身份正在增强,产业聚集程度增加。从空间布局上看,全球航运经纪的中心正在逐渐由欧洲向东亚转移。

（八）码头建设业的时空分布特征

2012 年全球前 20 大航运中心城市的码头建设行业的企业机构总数为 119 家,如表 4.11 所示。其中,新加坡有 15 家,上海有 14 家,是当时全球码头建设企业分布最集中的航运中心城市。宁波舟山和汉堡都拥有 12 家,位于第 4 位。这些码头建设业多位于货运量较大的港口城市,如新加坡,以及积极建设中的港口城市,如上海和宁波舟山。总体上,2012 年码头建设业在这些航运中心的布局较为均匀,前 4 位仅占据总量的 44%,各层级间的企业运营数目差距较小。但是,强服务业型航运中心,如伦敦、香港等,因为以服务业为其优势产业,对码头建设的需求较新兴港口城市较小,因此拥有的企业数量较少,规模较小。

表 4.11 2012 年和 2022 年全球前 20 大航运中心的码头建设企业数量排名和等级

排名	2012 年航运中心排名	2022 年航运中心排名
1	新加坡	宁波舟山
2	上海	上海
3	汉堡	洛杉矶
4	宁波舟山	汉堡
5	洛杉矶	鹿特丹
6	迪拜	新加坡
7	东京	釜山
8	釜山	东京
9	鹿特丹	墨尔本
10	伦敦	迪拜
11	墨尔本	纽约新泽西
12	纽约新泽西	雅典—比雷埃夫斯
13	雅典—比雷埃夫斯	香港
14	香港	休斯敦
15	休斯敦	伦敦
16	安特卫普	青岛
17	哥本哈根	广州
18	青岛	安特卫普
19	广州	哥本哈根
20	深圳	深圳

注:表格颜色由浅到深,分别表示该航运中心的等级为第 1、2、3、4、5 级。

2022年全球前20大航运中心城市的码头建设行业的企业机构总数为113家。相较于2012年,整体数量变化不大,空间分布变化也较小。如表4.11所示,相比2012年,2022年宁波舟山拥有19家、上海拥有18家,各自都有所增加,两个航运中心城市处于最高层级,产业规模扩大。洛杉矶拥有10家,数量也处于上升阶段,其排名由第5位上升至第3位。汉堡和新加坡的排名均下滑。各层级的航运中心数量变化较小,说明航运中心的码头建设产业的结构没有大的变化。从空间布局上看,码头建设的中心仍位于东亚,但从国家层面上看,中国取代新加坡成为码头建设第一大国。这是因为作为贸易大国,中国的港口码头硬件及其他建设工程较多,如宁波舟山作为新兴航运中心,其码头建设业发展势头足,业态良好,呈现出领跑的趋势。

(九)船员劳务业时空分布特征

2012年,全球前20大航运中心城市共有64家船员劳务服务企业,如表4.12所示。其中,鹿特丹(15家)、宁波舟山(12家)处于第一层级,分别占据17.24%和13.79%的市场份额。洛杉矶(8家)和休斯敦(7家)处在第二层级。另外,有8个国际航运中心处于第五层级。

表4.12　2012年和2022年全球前20大航运中心的船员劳务企业数量排名和等级

排名	2012年航运中心排名	2022年航运中心排名
1	鹿特丹	宁波舟山
2	宁波舟山	鹿特丹
3	洛杉矶	洛杉矶
4	休斯敦	迪拜
5	新加坡	哥本哈根
6	迪拜	安特卫普
7	哥本哈根	上海
8	安特卫普	新加坡
9	上海	休斯敦
10	雅典—比雷埃夫斯	雅典—比雷埃夫斯
11	广州	广州
12	墨尔本	墨尔本
13	东京	东京

排名	2012 年航运中心排名	2022 年航运中心排名
14	釜山	釜山
15	青岛	青岛
16	汉堡	汉堡
17	伦敦	伦敦
18	纽约新泽西	纽约新泽西
19	深圳	深圳
20	香港	香港

注:表格颜色由浅到深,分别表示该航运中心的等级为第 1、2、3、4、5 级。

2022 年,船员劳务服务企业减少到 62 家。如表 4.12 所示,相比 2012 年,2022 年,洛杉矶(10 家)由第二层级升至第一层级。宁波舟山(16 家)和鹿特丹(15 家)仍位于第一层级。第一层级的城市占据 47.62% 的市场份额,第五层级的城市仍有 8 个。整体而言,各航运中心的船员劳务产业发展较为缓慢,船员劳务产业主要分布在前几大航运中心城市。

三、衍生服务业的时空分布特征

(一)航运金融服务业时空分布特征

2012 年,全球前 20 大国际航运中心共拥有航运金融企业 154 家,如表 4.13 所示。2012 年,全球航运金融服务企业主要分布在伦敦(28 家)和纽约新泽西(25 家)。位于第二层级的航运中心城市有新加坡(15 家)、汉堡(15 家)和雅典—比雷埃夫斯(15 家)。航运金融产业主要集中分布在这五大航运中心城市,它们的市场份额达到 63.6%。整体上航运金融服务产业布局分散,相对集中于欧洲、东南亚及北美地区。

表 4.13 2012 年和 2022 年全球前 20 大航运中心的航运金融服务企业数量排名和等级

排名	2012 年航运中心排名	2022 年航运中心排名
1	伦敦	纽约新泽西
2	纽约新泽西	上海
3	新加坡	伦敦
4	汉堡	雅典—比雷埃夫斯

排名	2012 年航运中心排名	2022 年航运中心排名
5	雅典—比雷埃夫斯	新加坡
6	上海	宁波舟山
7	东京	汉堡
8	哥本哈根	东京
9	鹿特丹	哥本哈根
10	迪拜	鹿特丹
11	宁波舟山	东京
12	休斯敦	伦敦
13	洛杉矶	深圳
14	墨尔本	纽约新泽西
15	安特卫普	香港
16	釜山	安特卫普
17	青岛	哥本哈根
18	广州	洛杉矶
19	深圳	墨尔本
20	迪拜	休斯敦

注:表格颜色由浅到深,分别表示该航运中心的等级为第 1、2、3、4、5 级

2022 年,航运金融服务机构数增至 156 家,与 2012 年相比小幅增加,如表 4.13 所示。相比 2012 年,各航运中心 2022 年的航运金融产业规模变化较大,但第四层级的航运中心数量由 8 个降至 4 个,而第三层级的航运中心数量由 2 个增至 6 个。随着上海国际金融的不断发展,上海上升到第一层级的航运金融中心。宁波舟山和香港跃升为第三级航运金融中心。整体上,由于中国逐步发展的航运市场以及逐步开放的金融市场准入,航运金融产业正逐渐向中国转移。

(二)航运保险业时空分布特征

2012 年,全球前 20 大国际航运中心的航运保险服务行业的企业机构总数为 192 家,如表 4.14 所示。作为航运保险的发源地,伦敦(61 家)是位于第一层级的航运保险中心,是航运保险企业分布最集中的城市,总占比达到 31.77%。位于第二层级的香港(19 家)和上海(19 家)也是具有代表性的全球航运保险中心,另外 8 个位于第五层级。整体来看,航运保险服务业主要集中于欧洲和亚洲

的国际航运中心。

2022 年,全球前 20 大国际航运中心的航运保险服务企业增至 202 家,如表 4.14 所示。相比 2012 年,整体数量变化不大,但在空间上分布更为均匀,地区间船舶保险企业数量差距减少。2022 年,随着上海国际航运中心地位的上升,其航运保险业的市场需求和获得的业务增加,上海的航运保险业升至第一层级,排名由第 3 名升至第 2 名,市场份额增至 21.78%。迪拜航运保险业由第三级升至第二级,而宁波舟山由第 16 名升至第 11 名。与 2012 年相比,2022 年,航运保险行业产业布局变化较小,仍主要集中在欧洲和亚洲。另外,排名前 5 的国际航运中心的市场份额总和仍高达 69.8%。

表 4.14 2012 年和 2022 年全球前 20 大航运中心的航运保险服务企业数量排名和等级

排名	2012 年航运中心排名	2022 年航运中心排名
1	伦敦	伦敦
2	香港	上海
3	上海	香港
4	雅典—比雷埃夫斯	雅典—比雷埃夫斯
5	新加坡	迪拜
6	迪拜	纽约新泽西
7	纽约新泽西	鹿特丹
8	东京	东京
9	鹿特丹	新加坡
10	安特卫普	安特卫普
11	汉堡	宁波舟山
12	休斯敦	墨尔本
13	墨尔本	汉堡
14	广州	广州
15	洛杉矶	哥本哈根
16	宁波舟山	洛杉矶
17	哥本哈根	休斯敦
18	釜山	釜山
19	青岛	青岛
20	深圳	深圳

注:表格颜色由浅到深,分别表示该航运中心的等级为第 1、2、3、4、5 级。

(三)航运信息业时空分布特征

2012 年,全球前 20 大国际航运中心的航运信息产业企业数达 1733 家,如表 4.15 所示。其中,新加坡(416 家)航运信息业位于第一层级,市场份额高达 24%,雅典—比雷埃夫斯和上海航运保险业位于第二级,市场份额分别为 15.98% 和 11.89%。处于第四层次的航运中心数量最多,为 8 个。整体来看,航运信息产业空间分布较为分散,主要分布在亚洲和欧洲。

2022 年,全球前 20 大国际航运中心的航运信息产业的企业数跌至 1510 家,如表 4.15 所示。相比 2012 年,第一层级航运信息服务中心的数量由新加坡 1 家增加至 3 家,他们分别是上海(271 家)、雅典—比雷埃夫斯(249 家)和新加坡(241 家)。由于市场竞争以及企业兼并和收购,新加坡由第 1 名跌至第 3 名,同时航运信息产业的企业数大幅减少。另外,第三层级的航运中心城市数量由 4 个增至 7 个。整体而言,航运信息产业蓬勃发展,企业分布更加均匀。

表 4.15　2012 年和 2022 年全球前 20 大航运中心的航运信息服务企业数量排名和等级

排名	2012 年航运中心排名	2022 年航运中心排名
1	新加坡	上海
2	雅典—比雷埃夫斯	雅典—比雷埃夫斯
3	上海	新加坡
4	汉堡	汉堡
5	伦敦	伦敦
6	迪拜	迪拜
7	安特卫普	安特卫普
8	东京	哥本哈根
9	哥本哈根	洛杉矶
10	纽约新泽西	纽约新泽西
11	香港	香港
12	休斯敦	休斯敦
13	釜山	东京
14	洛杉矶	釜山
15	青岛	广州
16	广州	青岛

续表

排名	2012 年航运中心排名	2022 年航运中心排名
17	宁波舟山	墨尔本
18	墨尔本	宁波舟山
19	深圳	深圳
20	鹿特丹	鹿特丹

注：表格颜色由浅到深，分别表示该航运中心的等级为第 1、2、3、4、5 级。

（四）航运培训与教育业时空分布特征

2012 年，全球前 20 大国际航运中心的航运教育与培训机构达 120 家。如表 4.16 所示，伦敦（30 家）航运教育与培训数量位居全球第一，占 25% 的市场份额。香港（12 家）、鹿特丹（11 家）、上海（10 家）处于第二层级。前四大航运中心的航运教育与培训的市场份额达到 52.5%。整体而言，此时航运教育与培训产业分布较为分散，第三层级的航运中心有 4 个，第四层级的航运中心有 5 个，第五层级的航运中心有 7 个。

2022 年，全球前 20 大国际航运中心的航运教育与培训机构数为 118 家，基本保持不变。如表 4.16 所示，相比 2012 年，一级航运培训与教育服务中心仍只有伦敦（29 家）一个。第二层级航运培训与教育服务中心分别为香港（12 家）、上海（12 家）、鹿特丹（11 家）和雅典—比雷埃夫斯（9 家）。同时，航运培训与教育服务中心水平差异化进一步减小，五级航运培训与教育中心由 7 个降至 3 个。

表 4.16　2012 年和 2022 年全球前 20 大航运中心的航运教育与培训企业数量排名和等级

排名	2012 年航运中心排名	2022 年航运中心排名
1	伦敦	伦敦
2	香港	香港
3	鹿特丹	上海
4	上海	鹿特丹
5	雅典—比雷埃夫斯	雅典—比雷埃夫斯
6	新加坡	安特卫普
7	安特卫普	哥本哈根
8	洛杉矶	洛杉矶
9	哥本哈根	纽约新泽西

排名	2012 年航运中心排名	2022 年航运中心排名
10	纽约新泽西	休斯敦
11	休斯敦	新加坡
12	釜山	釜山
13	广州	广州
14	东京	迪拜
15	青岛	东京
16	汉堡	汉堡
17	宁波舟山	宁波舟山
18	迪拜	青岛
19	墨尔本	墨尔本
20	深圳	深圳

注:表格颜色由浅到深,分别表示该航运中心的等级为第 1、2、3、4、5 级。

第二节　港航服务业业种发展影响因素分析

为确定港航服务业产业布局的影响因素及其权重,实施专家问卷调查,针对获取的数据,运用 Amos 软件进行验证性因子分析。具体的影响要素确定、专家问卷调查与影响要素权重如下所述。

一、影响因素预选

陈跃刚等[1]在研究上海北外滩航运服务集聚区企业空间分布研究时,提出历史因素、政府规划及政策支持、品牌效应、基础设施等会影响产业的发展;叶士琳等[2]在港航服务业进展研究中,提出市场因素如业务联系、管理与政策因素、

---

① 陈跃刚,郭龙飞,吴艳.上海北外滩航运服务集聚区企业空间分布研究[J].城市发展研究,2016,23(06):137-141.

② 叶士琳,曹有挥.地理学视角下的港航服务业研究进展[J].经济地理,2018,38(11):150-157.DOI:10.15957/j.cnki.jjdl.2018.11.017.

历史文化因素会影响产业的发展；杨忠振等[①]在研究港口搬迁对港口关联产业选址的影响时，提出交通可达性、相关企业集聚度、服务设施丰富程度会影响产业发展；Sakaia 等[②]在研究区域内和区域间航运的物流设施的空间分布、位置选择因素时提出可达性、土地特征、城市分区等会影响产业的发展；Jiang 等[③]在研究港口体系转型的空间格局及影响因素——基于长江三角洲实证分析时，提出腹地经济水平如城市生产总值、腹地经济行为如固定资产投资和进出口总额、现代新兴因素如金融相关率和信息化水平、外部环境因素包括全球化指数和服务化指数等会影响产业的发展。王瑞[④]等在研究宁波市物流企业空间格局演化及影响因素时，提出区位通达度、政府政策、集聚要素会影响产业的发展。

　　在上述研究的基础上，综合考虑数据的可获取性、可量化性以及代表性，预选表 4.17 所示的 16 个指标作为港航服务业细分产业发展的影响因素。

表 4.17　产业发展影响因素

序号	影响因素	描述
1	城市国际贸易额	城市进出口总额
2	城市知名度	城市全球排名
3	制造业集聚程度	城市拥有全球制造业 500 强企业数
4	金融业集聚程度	城市拥有全球金融业 500 强企业数
5	在全球供应链中的地位	城市重点产业的地位
6	商品交易市场建设	大宗商品交易市场规模
7	社会融资规模	城市社会融资规模增量和融资机构担保公司数量
8	财税政策	平均税率和财政补贴
9	产业发展导向	重点产业类型与发展目标
10	全球治理指数	政府综合治理的质量水平

---

　　① 杨忠振，蒋永雷.港口搬迁对港口关联产业选址的影响[J].上海海事大学学报，2009,30(03)：35-39.

　　② Sakai T，Beziat A，Heitz A. Location factors for logistics facilities：Location choice modeling considering activity categories[J]. Post-Print，2020.

　　③ Jiang Z，Lei L，Zhang J. Spatio-temporal evolution and location factors of port and shipping service enterprises：A case study of the Yangtze River Delta[J]. Journal of Transport Geography，2023，106：103515.

　　④ 王瑞，蒋天颖，王帅.宁波市港口物流企业空间格局及区位选择[J].地理科学,2018,38(05)：691-698.

序号	影响因素	描述
11	商业法律体系	商业运作的规则和解决纠纷的程序
12	运输可达性	海运到全球贸易板块的便利性
13	劳动力质量	高等教育人口占比
14	综合交通规模	机场、港口、公铁枢纽的客货吞吐量
15	城市交通设施	轨道交通、道路网的密度
16	产业的历史积淀	港航服务业发展历史积淀的惯性作用及其带来的路径依赖

二、影响因素确定

基于预选的各港航服务业的各细分产业发展的影响因素,以港航服务业相关从业人员、专家学者为调查对象,发放调查问卷(表 4.18),针对各细分港航服务产业,确定最终的影响因素。调查问卷共设有 272 个问题,让被调查者对各影响因素的重要度打分。

表 4.18 港航服务业之水上运输业的影响因素重要性评分表

请您对下列影响因素的重要程度进行打分(请输入 0 到 10 的数字)

序号	影响因素	描述	重要程度
1	城市国际贸易额	城市进出口总额	
2	城市知名度	城市全球排名	
3	制造业集聚程度	城市拥有全球制造业 500 强企业数	
4	金融业集聚程度	城市拥有全球金融业 500 强企业数	
5	在全球供应链中的地位	城市重点产业的地位	
6	商品交易市场建设	大宗商品交易市场规模	
7	社会融资规模	城市社会融资规模增量和融资机构担保公司数量	
8	财税政策	平均税率和财政补贴	
9	产业发展导向	重点产业类型与发展目标	
10	全球治理指数	政府综合治理的质量水平	
11	商业法律体系	商业运作的规则和解决纠纷的程序	

续表

序号	影响因素	描述	重要程度
12	运输可达性	海运到全球贸易板块的便利性	
13	劳动力质量	高等教育人口占比	
14	综合交通规模	机场、港口、公铁枢纽的客货吞吐量	
15	城市交通设施	轨道交通、道路网的密度	
16	产业的历史积淀	港航服务业发展历史积淀的惯性作用及其带来的路径依赖	

对回收的问卷进行数据处理得到各可观测变量的重要度分值,表 4.19 显示的是以水上运输业为例的分值情况。

表 4.19 港航服务业之水上运输业发展影响因素调查结果统计性分析

	影响因素	问卷数量	最小值	最大值	均值
水上运输	城市国际贸易额	997	5	10	8.88
	城市知名度	997	1	10	7.02
	制造业集聚程度	997	2	10	8.02
	金融业集聚程度	997	2	10	7.08
	在全球供应链中的地位	997	5	10	8.18
	商品交易市场建设	997	2	10	7.76
	社会融资规模	997	2	10	6.64
	财税政策	997	2	10	6.66
	产业发展导向	997	3	10	7.44
	全球治理指数	997	3	10	6.6
	商业法律体系	997	3	10	6.76
	运输可达性	997	5	10	8.68
	劳动力质量	997	3	10	6.56
	综合交通规模	997	5	10	8.3
	城市交通设施	997	2	10	7.34
	产业的历史积淀	997	3	10	7

根据描述性统计结果,对所有影响因素的所有得分取总平均值,然后删除均值小于总平均值的影响因素,得到最终筛选出来的影响因素如表 4.20 所示。

表4.20　港航服务业各产业发展影响因素

水上运输	城市国际贸易额 制造业集聚程度 在全球供应链中的地位 商品交易市场建设 产业发展导向 运输可达性 综合交通规模	船舶注册登记	城市国际贸易额 城市知名度 在全球供应链中的地位 财税政策 商业法律体系	航运教育与培训	城市国际贸易额 城市知名度 在全球供应链中的地位 产业发展导向 全球治理指数 劳动力质量 综合交通规模
港口服务	城市国际贸易额 制造业集聚程度 在全球供应链中的地位 商品交易市场建设 运输可达性 综合交通规模 城市交通设施	船舶检验	城市国际贸易额 制造业集聚程度 在全球供应链中的地位 商业法律体系 运输可达性 综合交通规模	航运金融服务	城市国际贸易额 城市知名度 商品交易市场建设 社会融资规模 财税政策 商业法律体系 劳动力质量
多式联运和代理服务	城市国际贸易额 制造业集聚程度 在全球供应链中的地位 商品交易市场建设 运输可达性 综合交通规模 城市交通设施	航运经纪	城市国际贸易额 城市知名度 金融业集聚程度 在全球供应链中的地位 社会融资规模 财税政策 商业法律体系 运输可达性	航运信息	城市国际贸易额 城市知名度 制造业集聚程度 金融业集聚程度 在全球供应链中的地位 商品交易市场建设 产业发展导向 商业法律体系
船舶供应	城市国际贸易额 制造业集聚程度 在全球供应链中的地位 商品交易市场建设 产业发展导向 运输可达性 综合交通规模 城市交通设施	航运保险	城市国际贸易额 城市知名度 金融业集聚程度 在全球供应链中的地位 商品交易市场建设 社会融资规模 财税政策 商业法律体系	航运法律	城市国际贸易额 城市知名度 金融业集聚程度 在全球供应链中的地位 全球治理指数 商业法律体系 劳动力质量
船舶维修	城市国际贸易额 制造业集聚程度 在全球供应链中的地位 财税政策 产业发展导向 运输可达性 劳动力质量 综合交通规模 城市交通设施	海洋工程	城市国际贸易额 制造业集聚程度 在全球供应链中的地位 财税政策 产业发展导向 运输可达性 城市财税政策 综合交通规模	码头建设码头设计工程咨询	城市国际贸易额 制造业集聚程度 在全球供应链中的地位 商品交易市场建设 产业发展导向 运输可达性 综合交通规模

续表

| 船舶管理（第三方） | 城市国际贸易额
城市知名度
金融业集聚程度
在全球供应链中的地位
财税政策
产业发展导向
运输可达性
劳动力质量
综合交通规模 | 船员劳务 | 城市国际贸易额
城市知名度
在全球供应链中的地位
财税政策
产业发展导向
商业法律体系
劳动力质量 | | |

三、验证性因子分析

验证性因子分析（confirmatory factor analysis，CFA）是结构方程模型最常见的一种应用，通过验证性因子分析可以确定影响因素对产业的影响程度，进而计算它们的权重。各种港航服务业的影响因素权重的计算结果如下所述。

（一）基础服务

1.水上运输

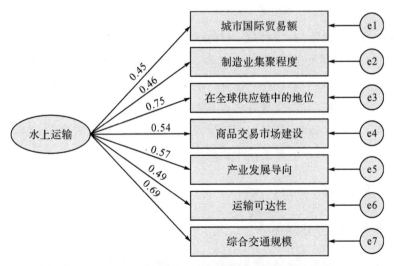

图 4.1 水上运输业发展水平影响因素验证性因子分析

可以看出，"在全球供应链中的地位"对水上运输业的发展影响最大，其载荷因子为 0.75。这是因为重点产业在全球供应链中的地位影响着航运需求，当重点产业处于生产端时,需运输原料,随之航运需求增加,从而推动水上运输业的发展。其次,载荷因子较大的要素是"综合交通规模",这是因为只有完善的综合交通设施才能满足货物的运输需求。由图4.1也可以看到,"城市国际贸易额""制造业集聚程度"对水上运输业的影响较小。

2. 港口服务

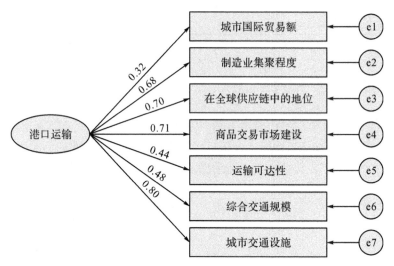

图4.2　港口服务业发展水平影响因素验证性因子分析

从图4.2可以看出,"城市交通设施"对港口服务业的影响最大,其载荷因子为0.80,因为"城市交通设施"的丰富程度影响着港口经营服务,轨道交通、道路网的密度越高,越能为客货提供便利的运输服务。"商品交易市场建设"和"在全球供应链中的地位"对港口服务业也具有较大的影响,运输需求增加会促进港口服务发展。"城市国际贸易额"和"运输可达性"对港口服务业影响较小,因为对港口服务业来说,城市内部的发展比城市对外联系更为重要。

(二)辅助服务

1. 多式联运与代理服务

由图4.3可以看出,"综合交通设施""运输可达性"和"城市交通设施"等直接影响货物的运输效率和成本,因此对多式联运与代理服务业的影响最大。多式联运和代理服务涉及到不同运输方式的组合使用,交通运输网络的通达度和交通设施的完善度对其作用尤为重要。"制造业集聚程度"和"城市国际贸易额"

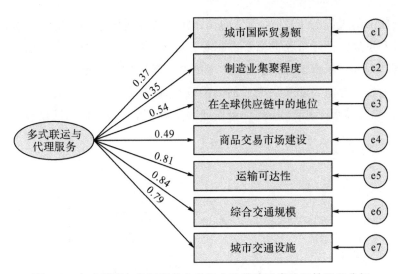

图 4.3　多式联运与代理服务业发展水平影响因素验证性因子分析

更多关注货物的生产,而不是货物的运输方式和运输服务。多式联运与代理服务业侧重于优化运输方式和提供运输服务,因此对这些因素的依赖度相对较低。

　　2.船舶供应服务

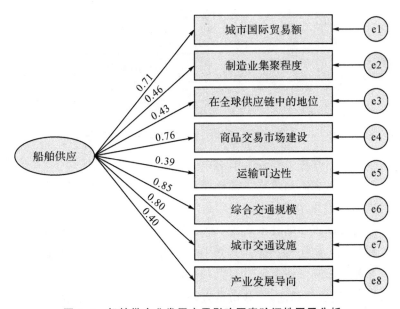

图 4.4　船舶供应业发展水平影响因素验证性因子分析

　　由图 4.4 可以看出,"城市交通设施""综合交通规模"和"城市国际贸易额"对船舶供应服务业的影响都较大。对于船舶供应业而言,完善的城市交通设施可加快船舶的进出港速度,大规模的交通需求可促进港口和船舶供应基础设施的建设和发展。国际贸易的增长意味着有更多的进出口货物需要通过港口运输和处理。因此,"城市国际贸易额"的增加会刺激船舶供应业的需求。运输可达性和产业发展导向对船舶供应业的影响较小,因为船舶供应业通常更多地依赖于港口、码头等水运基础设施,受运输可达性和产业发展导向的限制较小。

3. 船舶维修服务

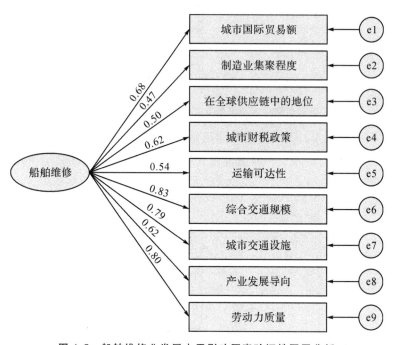

图 4.5 船舶维修业发展水平影响因素验证性因子分析

由图 4.5 可以看出,"综合交通规模""劳动力质量"和"城市交通设施"对船舶维修业的影响较大。这是因为船舶维修业需依赖船舶保有量和水运需求,综合交通规模的增长意味着更多的船舶运输活动,从而刺激了船舶维修业的需求。船舶维修业需要高素质的技术人才,而高质量的劳动力有利于保障船舶维修作业的质量和效率。船舶维修业通常集中在沿海港口城市,其完善的港口和船坞设施便于船舶进出和维修作业,而良好的城市交通设施可以提高船舶维修企业的运营效率,缩短维修周期。"城市重点产业在全球供应链中的地位"对船舶维修业的影响较小。

4. 船舶管理（第三方）服务

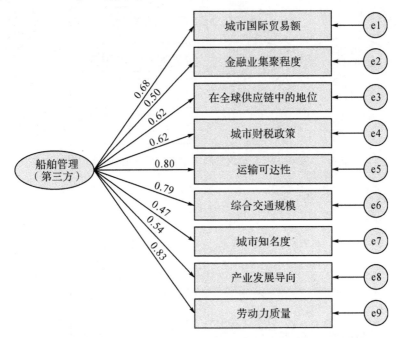

图 4.6　船舶管理（第三方）服务业发展水平影响因素验证性因子分析

由图 4.6 可以看出，"运输可达性""劳动力质量"和"综合交通规模"对船舶管理（第三方）的影响较大，因为船舶管理（第三方）业务需要高质量的管理与运营，高素质的人才是其繁荣的基础条件。另外，良好的可达性和完善的综合交通可吸引更多的客货运输需求，进而促进船舶管理（第三方）服务业的发展。金融业的聚集程度对船舶管理（第三方）服务业的影响较小，虽然金融业在船舶融资、投资和保险等方面有支撑作用，但其对船舶管理（第三方）服务产业整体运营和发展的直接影响较小。

5. 船舶注册登记服务

由图 4.7 可以看出，"城市重点产业在全球供应链中的地位"以及"城市国际贸易额"对船舶注册登记服务的发展影响大，因为前者影响着航运中心城市能否成为全球货物流通的重要节点，从而直接影响到船舶注册登记，而后者的提升会增加船舶的货运需求，对船舶注册登记服务产生积极的影响。但是，"财税政策"对船舶注册登记服务影响极小，因为船舶注册登记业的主要收入来源是船舶注册和管理服务费用，这些费用的高低更多地取决于船舶所有者和运营者的业务需求、行业标准与服务质量。

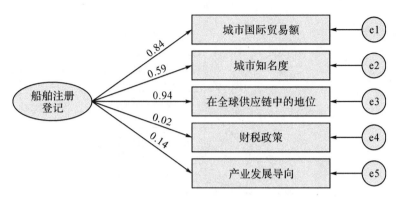

图 4.7　船舶注册登记业发展水平影响因素验证性因子分析

6.船舶检验服务

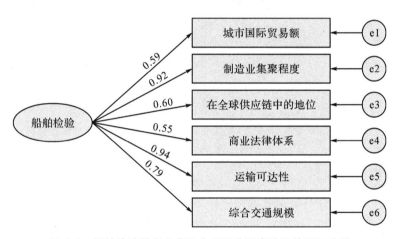

图 4.8　船舶检验服务业发展水平影响因素验证性因子分析

由图 4.8 可以看出,"制造业聚集程度"和"运输可达性"对船舶检验服务业的影响大,因为制造业聚集程度高意味着有更多的船舶建造、维修和保养活动,导致了船舶检验服务业的需求量增加。运输网络发达、交通便利有利于船舶和船检技术人员顺利地到达各个港口、船厂或船坞接受检验和进行检验作业。"商业法律体系"更多地涉及到商业合同、知识产权、公司治理等方面的法律规定,与船舶检验业直接相关的法律约束相对较少,而船舶检验业通常受制于海事法律、安全法规、国际标准等方面的法律规定,因此"商业法律体系"对船舶检验业的影响较小。

7.航运经纪

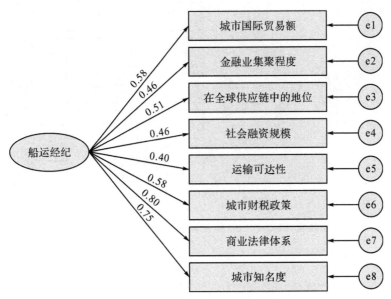

图4.9 航运经纪业发展水平影响因素验证性因子分析

由图4.9可以看出,"商业法律体系"和"城市知名度"对航运经纪业的影响大,因为航运经纪业务涉及到运输合同的签订和执行,相关法律文件的处理。健全、规范的商业法律体系能够为航运经纪业提供良好的法律环境和合同规范,保障交易各方的权益。国际航运公司、船东和船东代理等相关企业倾向于选择在知名海港城市设立航运经纪业务,从而提供更多的业务机会和合作可能。"运输可达性"对航运经纪业的影响最小,因为航运经纪人通常依靠网络和信息渠道来开展业务。

8.码头建设、码头设计、工程咨询

由图4.10可以看出,"城市国际贸易额""制造业集聚程度"和"商品交易市场建设"对码头建设、码头设计、工程咨询业有较大的影响,因为国际贸易额大意味着城市具有较多的贸易活动和较强的国际竞争力,可促进码头建设和发展。制造业集聚通常会带动相关产业的发展,包括物流、运输和码头服务等,高度集聚的制造业会增加对码头建设和工程咨询的需求。商品交易市场的建设和发展对于货物流通和交易至关重要,这些市场通常是货物进出口的重要节点,需要与码头紧密结合以实现货物的高效运输和交易。产业发展导向通常更多地关注产业的结构性调整和优化,不直接涉及到码头建设和设计,对码头建设、码头设计、工程咨询业的影响较小。

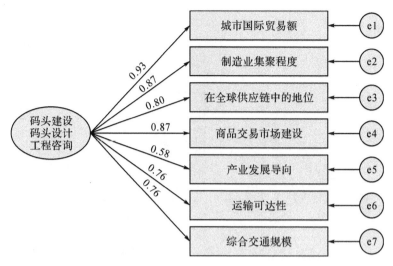

图 4.10 码头建设、码头设计、工程咨询业发展水平影响因素验证性因子分析

9.海洋工程

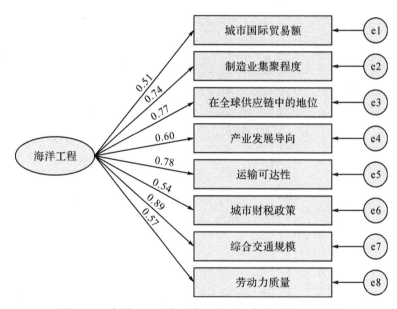

图 4.11 海洋工程业发展水平影响因素验证性因子分析

由图 4.11 可以看出,"综合交通规模""运输可达性""城市重点产业在全球供应链中的地位"和"制造业集聚程度"对海洋工程业的发展会有较大的影响。这是因为交通规模的大小直接影响着海洋工程业的活跃程度与发展潜力。规模较大的综合交通网络意味着更多的货物和人员流动,从而增加了海洋工程项目

的需求和机会。制造业集聚程度高的地区通常拥有完善的产业链,为海洋工程项目提供了丰富的技术支持和配套服务。海洋工程业的发展更多受制于海洋资源的开发、技术水平、市场需求等因素,而与城市国际贸易额和财税政策关系较小。

10.船员劳务

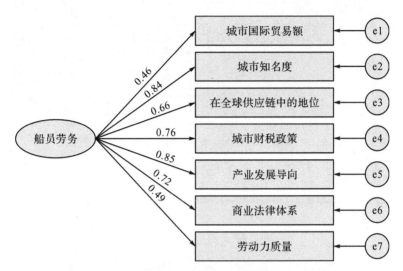

图 4.12　船员劳务业发展水平影响因素验证性因子分析

由图 4.12 可以看出,"城市知名度""产业发展导向"对船员劳务业的发展影响大,因为城市知名度高的地区更有利于人才的引进和发展。另外,如果城市的产业发展方向与航运业相关,则船员劳务业的需求会相应增加。船员劳务业主要涉及船的招聘、培训、派遣等服务,因此国际贸易额和劳动力质量对船员劳务业的影响较小。

(三)衍生服务

1.航运金融服务

由图 4.13 可以看出,"社会融资规模"和"财税政策"对航运金融服务业影响较大,因为社会融资规模可为航运金融服务业提供广泛的融资渠道和更多的融资选择,以便它们利用大量的资金支持航运公司的运营、投资和发展。良好的财税政策可以为航运金融服务业提供更有利的税收政策和财务政策环境,包括减税优惠、补贴等。"商品交易市场建设"和"国际贸易额"主要影响航运行业的货运需求和贸易活动水平,因此它们对航运金融服务业的影响较小。

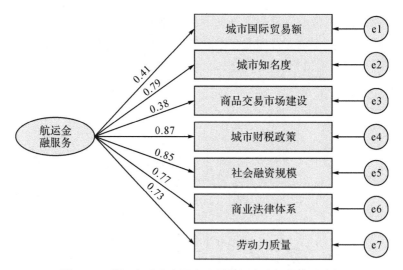

图 4.13　航运金融业发展水平影响因素验证性因子分析

2.航运保险

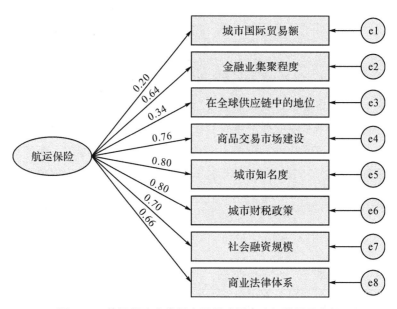

图 4.14　航运保险业发展水平影响因素验证性因子分析

　　由图 4.14 可以看出,"城市知名度"和"城市财税政策"对航运保险业的发展影响大,因为知名度高的城市具有强大的商业吸引力和国际影响力,有助于航运保险公司增强其信誉和市场地位,吸引更多的客户和投资者。税收优惠、补贴和其他财政措施有利于航运保险业降低运营成本、提高市场竞争力。由于航运保险业主要是针对航运业提供保险服务,国际贸易额虽然可以反映城市的贸易活动水平,但与航运保险之间并无直接关联,因此国际贸易额对航运保险业的影响极小。

3. 航运信息

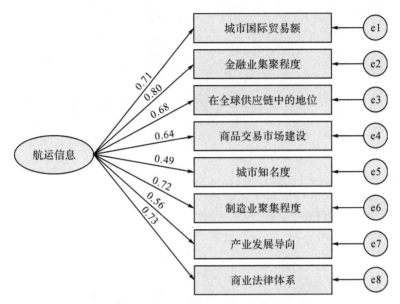

图 4.15 航运信息业发展水平影响因素验证性因子分析

由图 4.15 可以看出,"金融业集聚程度"对航运信息业的发展影响最大,因为航运信息业需要大量资金进行技术研发、信息系统建设和市场推广等,在金融业集聚程度高的地区,航运信息业易于获得资金支持。"城市国际贸易额""商业法律体系"和"制造业集聚程度"对航运信息业均有较大的影响,因为航运信息业主要侧重于提供船舶运输、物流管理和信息技术等服务,更多的是依赖技术创新和服务质量,因此城市知名度对航运信息的影响较小。

4. 航运法律

由图 4.16 可以看出,"金融业集聚程度"和"城市知名度"对航运法律业的发展影响大,因为金融业集聚的地方通常拥有丰富的法律专业人才和法律服务机构,可为航运法律业提供充足的人才和资源支持,可以提高航运法律服务的专业水平和服务质量。知名度高的城市通常拥有更加完善的基础设施、高端生活设施、更广阔的市场和更多的商业机会,可为航运法律业提供巨大的发展空间和机遇。由于航运法律业相对独立于国家或地区的治理环境,更多地受国际法律、国

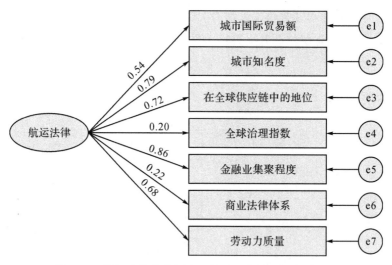

图 4.16 航运法律业发展水平影响因素验证性因子分析

际贸易规则以及国际惯例的影响,因此全球治理指数的变化对航运法律业的影响相对有限。

5. 航运教育和培训

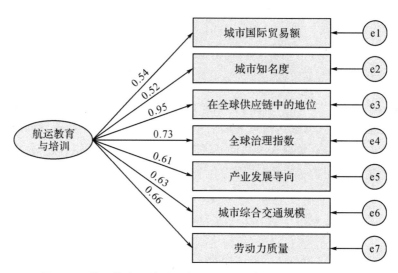

图 4.17 航运教育和培训业发展水平影响因素验证性因子分析

由图 4.17 可以看出,"城市重点产业在全球供应链中的地位"对航运教育与培训业的影响最大,因为城市为提升重点产业在全球供应链中的地位,通常需要大量的航运专业人才,对航运教育与培训业的需求随之增加。另外,由于航运教育与培训机构更多地受到航运行业的需求驱动,城市知名度对航运教育与培训业的发展水平影响最小。

　　综上所述,在影响港航服务业各板块发展的因素中,"国际贸易额"因素出现次数最多,出现频率为100%,平均权重极高,达到0.73。这说明国际贸易能力是航运中心和各类港航服务业发展不可忽视的最关键要素,深刻影响着航运中心的建设水平和各类服务业的质量。除此之外,"制造业集聚程度"因素出现频率约为91%,"全球供应链位置"因素出现频率约82%,"产业发展导向"因素出现频率为66%,与交通相关的"运输可达性""综合交通规模"和"城市交通设施"的出现频率也都在80%以上,且平均权重都超过0.7。这说明航运中心所在地的产业(尤其是制造业)发展情况与航运中心交通情况也是影响航运中心与港航服务业发展的重要因素。

第五章

港航服务业发展水平评价

　　本书在前文确定了影响港航服务业各细分板块发展潜驱动因素,但为明确各航运中心进一步发展的空间,需构建航运中心港航服务业发展水平评价指标体系,以衡量各航运中心港航服务业当前的发展水平,明确其港航服务业在全球的地位以及与一流航运中心之间的差距。为此,本章采用模糊层次综合评价法对全球20个重要航运中心的港航服务业发展水平进行评价。具体的,首先基于港航服务业的定义,构建港航服务业发展水平评价指标体系;其次,采用层次分析法确定各评估指标的权重;然后,结合1—5等级制的评分标准(最高水平、较高水平、一般水平、较差水平和最差水平)计算各航运中心港航服务业发展水平评分;最后,通过可视化形式展示结果,并分析各航运中心的港航服务业发展水平。

一、港航服务业发展水平评价指标体系

　　港航服务业的评价指标体系庞大且复杂,因此有必要对其进行合理归类,明确各指标间的内在关联,以建立科学的评价体系。评价体系应能全面反映港航服务业发展水平,显示港航服务业发展所面临的短板及需优化或改进的要素与方向。评价的目的在于明确各航运中心的港航服务业发展水平、各维度所处的水平,最终为航运中心提出具有针对性的、实操性的改进建议。

(一)评价指标体系制定原则和依据

　　港航服务业在港口和航运基础上演变,已成为融合上、中、下游产业的产业链和价值链。在对港航服务业发展水平评价时,应充分考虑其产业特点、对当地经济社会及国内外贸易的影响,以及发展环境条件,同时应关注数据获取的难易程度。因此,构建评价指标体系时,需遵循以下原则。

1.系统性原则

港航服务业已成为庞大且复杂的系统,评价指标众多。在构建评价指标体系时,应体现全面系统的原则。

2.科学性与客观性

理论上,在确定评价指标体系时,需多轮次征集专家学者的意见并组织专门的专家咨询会。港航服务业发展水平评价指标体系需满足一致性、代表性、相关性和相对独立性要求。选取指标时要兼顾典型性、相关性、涵盖面及信息量,全面反映港口服务业的内涵特征,关注独特优势。

3.独立性原则

一级指标与二级指标之间可以有一定联系,但同级指标需彼此独立。一级指标的各元素与相对应的二级指标的各元素尽可能不存在相关性。一级指标和相对应的二级指标的各要素之间彼此协调,不应产生矛盾。

4.权威性

所选指标需来源于国内外权威统计,指标含义明确,对应的数据规范、稳定、口径统一,易于比较和计算。各指标需经过多轮征集,确保其权威性。

5.前瞻性与操作性相结合

指标选取和指标体系设计要体现前瞻引领性,要切实发挥评价指标的导向作用和激励作用,同时指标还要具备较强的公认性和可操作性。评价体系中的指标数据要确保具有可获得性、延续性,数据规范、稳定、口径统一,并易于比较和计算。

6.开放性与国际性相结合

评价指标应保持开放性,既要满足国内发展需求,又要借鉴国际经验。在选择指标时,应参考港航服务业在全球各国际航运中心的发展历程和规律,确保指标体系具有国际视野和开放性,提升指数编制的科学性和全球适用性。

(二)评价指标体系

为准确反映港航服务业的实际情况,依据评价指标体系设计原则,结合港航服务业的内涵及综合能力表现,构建客观、量化且具有横向可比性的港航服务业发展水平评价指标体系如图5.1所示。此指标体系由3个一级指标和15个二级指标组成。一级指标涵盖基础服务、辅助服务和衍生服务。二级指标则在各领域内具体展开,以充分体现一级指标的内涵。

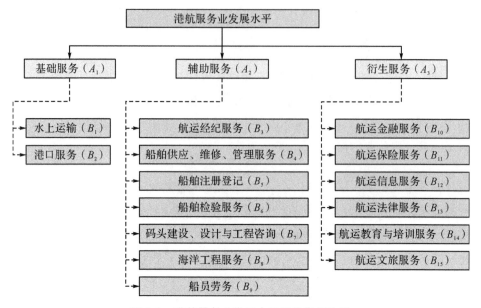

图5.1 港航服务业发展水平评价指标体系

(三)指标说明

一级指标包括基础服务、辅助服务和衍生服务,它们涵盖港航服务业的核心方面。二级指标则是一级指标的细化,其中3个一级指标的具体情况描述如下。

1.基础服务

水上运输和港口服务能力是衡量港口基础服务的核心指标,集装箱吞吐量和水上运输服务机构数量可作为评估的关键要素。港口基础服务能力包含水上运输(如:集装箱吞吐量、干散货吞吐量以及水上运输企业总数)与港口服务(如:企业总数、企业总资产以及世界排名前十的商业贸易服务企业数)。优秀的水上运输与港口服务推动着港航服务业的发展。

2.辅助服务

辅助服务是围绕基础服务展开的业务模块,包括:航运经纪服务,船舶供应、维修、管理服务,船舶注册登记服务,船舶检验服务,码头建设、设计与工程咨询服务,海洋工程服务和船员劳务。在远洋运输中,海运经纪人在船舶租赁和买卖业务的洽谈中扮演着关键角色。

船舶供应、维修、管理服务,码头建设和设计与工程咨询服务是港航服务业的硬实力,而船舶注册登记服务、船舶检验服务和船员劳务作为软实力,则是港口正常经营活动所需的软连接,它们可确保基础服务顺畅运行并为衍生服务奠定基础。评估辅助服务的重点包括:广泛的航运经纪服务,由从事货运代理企业总数和从事港口物流企业总净资产组成;优质的船舶供应、维修和管理服务,指标包括造船业产值、船舶供应企业总数、船舶维修企业总数、管理船舶总数和船舶管理企业总数;船舶注册登记服务的企业总数;船舶检验企业总数和码头建设、设计与工程咨询服务企业总资产构成的指标;以及潮汐能开发商总数的海洋工程服务。当这些指标表现最优时,辅助服务越好,港航服务业的发展水平也就越高。

3. 衍生服务

衍生服务是围绕基础服务和辅助服务展开的业务,不仅丰富了港航服务业的内容,还提升了其综合竞争力。衍生服务包括航运金融、航运保险、航运信息、航运法律、航运教育与培训以及航运法律。航运金融服务是港航服务业发展的重要组成部分,以提供船舶贷款、租赁、担保等服务为主,涉及航运企业融资、投资和风险管理,其指标可体现在航运银行总数和航运信贷企业总数上。航运保险则是为船舶、货物以及其他与海运相关的风险提供保险覆盖的业务,其成功发展可以通过保险企业总数和保费收入来判断。

航运信息服务为运输企业提供实时信息、数据分析与市场分析等服务,助力提升行业的智能化水平和决策能力。衡量航运信息服务质量的指标包括信息技术服务企业总数以及相关的软件企业总数。航运法律服务关注与航运相关的法律事务,涉及合同、争议解决等内容,由航运律师事务所总数和律师数量来衡量其质量。航运教育与培训服务旨在为港航服务业提供专业的人才,通过提供丰富的课程和专业培训,培养具备专业知识和实践能力的航运人才。这类服务的质量可通过航运课程的数量、船员培训及海事院校的总数来评估。最后,衍生服务中的航运法律环节关注行业内的法规制定和实施,为港航服务业提供符合法规和国际标准的依据。这部分的成功发展可以通过海事法官的数量以及法规的完善程度来衡量。综上所述,当这些衍生服务发挥到最佳状态时,港航服务业的整体表现和综合竞争力将得到显著提升。

二、港航服务业发展水平评价分析

(一)数据来源

选取《劳氏名录》(Lloyd's List)、《中国港口年鉴》《中国海洋统计年鉴》《中国船舶工业统计年鉴》、国家统计局、天眼查网站等数据源的相关数据,实施港航服务业发展水平评价的实证分析。

(二)模糊层次分析法实施流程

使用模糊层次分析法对全球 20 个航运中心城市的港航服务业发展水平进行评估,具体实施流程如下:

步骤 1:港航服务业发展水平评价指标集合确定

根据港航服务业发展水平指标体系,确定评价指标集合,其中一级指标和二级指标如图 5.1 所示。二级指标是基于数据的可得性和科学性,根据集装箱吞吐量、水上运输企业数、港口服务企业数、航运经纪服务企业数、KOF 全球化指数、WGI 全球治理指数、船舶供应企业数、船舶维修企业数、船舶管理企业数、船舶注册登记企业数、船舶检验企业数、码头建设、工程咨询服务企业数、潮汐能开发商数、船员劳务公司数、航运金融服务企业数、各国全球绿色金融发展指数、船舶保险企业数、航运信息服务企业数、TIMG 全球数字经济发展指数、航运法律服务企业数、航运教育与培训企业数、航运会展参展企业数等三级指标加权确定。

步骤 2:模糊关系矩阵确定

收集 2012 年、2022 年港口港航服务业发展水平的三级指标数据,如:集装箱吞吐量、从事水上运输的机构数量等。采用五等分法制,即 $V_1(5.0)$、$V_2(4.0)$、$V_3(3.0)$、$V_4(2.0)$ 和 $V_5(1.0)$ 类型。确定三级指标各项统计的数据向量,并得到模糊关系矩阵 $\mathbf{R}$,见式(5.1)。

$$\mathbf{R} = \begin{bmatrix} r_{1,1} & r_{1,2} & \cdots & r_{1,5} \\ r_{2,1} & r_{2,2} & \cdots & r_{2,5} \\ \vdots & \vdots & & \vdots \\ r_{15,1} & r_{15,2} & \cdots & r_{15,5} \end{bmatrix} \tag{5.1}$$

步骤 3：指标权重计算

（1）实施港航服务业发展水平指标重要性的专家学者问卷调查。

（2）基于回收的问卷数据，分层构建判断矩阵。

（3）计算判断矩阵的最大特征根及相应的特征向量。归一化处理特征向量，得到各级指标的权重向量，再基于各级指标的权重向量，计算综合权重向量 $\omega = (\omega_1, \omega_2, \cdots, \omega_{15})$。

（4）通过随机一致性比率（consistency ratio，CR），即判断矩阵的一致性指标（consistency index，CI）与同阶平均随机一致性指标（mean random consistency index，RI）值，检验判断矩阵的一致性。

步骤 4：模糊综合评价

利用加权平均法，计算港航服务业发展水平的综合评价。

三、权重确定

为确定港航服务发展水平评价指标的相对权重值，邀请专家小组成员根据 Satty 提出的 9 级标度法进行两两比较评价打分，并建立判断矩阵进行一致性检验，然后计算得到判断矩阵及权重、一致性检验 RI 值等。经 CR 计算公式，一级指标 A 随机一致性比率为 0.0167，二级指标 B 随机一致性比率为 0.0178。CR 值均小于 0.1，通过一致性检验，模糊层次分析法结果有效。

各级指标权重如表 5.1 所示：

表 5.1　各指标权重

序号	一级指标	一级指标权重	二级指标	二级指标权重
1	基础服务 A_1	0.3787	水上运输 B_1	0.4178
2			港口服务 B_2	0.5822
3	辅助服务 A_2	0.3081	航运经纪服务 B_3	0.1870
4			船舶供应、维修、管理服务 B_4	0.1240
5			船舶注册登记 B_5	0.1395
6			船舶检验服务 B_6	0.1190
7			码头建设、工程咨询服务 B_7	0.1880
8			海洋工程服务 B_8	0.0640
9			船员劳务 B_9	0.1785

序号	一级指标	一级指标权重	二级指标	二级指标权重
10			航运金融服务 B_{10}	0.2501
11			航运保险服务 B_{11}	0.1922
12	衍生服务 A_3	0.3132	航运信息服务 B_{12}	0.1779
13			航运法律服务 B_{13}	0.1424
14			航运教育与培训服务 B_{14}	0.1086
15			航运文旅服务 B_{15}	0.1288

四、港航服务业发展水平分析

(一)港航服务发展水平综合结果分析

基于收集的数据,对 2012 和 2022 年度港航服务业发展水平进行评价,其评价结果如图 5.2 和图 5.3 所示。由图 5.2 可知,2012 年,在港航服务业发展水平方面,这 20 个港口的得分反映了它们在全球港口竞争中的地位。新加坡凭借 2.90 的高分名列榜首,展现了其卓越的港口管理和服务水平。上海港以 2.54 的得分紧随其后,表现了其重要地位。香港、汉堡、伦敦等港口也在全球范围内取得了显著的成绩,分别获得了 2.15 到 2.37 的高分。这些城市的高得分反映了其先进的港口设施、高效的物流系统以及卓越的服务质量。而位居中间地带的安特卫普、迪拜等港口得分介于 1.76 到 1.91 之间,表明它们在全球竞争中具有一定实力,但仍有提升空间。得分较低的城市,如青岛、深圳和墨尔本,得分在 1.30 至 1.53 之间,可能面临一些挑战,需要进一步改善其港口服务和设施,以提升竞争力。

由图 5.3 可知,在 2012 年至 2022 年这十年间,全球港航服务业发展水平呈现显著变化。新加坡在该时期始终保持着领跑者地位;其得分从 2012 年的 2.90 上升至 2022 年的 3.48。与此同时,迪拜、安特卫普和哥本哈根等城市在这一阶段维持了相对稳定的发展水平,彰显了它们在全球港口服务竞争中的可靠性和实力。值得关注的是,上海在这十年里也取得了显著的进步,其港航服务业发展水平得分从 2012 年的 2.54 跃升至 2022 年的 3.34,展现了该港口在服务水平方面的显著提升以及在国际贸易竞争中日益活跃的态势。这些得分的变化反映出全球港口竞争日趋激烈,适应不断变化的国际贸易需求成为各城市亟须面临的挑战。因此,这些城市必须持续努力,着力提升服务水平。

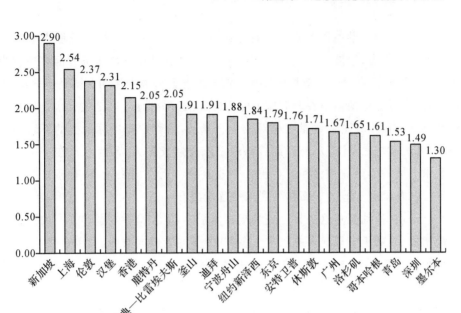

图 5.2　2012 年港口服务水平评价得分

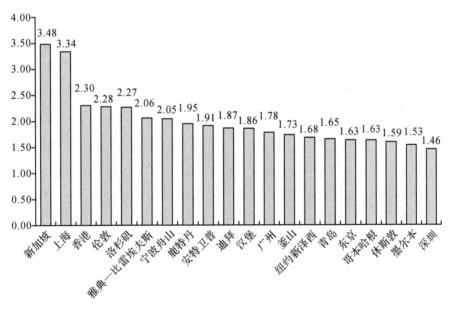

图 5.3　2022 年港口服务水平评价得分

（二）分项指标评价结果分析

本节基于 2022 年数据，对基础服务、辅助服务和衍生服务三个分项指标评价结果进行分析。

首先,各港口港航服务业基础服务得分如图5.4所示。从基础服务能力来看,新加坡、上海、宁波舟山港、鹿特丹、釜山、迪拜在港航基础服务方面表现较为出色,均超过0.8。其中,新加坡港和上海港的基础服务综合得分高达0.89。然而,当前大部分中国港口在基础服务能力方面的评分偏低,这是由于水上运输企业数量和港口服务企业数量仍相对较少。未来,随着中国国际地位的不断提升以及"海上丝绸之路"等对外开放战略的影响力愈发扩大,预计未来在中国港口从事水上运输的企业数量和港口服务企业数量将逐步增长,这将有望推动各中国港口在基础服务能力方面的发展水平逐步提升。

此外,在基础服务这一核心一级指标体系中,集装箱吞吐量作为至关重要的三级指标,被赋予了最显著的权重。在2022年的港口样本中,上海港以4730万标准箱(TEU)吞吐量傲视群雄,新加坡港紧随其后,达到3730 TEU,而宁波舟山港则以3335万TEU的成绩稳居第三,深圳港、青岛港与广州港分别以3004万TEU、2567万TEU和2486万TEU的非凡规模跻身前列。这些港口凭借其无与伦比的繁忙景象与庞大的货物吞吐能力,在枢纽运营服务能力的综合考量中脱颖而出,占据了极其显赫的优势地位。

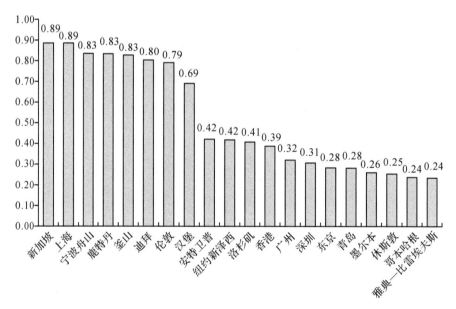

图5.4　各港口港航服务业基础服务得分

其次,各港口港航服务业辅助服务得分如图5.5所示。在辅助服务方面,新加坡港的水平最高,其次是上海港、宁波舟山港、休斯敦港、雅典—比雷埃夫斯港。尽管新加坡港在辅助服务能力得分中名列榜首,但深入分析其二级指标中的码头建设、设计与工程咨询类别时,诸如码头建设企业数量、设计企业数量及工程咨询企业数量等三级指标上,并未形成全面压倒性的优势。新加坡港之所以能在综合评估中脱颖而出,关键在于其各项指标均衡发展,整体维持在高标准之上。反观上海港与宁波舟山港,它们在基础服务能力的竞争中表现出色,然而,在辅助服务的细分领域中,特别是船舶供应、维修与管理服务方面,如船舶供应企业、维修企业及管理企业的数量上稍显不足,这一短板直接影响了它们的综合评分,使其未能达到更高的排名。

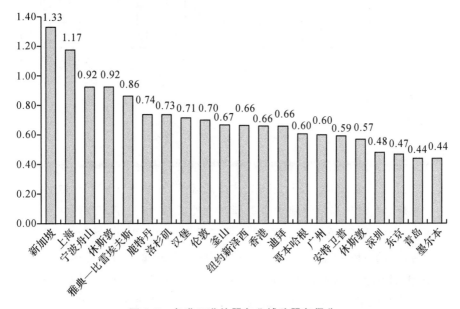

图 5.5　各港口港航服务业辅助服务得分

　　另外,各港口港航服务业衍生服务得分如图 5.6 所示。新加坡作为国际航运的枢纽,在衍生服务领域表现卓越,始终保持领先地位,这得益于新加坡本地消费市场、转口贸易以及石油等能源贸易方面的优异表现。尽管近年来香港在航运枢纽业务中的占比有所下降,但香港本地经济与贸易依然保持强劲发展。上海和深圳则依靠长三角和珠三角地区的产业基础,支持着庞大的经济体量和贸易规模。然而,对于宁波舟山港而言,由于航运金融服务发展滞后、航运保险市场规模有限、航运信息和法律服务水平较低以及航运教育和培训需求尚未得到充分满足等多重原因,其在衍生服务方面的竞争力相对较弱。

　　综合来看,新加坡、伦敦、香港、迪拜、上海、鹿特丹和宁波舟山等港口城市在衍生服务方面拥有显著的发展优势。这些城市不仅构建了覆盖全面、高效运行的基础设施体系,还坐拥得天独厚的地理区位,为国际贸易与物流的顺畅流通奠

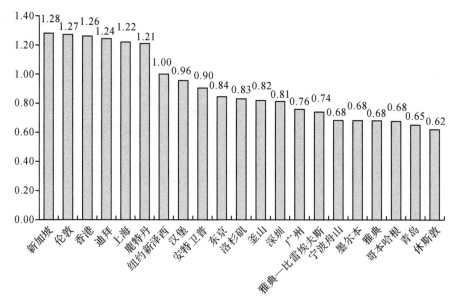

图 5.6 各港口港航服务业衍生服务得分

定了坚实基础。随着政府层面法规政策的持续优化与完善,这些城市正积极营造一个开放包容、法制健全、服务高效的商业环境,吸引着全球资本的目光。它们与全球众多关键贸易伙伴建立了深厚的合作关系,促进了国际经济交流与合作的深化,为全球经济的繁荣与发展贡献了重要力量。航运、物流、金融等核心产业的蓬勃发展,成为推动这些港口城市持续繁荣的重要引擎。这些产业的快速崛起,不仅提升了城市的国际竞争力,还带动了相关产业链的升级与拓展,形成了强大的产业集聚效应。在此过程中,这些城市以其独特的魅力与实力,吸引了越来越多的国际知名企业和高素质人才前来投资兴业。尤为值得一提的是,这些港口城市提供的丰富就业机会和优越的生活条件,为人才的汇聚与成长创造了有利条件。高素质的人才队伍不仅为城市的创新发展提供了不竭动力,还进一步巩固了其在全球竞争中的领先地位。因此,可以说这些港口城市在衍生服务方面的发展优势,是其在全球经济版图中占据重要地位的关键因素之一。

第三部分

实践篇——港航服务业在宁波的实践路径研究

第六章
宁波港航服务业发展现状

第一节　宁波港航服务业的发展历史

宁波港航服务业发展与港口发展相辅相成,宁波舟山港口为宁波港航服务业发展奠定了物理基础。宁波舟山港历史悠久,兴起于唐代,当时与扬州、广州并称为我国三大对外贸易港口。到了宋代宁波港的对外贸易达到极盛,杭州、明州(即宁波)、广州三个市舶司并称"三司"。到了元初,设市舶司七所,不久并温州、敢浦、上海入庆元市舶提举司,只剩下泉州、广州、杭州、庆元市舶司四所,宁波在海外交通贸易中的地位仍然十分重要。但是,到新中国成立初期,宁波港的吞吐量也只有 4 万余吨,而对外贸易则完全停止,几乎没有港航服务业。1952年,随着国民经济的恢复,沪甬线正式开通,沿海线航次增加,宁波的港口吞吐量明显回升,但随后在 1957—1976 年经历了近二十年的曲折徘徊。1978 年 12月,浙江省的首个万吨级煤炭码头——镇海港区煤炭码头建成,标志着宁波港从内河港成功转型为河口港。到 1976 年,宁波港完成旅客吞吐量 107.68 万人次,货物吞吐量 156.65 万吨,此时宁波港航服务业处于萌芽期,初步具备了基础性业态,但还尚未出现辅助性和衍生性的业态。

改革开放以来,宁波港从最初的内河港口演变为集内河港、河口港和海港于一体的多功能复合型港口,宁波港从简单的地方性小港逐步成长为具有多种功能和多个层次的综合性大港,宁波港航服务业也得到了长足发展,开始出现港口服务、船舶维修、航运教育等业态。在基础服务方面,1990 年宁波港完成内贸货运量 353.7 万吨、外贸货物吞吐量 1946 万吨,海上客运业务量达 351 万人次;口岸服务上,宁波港拥有仓库 59 座,其中生产性仓库 24 座,非生产性仓库 35 座,堆场(不包括货主堆场)64 处,液体储罐 18 个。在辅助服务方面,船舶检验、船舶维修等领域的管理体制与科技成果有了更新与提高,包括调整设立了交通部宁波船舶检验局,为提升船舶修造质量和水上交通安全提供了有效保障;船用闭门器、全封闭式救生船等与船舶供应、船舶维修相关的科技成果相继诞生,并得以迅速推广与应用,推动宁波航运生产力的发展。在衍生服务方面,航运教育和培训体系开始形成,宁波港职业学校、宁波交通技工学校等教育机构相继成立或增设了相关航运专业,为培养水运专业人才和提高水运队伍的软实力做出了重要贡献。

1992 年,在中国开启社会主义市场经济体制建设之路之际,宁波正式确立了"以港兴市、以市促港"的发展战略,明确了建设"东方大港"的战略目标,宁波港航服务业迎来了重大发展机遇,尤其在辅助服务和衍生服务方面,出现了海事法律等新兴业态。随着社会主义市场经济体制的建立和宁波区域经济的高速发展,沿海运输和远洋运输快速发展。1992 年,宁波港散货远洋运输货运量为 3.7 万吨、货物周转量为 4969.7 万吨千米,到 2001 年已增加到 45.1 万吨、103 626 万吨千米。同时,宁波海运企业的集装箱运输业务发展迅速,运输量逐年递增。1993 年运输箱量仅为 4070 标准箱,到 2000 年就达到 38 125 标准箱。伴随一大批港口码头(泊位)建成投产,堆场、储罐、港口作业机械、港区作业船舶、港口信息通信等码头配套设施得到完善和长足发展。在航运教育培训领域,随着宁波大学海运学院、宁波工程学院交通与物流学院等成立,宁波基本建成了梯次分布的高、中等港航服务专业人才和高级技术工人的培养网络。在海事法律领域,1992 年最高人民法院根据《全国人大常委会关于在沿海港口城市设立海事法院的决定》批准在浙江设立宁波海事法院,专门管辖浙江省海域、所属港口、岛屿和通海水域发生的一审海事海商案件。

进入 21 世纪后,为满足快速增长的港口运输需求,宁波不断加大码头的建设力度,深水岸线资源得到广泛开发利用,宁波港航服务业进入快速发展阶段。在基础服务方面,2005 年 12 月 20 日宁波并舟山港管理委员会挂牌,标志着两港一体化取得了突破性进展,两港一体化的效果逐步显现。到 2008 年,宁波舟山港年集装箱吞吐量首次突破 1000 万标准箱,排名跃居全球第八。到 2009 年,宁波舟山港完成货物吞吐量 5.77 亿吨,首次位居全球海港吞吐量第一位。在辅助服务方面,2001 年至 2008 年期间,受海洋捕捞产业衰退的影响,以渔船修造为主的船舶修造业开始转向油轮、散装货轮及集装箱运输船方面发展,造船业迅速壮大,船舶维修建造进入黄金时期。2005 年,宁波拥有万吨级以上修造船基础设施 32 个,其中 7 万吨船台和码头各 1 座,50 吨以上起重吊车 26 台。全年共生产 100 总吨以上钢质船舶 35 艘、33.07 万综合吨,共完成船舶工业总产值 27.32 亿元。同时,信息化引领宁波港航服务业发展。2003 年宁波港集团集装箱码头业务实时管理系统上线,在提高北仑第二集装箱有限公司集装箱码头的生产能力和作业效率方面发挥了关键作用,也提高了码头堆场利用率。2006 年宁波 EDI 管理系统研发成功,实现了各个码头以及海关、国检、货代、船代、CFS 场站的系统之间数据交互共享和业务的全程网上办理。

2008 年后,受国际金融危机的影响,宁波市港航服务业发展出现了连续数年停滞徘徊的情况。为应对金融危机的影响,宁波市政府出台了系列帮扶政策,为港航服务企业走出困境,实现逆势发展提供了强有力的支持。2016 年起,宁波航运服务业再次迎来发展的高潮,在行业规模快速增长的同时,宁波港航服务业结构、质量、效益同步优化和提升,形成了港航基础服务产业门类完备、现代航运服务产业链成形的发展局面,此外,宁波港航服务业的现代航运服务关键要素,如:航运物流企业、船舶交易、信息服务、航运金融、航运保险和海事法律服务等产业基础也基本形成,国际海运辅助业务趋于成熟。至 2018 年,全市共有国际船舶运输公司 14 家,较 2008 年增加 8 家;国际船舶代理公司 78 家,较 2008 年增加 8 家;国际船舶管理公司 6 家,较 2008 年增加 1 家;无船承运人企业 713 家,较 2008 年增加 497 家;外资船公司驻宁波分公司 14 家、办事处 37 家,与 2008 年保持同等水平。

在船舶交易领域,宁波船舶交易市场自 2008 年 7 月注册成立以来,已成为国内领先的船舶交易服务机构之一。尤其是 2014 年 8 月,宁波航运交易所开发并运营的全球首个船舶在线交易平台"拍船网"正式上线,2018 年完成了 90 艘船舶的交易,交易额达到 20.17 亿元。

在航运金融领域,宁波市的航运金融服务能力显著增强,相继被国家认定为金融体制改革试点城市、电子商务试点城市和跨境贸易人民币结算试点城市,为金融创新提供了良好的政策环境。2018 年,宁波市政府发布相关指导意见,推动银行业加大对航运业的信贷支持,创新融资产品和渠道。同年底,宁波银行业对航运业企业的贷款余额较年初增长了 7.39 亿元,增幅达到 4.12%。

在航运保险领域,航运保险服务取得突破。2015 年 12 月,全国唯一的航运保险专业保险公司——东海航运保险股份有限公司在宁波成立。至 2018 年底,东海航运保险股份有限公司在全国沿海设立的分支机构数量达到 5 家,全年完成保费收入 1.89 亿元。2016 年 6 月,国务院正式批复同意宁波建设全国首个国家级保险创新试验区。2018 年底,宁波市通过《关于加快发展航运保险的实施意见》,为宁波探索航运保险的改革创新服务创造了良好的政策环境。至 2018 年底,全市航运保险实现保费收入 4.5 亿元,同比增长 12.1%,为航运业提供风险保障 7795.3 亿元,同比增长 11.2%,支付赔款 2.9 亿元,有效减轻了航运业风险损失。大连海事大学与东海航运保险股份有限公司合作的东海航运保险学院、中国航海学会航运保险专业委员会秘书处相继落户宁波。

在航运法律领域,海事法院收结案数量居全国前列。宁波海事法院 2013 年至 2017 年连续五年收、结案数量居于全国海事法院第一位,2018 年共受理各类海事海商案件 4620 件,办结 4703 件,标的金额分别为 45.89 亿元、40.96 亿元,收、结案数居全国海事法院第二位。2017 年 12 月,宁波市政府批准宁波仲裁委员会组建国际航运仲裁院。

在航运信息领域,已经形成包括四方物流平台、铁大大、大赢家、无界电商、万联港、船货网在内的一批各具特色、在国内具有较大影响力的物流信息平台。在跨境电子商务平台方面,"跨境购"平台已集聚 110 余家电子商务企业,备案商品 7000 余种,累计成交货值 3 亿多元,居全国之首。在航运大数据平台方面,作为具备航运业特点的"一站式"数据综合服务信息化平台,宁波航交所联合浙江大学西部研究院共同建设的海上丝路航运大数据中心被列入国家发改委 2018 年"互联网+"、人工智能创新发展和数字经济试点重大工程项目。

在航运文化会展领域,由宁波市政府、宁波舟山港等单位主办的海丝港口合作论坛已在宁波成功举办七届。论坛积极响应"一带一路"倡议和世界一流强港建设战略,立足服务构建新发展格局,打造"一带一路"框架下港航合作交流平台,推动建设全球港航命运共同体。自 2015 年以来,"海丝港口合作论坛"已成为"一带一路"框架下港航合作开放交流和互学互鉴的知名平台。此外宁波市连续承办了 2015 年、2016 年和 2017 年中国航海日论坛活动,共邀请国内主要涉海领域和"一带一路"共建国家地区的专家、学者、官员等 2000 多人参与,其中境外嘉宾 300 人,参与群众近 10 万人次。海丝论坛、中国航海日等文化活动的举办,扩大了宁波港航产业在业界的影响力,提升了宁波的城市形象。

为补齐高端港航服务的短板,助推世界一流强港建设,实现宁波服务业高质量发展,2021 年宁波市发布了《宁波市港航服务业补短板攻坚行动方案》,着力破解与港口发展不相匹配的"大港小航"难题,锻造港口硬核力量。随后,宁波市各区出台首项区级扶持政策,安排专项资金,着力推动港航服务业做大做强,致力于打造宁波现代服务业高质量发展样板。2023 年宁波舟山港完成货物吞吐量 13.24 亿吨、装箱吞吐量 3530.1 万标准箱,货物吞吐量领跑全球。在这巨大物流量的背后,伴随着信息流和资金流,宁波港航服务业具有广阔的市场空间和深厚潜力创新业态模式。

第二节 宁波港航服务业的成就与存在的问题

一、取得的成就

一是基础服务方面领跑全球。相比伦敦、新加坡、我国香港和上海四个国际航运中心，宁波港航服务业在基础服务方面成绩突出。2023 年，宁波舟山港完成货物吞吐量连续 14 年蝉联世界第一，展现了在国际货物运输方面的强大竞争力。更值得指出的是，2023 年宁波舟山港的集装箱吞吐量达到 3530.1 万标准箱，仅次于上海和新加坡，位居全球第三，这显示了宁波在国际集装箱物流领域的重要地位和影响力。从沿海货运企业的数据来看，宁波的平均船队规模为 7.87 万载重吨，反映了地区货运企业的扩展与市场需求的增加。在港口服务创新方面，宁波舟山港基于浙江自贸试验区成功推动了国际中转集拼业务，目前此业务已占港口总业务量的 15％左右。这一创新业务不仅提升了宁波舟山港的国际中转能力，而且增加了宁波在全球供应链中的竞争力。此外，宁波舟山港在基础设施方面的优势也非常明显。例如，拥有全球最大的 40 万吨矿船泊位和国内最大的 45 万吨原油码头，有效地支持了国家战略物资（如：石油、矿石）的进口和储备。这种设施优势使宁波在大宗原材料运输和处理能力上远超香港和伦敦等老牌航运中心。总体而言，宁波在全球航运中心的竞争中展现了其独特的战略位置和强大的服务能力，持续的发展和创新不仅巩固了宁波舟山作为全球超级大港的地位，而且为宁波在国际航运领域的进一步提升和发展奠定了坚实的基础。

二是辅助服务方面稳中向好。宁波港航服务业的 7 个辅助服务业在全球范围内表现出色，特别是在多式联运和代理服务、船舶供应、船舶维修、船舶管理以及船员劳务等方面与伦敦、新加坡、我国上海和香港等国际航运中心相比，具有明显的优势和特色。首先，宁波舟山航运中心的多式联运和代理服务效率高，网络联通性好，海铁联运业务量在全球范围内处于领先地位，海铁联运系统连接了全国 23 条主要班列线路，仅次于上海。相比之下，伦敦和香港的这类业态发展缓慢。其次，宁波港航服务业在江海联运方面也成就显著，与新加坡的航运网络相比，宁波舟山港更加重视内河水运的开发，加强了与长江和省内其他内河的河海运输连接。在船舶供应方面，宁波舟山港的燃料供应能力和岸电建设都迅速提升,特别是在 LNG 供应方面,预计 2025 年接收能力将超过 1600 万吨/年,这在全球范围内都是极具竞争力的。与之相反,伦敦和我国香港地区在此方面的发展较为保守,而新加坡则因凭借其国际燃料供应中心的地位而与宁波舟山形成竞争态势。宁波的船舶维修和管理服务也具有良好的发展潜力,宁波拥有丰富的船舶维修设施和技术力量,能提供从简单维修到复杂改装的全范围服务,与我国香港地区和新加坡的成熟市场相比,宁波在成本效率和服务速度上具有优势。最后,在船员劳务方面,宁波市拥有多家专业的船员培训和管理机构,为提升船员服务质量和海员专业技能起到了关键作用。相比之下,虽然伦敦和新加坡在国际船员培训标准设定上具有引领地位,但宁波在本地化服务和成本控制方面展现了更大的灵活性和竞争力。总的来说,宁波的港航辅助服务业在全球航运产业链中具有鲜明的竞争优势。

三是衍生服务方面潜力巨大。与伦敦、新加坡、我国上海和香港等国际航运中心城市相比,宁波的港航衍生服务也具有一定的竞争优势。首先,在航运金融服务方面,宁波的航运业相关贷款余额达到 469.92 亿元,在船舶融资业务中具有增长潜力。船舶融资租赁业务的兴起,尤其是浙江海港融资租赁有限公司的突出表现,体现了地方特色的强大市场动力。相比之下,伦敦和新加坡作为国际金融中心,在航运金融服务的发展和创新方面更为成熟和多元,而宁波在具体航运相关的金融服务方面显示了特色和潜力。在航运保险领域,宁波有航运保险机构 33 家,保险收入达 6.49 亿元。宁波的航运保险业务虽起步较晚,但东海航运保险公司的快速增长和市场扩展表明,专业化的航运保险服务在宁波舟山地区具有较好的成长性。与此相比,我国香港地区和新加坡的航运保险市场更为国际化和成熟,提供更广泛的保险产品和服务。在航运信息技术方面,宁波舟山港利用数字经济的优势,实现了领先全球的"无人化"和"无纸化"技术应用[①],与新加坡等航运中心具有较好的可比性。在航运法律服务方面,宁波的海事仲裁和法院系统快速发展,这主要表现在案件处理效率和质量上。宁波海事法院新收案件 4152 件,办结 3883 件,案件量占全国海事法院的 14.79%,体现了其国内外重要的法律服务地位。这与伦敦作为国际海事法律服务中心的地位形成了良好的互补。在航运教育与文化会展方面,宁波不仅提供高质量的教育资源,还成功举办了多项国际航运和海事活动,增强了其作为国际航运中心的文化和教

---

① 宁波舟山港的"无人化"主要体现在其集装箱码头的自动化作业上,特别是在无人驾驶集卡(集装箱卡车)的应用上。"无纸化"是指该港口在集装箱进出口物流操作中实现了全程无纸化和物流节点可视化。

育影响力。相较于上海和香港的丰富航运教育资源和国际会展活动,宁波同样表现出强大的发展动力和国际化趋势。综上,可以说宁波舟山国际航运中心在衍生服务方面展现了其在特定领域如技术应用和专业服务上的优势,与其他国际航运中心形成了有效的竞争和互补。

二、存在的问题

一是基础服务的发展质量有待优化。宁波港航服务业在基础服务方面虽进步显著,但在国际航运体系中,尤其与伦敦、新加坡、我国上海和香港等国际航运中心相比较,仍有不足与挑战。首先,2023 年宁波舟山港的集装箱吞吐量虽达到了 3530.1 万标准箱,但与全球领先的上海港的 4730 万标准箱相比,还有较大的差距。集装箱物流在国际航运中心的竞争中尤为重要,因为集装箱吞吐量是衡量港口国际物流能力的关键指标。我国香港地区和新加坡就是凭借其高效的物流能力和强大的网络规模,保持集装箱物流的国际领先地位,进而奠定了其国际航运中心的领先地位。其次,在国际物流发展方面,宁波舟山港的国际航次数量和远洋运输能力相对较弱。目前全球大部分国际船舶运力由几大航运联盟控制,宁波港航服务业的国际运输话语权较弱[①]。相比之下,新加坡和我国香港地区作为国际航运的重要节点,具有广泛的国际航线和丰富的航运资源,与宁波相比在国际航运市场上的竞争优势明显。在港口服务方面,尤其是国际中转业务上,宁波舟山港的国际中转业务量占比仅约为 15%,远低于新加坡和我国香港等港口的 50% 至 90%。这反映出在国际中转业务的吸引力和效率方面,宁波舟山港仍比较落后。例如,香港港和新加坡港通过提升操作效率和增强国际合作,成为全球中转货物的主枢纽。为提高宁波港航服务业的发展水平,提升宁波舟山港在全球航运网络中的地位,宁波须深入改进并运用科学战略调整其集装箱处理能力、国际航运影响力以及中转业务的效率等。

二是辅助服务的国际化仍有欠缺。宁波的港航辅助业的服务优势集中在附加值较低的代理服务环节,在船舶管理和维修等高端辅助业上,国际化程度不足。具体而言,在船舶管理服务方面,宁波的大多数船舶管理公司业务范围主要在内地市场,缺乏国际业务能力,与拥有强大国际网络和服务能力的我国香港地

① 浙江省交通运输厅:《浙江省航运服务业高质量发展"双十百千"行动方案(2023—2027 年)》,2024 年 9 月 18 日,https://jtyst.zj.gov.cn/art/2024/9/18/art_1229327542_59038725.html。

区和新加坡相比,明显处于劣势。国际业务扩展和全球服务网络的构建是宁波港航服务业面临的短板和未来发展的关键。在船舶检验方面,仅有少数几个国际船级社在宁波设立分支机构,但上海和新加坡等国际航运中心通常都有多家国际船级社。高级别的船级社不仅可以提升航运中心的国际认可度,还可加强船舶服务的专业性和效率。吸引知名度高的船级社入驻,对提升宁波港航服务业的国际竞争力、吸引更多国际航运企业至关重要。

三是衍生服务的竞争力依旧不足。宁波的衍生服务业面临诸多挑战,尤其在航运金融、信息技术、法律服务和教育培训等方面。首先,在航运金融服务领域,尽管宁波有东海航运保险和华泰保险经纪公司等几家机构,但与拥有成熟航运金融市场的伦敦和新加坡国际航运中心相比,宁波在航运金融领域的影响力和服务能力较弱。例如,新加坡和伦敦的银行和金融机构可提供广泛的船舶融资和保险服务,管理着大量国际航运资产,而宁波 65 家银行业金融机构中,仅有 2 家银行开展船舶融资业务,尚无以船舶贷款为主业的专门银行;宁波全市数百家融资租赁公司中,实际从事船舶融资业务的仅有 1 家。全球 27 家航运金融领域国际知名机构在上海设点 20 个,在宁波仅 1 个。在海事法律服务方面,宁波尚无一家全国前 20 强的专业海事律师事务所,且其法律服务机构处理的多为省内海事案件,鲜有办理国际海事案件。相比之下,伦敦和新加坡作为国际海事法律和仲裁的中心,每年处理大量国际航运法律和仲裁案件,具有丰富的国际经验和高度专业化的法律环境。在教育和培训方面,宁波的航运教育资源尚无法完全满足行业的需求,宁波海事从业人才状况调查报告显示,高学历人才占比低,其中硕士及以上学位的不到 5%,本科学历人员不到 30%,而上海和香港等地的海事院校培养了大量高学历的航运专业人才,这些人才在国际航运市场中占有重要位置。总体而言,宁波港航服务业需要在相应的领域与方面加强能力建设和资源投入,以提高其在全球港航服务业中的竞争力。

第三节 宁波港航服务业发展态势分析

在经济大环境日渐复杂化的背景下,多样化且日益隐蔽的贸易保护措施正在全面考验宁波港航服务业的应对策略。基于宁波港航服务业的现状、成就及存在的问题总结,这里深入分析宁波港航服务业发展所面临的优势、劣势、机遇及挑战,即 SWOT 分析。

一、优势（strengths）

完善的基础设施和服务网络：世界上最大的港口——宁波舟山港位于宁波市，与其他航运中心城市的港口相比，宁波舟山港在深水航道和泊位等港口设施上具有绝对优势，能接纳各种世界上最大的货船，配备现代化装卸设备与自动化系统，装卸效率极高。同时，发达的疏港公路、铁路以及高效的多式联运服务，能为货物在宁波舟山港提供无缝衔接的物流解决方案。此外，宁波舟山港在技术应用、创新及环保措施方面的投入，以及对安全管理和国际标准监管的重视，进一步提升了港口物流的操作效率和服务质量，有效支持了宁波港航服务业的发展。宁波舟山港成为宁波港航服务业的核心竞争力要素。

优越的地理位置和有力的政策支持：宁波处于长三角南翼，位于"一带一路"的重要交汇点，具有极佳的出海通道和航线连接，方便地连接亚洲主要港口及全球航线，区域优势显著。同时，通过完善的铁路、高速公路和内河航道，宁波直接连接着江西、湖北、重庆等内陆省市。优越的地理位置十分便于进出口贸易货物的运输，为宁波港航服务业的发展提供了广阔的空间和多元化的机会。此外，宁波市政府的多项支持政策，如：税收优惠、贸易便利化措施以及重点发展基金等都极大地促进了宁波港航服务业的快速发展。

二、劣势（weaknesses）

国际影响力和竞争力不足：相比于顶尖国际航运中心，如：新加坡、我国香港地区和鹿特丹等，宁波在全球航运网络中的影响力和竞争力仍不足，国际航运决策和资源配置能力较弱。宁波港航服务业在提供高附加值航运服务、吸引国际顶级航运企业等方面具有差距。这种影响力和竞争力的不足限制了宁波港航服务业在全球航运产业中更高层次的战略地位和发展潜力。

国际航线和服务多样化略少：宁波舟山港国际航线数量还不够丰富，无法覆盖全球，特别是到欧洲和北美的直达航线不足。宁波港航服务业在提供专业化和高端化的航运服务方面也不充分，如：高效的物流解决方案、船舶维修和技术支持服务等有待提升。这些因素导致宁波港航服务业在国际航运市场中的竞争力不足，限制了其吸引国际航运客户和扩大市场份额的能力。

三、机会（opportunities）

航运经济重心东移:新华·波罗的海指数显示,与2019年比,2023年国际航运中心城市前十强中,有5个位于亚洲。这说明国际航运资源和市场需求正在向亚太地区集中,为宁波港航服务业的发展带来新机遇。但是,同时也意味着更激烈的竞争,特别是来自区域内其他快速发展的国际航运中心,如:我国上海、香港地区和新加坡的竞争。这些航运中心在服务效率、业态成熟度等方面目前仍领先宁波,因此宁波在提升港航服务业的国际影响力和竞争力上面临较大压力,宁波须积极寻求突破和创新,才能维持和提升其在全球港航服务业与国际供应链中的市场地位。

自贸区及其他开放政策:随着政府推动更高层次的开放政策,特别是宁波自贸区的设立,宁波港航服务业拥有了诸多吸引更多国际航运和物流企业的便利条件,如:税收优惠、监管便利等。优惠政策不仅强化了宁波的国际贸易能力,也为宁波发展高端港航服务、扩展国际航线网络和提升综合服务能力提供了新空间,增强了宁波作为国际航运中心的竞争力和吸引力。

高端港航服务需求增加:中美博弈常态化背景下,我国将逐渐形成以国内大循环为主体、国内国际双循环相互促进的新发展格局,这使得港航服务业的需求变得更为迫切。2022年出台的《实施"3433"服务业倍增发展行动方案》提出,做强现代贸易、现代物流和现代金融三大5万亿级产业,作为宁波服务业高质量发展的重要领域,港航服务业支撑须更加有力。服务业倍增发展新需求,为宁波港航服务业高质量发展提供了巨大空间,但如何与大型国际航运公司合作共赢,开拓货源市场,是宁波港航服务业做大规模、提升能级亟待破解的重大难题。

四、威胁（threats）

全球经济的波动及地缘政治的不确定性:全球经济波动,特别是主要贸易伙伴国的经济衰退,可能导致我国国际贸易量和贸易运输需求走低,这将影响宁波港航服务业的市场规模和盈利能力。贸易战、地区冲突等加剧了国际竞争,影响了地缘政治的不确定性,影响了国际航运业务和港口的稳定发展,这些又增加了宁波港航服务业运营的风险。此外,全球港口和航运中心不断增强其服务能力,宁波港航服务业面临的来自其他国际航运中心,如上海、新加坡、鹿特丹等的竞争加剧。这就要求宁波港航服务业加强风险管理和战略布局,以保持其国际竞争力。

　　贸易及环保政策的变动性:随着环保意识的增强和绿色航运政策的推进,宁波港航服务业须增加投入,才能满足更严格的环保标准,这会显著增加设施升级和操作的成本。同时,政策的不确定性,特别是国际贸易政策方面的快速变动,如关税调整和贸易协定的重新谈判,也将影响港口的运营效率和国际竞争力。这些都要求宁波港航服务业在策略调整和资源配置时,须保持高度的灵活性和前瞻性,以应对潜在的经济和政策风险。

第七章

宁波港航服务业业种业态适应性论证

　　由于发展历史、面临的条件与环境的不同,不同航运中心的发展定位和策略应各具特点,各自适宜或优先发展的港航服务业的业种业态也应有所差异。为基于宁波市的实际,精准识别其港航服务业的发展潜力和方向,有必要深入分析宁波市的港航服务业适应性,明确发展不同的港航服务业需付出的努力与路径。本章通过评估宁波与四个代表性国际航运中心各细分板块发展条件的相似度,判断港航服务业各业种在宁波发展的适配性,进而描绘宁波港航服务业未来的发展蓝图,确定宁波港航服务业的发展路线。

第一节　业种业态甄选技术路线

　　基于可全面体现影响港航服务业发展的驱动因素,计算四个代表性国际航运中心及宁波在各细分业种的得分,以明确其港航服务业的发展现状。各细分业种的适应性得分计算方法如式(7.1)。

$$S_{i,j} = \sum_j \alpha_{i,k} X_{i,j,k} \tag{7.1}$$

式中,$S_{i,j}$为国际航运中心 j 的业种 i 的适应性得分,$X_{i,j,k}$为国际航运中心 j 中业种 i 的驱动因素 k 的得分,$\alpha_{i,k}$为驱动因素 k 对业种 i 的权重。

　　通过对比宁波与四大国际航运中心在各业种上的得分,评估宁波在不同的港航服务业业种的发展条件上与其他国际航运中心的相似度,进而可判断各业种在宁波的发展适应性,以及宁波应参考哪个国际航运中心,制定发展路径。

　　为确定宁波各业种的评分与发展适应性之间的关系,将宁波各港航服务业业种评分与四大国际航运中心的相应评分的平均值相除,得到宁波的适应性得分比值(以下简称为"ρ"),结合参考文献法和德尔菲法得到二者之间的关系,ρ 与业种发展适应性的关系如表 7.1 所示。

表 7.1 业种评分与发展适应性对应关系表

ρ	发展适应性
$\leqslant 0.5$	适应性薄弱
$0.5 \sim 0.65$	适应性一般
$0.65 \sim 0.8$	适应性较强
$\geqslant 0.8$	适应性强

第二节 驱动因素衡量指标选取

根据各驱动因素的具体含义,选取如表 7.2 所示的反映其内涵的指标。

表 7.2 影响因素及其表征指标

序号	驱动因素名称	指标(括号内为单位)
1	国际贸易额	货物外贸进出口总额(亿元人民币)
2	城市知名度	GaWC 世界城市排名(位)
3	制造业集聚程度	第二产业产值在 GDP 的占比
4	金融业集聚程度	金融业产值在 GDP 的占比
5	大宗供应链地位	大宗供应链 CR4 市场集中度指数
6	大宗商品交易市场建设	代表性大宗商品贸易所年成交量(百亿美元)
7	社会融资规模	城市本外币贷款余额(亿元人民币)
8	财税政策	城市平均税率
9	发展政策导向力	港航服务业相关政策系数
10	全球治理指数	世界银行全球治理指数"法治"指数
11	商业法律的体系	经济自由指数中的"司法效力"指数
12	可达性	到工业七国主要港口的加权平均时间
13	劳动力质量	高中及以上学历的人口占比
14	综合交通规模	机场、港口、公铁枢纽的货物运输量(万吨)
15	城市交通设施	轨道交通、道路网密度(千米/平方千米)
16	历史积淀	航运中心历史发展系数

航运中心的大宗供应链 CR4 市场集中度指数可计算如式(7.2):

$$CR_4^i = \sum_{k=1}^{4} Q_k^i / Q^i \qquad (7.2)$$

式中，CR_4^i 为航运中心 i 的大宗供应链市场集中度指数；Q_k^i 为航运中心 i 的大宗供应链市场份额中最大的企业 k 的市场份额，取前 4 个市场份额最大的企业；Q^i 为航运中心 i 的大宗供应链市场总额。

选址在各国际航运中心的代表性大宗商品交易所名单依据美国期货协会（FIA）收录的大宗商品交易所确定，具体名录如下：新加坡：Asia Pacific Exchange、Asia Pacific Exchange、Singapore exchange；伦敦：London Metal Exchange、ICE Futures Europe；上海：Shanghai Futures Exchange、Shanghai International Energy Exchange、China Financial Futures Exchange；香港：Hong Kong Exchanges and Clearing；宁波无代表性大宗商品交易所。各交易所的成交量数据也来源于 FIA 官网。

各国际航运中心的城市平均税率，具体计算方法如式（7.3）：

$$Tr_i = r_i / \mathrm{GDP}_i \qquad (7.3)$$

式中，Tr_i 为国际航运中心 i 的平均税率，r_i、GDP_i 分别为其税收与生产总值。

港航服务业相关政策系数是航运中心在一定时期内的港航服务业相关政策数量的加权求和。具体计算方法如式（7.4）：

$$P_i = 0.5 N_{P_i} + M_i \qquad (7.4)$$

式中，P_i 为国际航运中心 i 的政策系数，N_{P_i} 为其 2000—2016 年间的相关政策数量，M_i 为其 2016—2024 年间的相关政策数量。

世界银行的全球治理"法治"指数符合标准正态分布，因此其原数值取值范围为 -2.5 至 2.5。为去除原数值中的 0 数据，以方便后续的归一化，将指标取值范围调整为 0 至 4，具体方法是将各航运中心的"法治"指数值加 2.5。

各国际航运中心到工业七国主要港口的加权平均时间可计算如式（7.5）：

$$T_i = \sum_j t_{ij} \mathrm{GDP}_j / \sum_j \mathrm{GDP}_j \qquad (7.5)$$

式中，T_i 为国际航运中心 i 的加权平均时间，t_{ij} 为其到国家 j 的航行时间，GDP_j 为目的国的 GDP。

各国际航运中心历史发展系数用于反映航运中心的历史积淀。航运中心的发展历史越久远，且在各历史发展阶段中在国际航运中扮演的角色越重要，则指标值越大。指标取值范围为 0 至 10，具体分数通过专家评价法获得。邀请数位专家对各航运中心进行打分，并取其平均值作为航运中心得分。具体计算如式（7.6）：

$$H_i = \sum_N H_{i,n}/N \tag{7.6}$$

式中,H_i 为国际航运中心 i 的历史发展系数,N 为专家数量,$H_{i,n}$ 为专家 n 对航运中心 i 的历史发展系数评分。

基于上述计算方法,确定各驱动因素的指标值如表 7.3 所示。

表 7.3 各航运中心在每个驱动因素上的指标值

序号	因素名称	新加坡	伦敦	上海	香港	宁波
1	国际贸易额	71753	9255	45461	81836	12670
2	城市知名度	4	1	5	3	229
3	制造业集聚程度	0.243	0.179	0.246	0.009	0.472
4	金融业集聚程度	0.128	0.236	0.183	0.213	0.084
5	大宗供应链地位	0.35	0.22	0.55	0.13	0.42
6	大宗商品交易市场建设	8519920	46415528	64261122	5705751	0
7	社会融资规模	96353	236278	103139	135417	32986
8	财税政策	0.164	0.38	0.142	0.043	0.1878
9	发展政策导向力	15	9	21	15	24
10	全球治理指数	4.3	3.9	2.5	3.8	2.5
11	商业法律的体系	89.7	78.4	59.5	89.4	59.5
12	可达性	25.63	27.49	20.28	19.57	21.29
13	劳动力质量	58%	47%	52%	67%	33%
14	综合交通规模	59344	5410	141374	20500	80100
15	城市交通设施	0.507	1.408	2.310	2.020	1.187
16	历史发展系数	38.92	90	43.78	51.08	19.46

第三节 航运中心在各驱动因素上的优劣势分析

为计算各港航服务业业种的得分,把指标数据按式(7.7)进行概率归一化,使各驱动因素指标值之和为1,以更清晰地反映航运中心在各驱动因素上的优劣势。

$$p_{ij} = \frac{p'_{ij}}{\sum_{i=1}^{4} p'_{ij}} \qquad (7.7)$$

式中,p_{ij} 为国际航运中心 i 指标 j 的归一化取值;p'_{ij} 为其原始指标值。归一化的指标值如表 7.4 所示。

表 7.4　各航运中心在每个驱动因素上的指标值(归一化后)

序号	因素名称	新加坡	伦敦	上海	香港	宁波
1	国际贸易额	0.32	0.04	0.21	0.37	0.06
2	城市知名度	0.25	0.25	0.24	0.25	0.01
3	制造业集聚程度	0.21	0.16	0.21	0.01	0.41
4	金融业集聚程度	0.15	0.28	0.22	0.25	0.10
5	大宗供应链地位	0.44	0.28	0.07	0.16	0.05
6	大宗商品交易市场建设	0.07	0.37	0.51	0.05	0.00
7	社会融资规模	0.16	0.39	0.17	0.22	0.05
8	财税政策	0.18	0.41	0.15	0.05	0.20
9	发展政策导向力	0.18	0.11	0.25	0.18	0.29
10	全球治理指数	0.25	0.23	0.15	0.22	0.15
11	商业法律的体系	0.24	0.21	0.16	0.24	0.16
12	可达性	0.22	0.24	0.18	0.17	0.19
13	劳动力质量	0.23	0.18	0.20	0.26	0.13
14	综合交通规模	0.19	0.02	0.46	0.07	0.26
15	城市交通设施	0.07	0.19	0.31	0.27	0.16
16	历史积淀	0.16	0.37	0.18	0.21	0.08

由表 7.4 可以看出,在"国际贸易额"指标上,国际航运中心的层级明显。新加坡和我国香港地区大幅领先于其他航运中心,上海位于中间位置,而伦敦、宁波位于末尾。尽管伦敦的货物贸易进出口额较少,但其服务贸易进出口额却处于世界前列,因此综合来看,其余 4 个国际航运中心在国际贸易方面的表现均远优于宁波舟山国际航运中心。在"城市知名度"方面,其余 4 个航运中心城市的差距不大,而宁波的得分仅为 0.01,位于五个国际航运中心城市之末。伦敦在全球的知名度排名首位,新加坡、我国上海和香港地区紧随其后,而宁波则排在第 229 位,这表明宁波在城市知名度上与其他四个国际航运中心城市差异巨大。

在"制造业集聚程度"指标上,宁波以 0.41 的得分居首,与其余国际航运中心拉开了差距。我国上海、新加坡以 0.21 的分数居平均值附近。由于发展重心不同,作为国际金融中心的伦敦与香港的制造业集聚程度十分低。在这个指标上,宁波与其他国际航运中心相比优势明显。

在"金融业集聚程度"指标上,伦敦以 0.28 的得分位居榜首,香港、上海分别以 0.25、0.22 分紧随其后,展示出它们金融产业的雄厚发展基础,而宁波的金融业集聚程度指标远远落后于这四个国际航运中心城市。在"大宗供应链地位"方面,新加坡以 0.44 的得分远超其他国际航运中心,伦敦以 0.28 分位居第二,上海和宁波的得分不到 0.1 分。新加坡和伦敦的大宗物流行业拥有行业巨头,在大宗商品交易定价权上能力出众,而上海和宁波对于大宗商品定价都缺乏应有的影响力。

在"大宗商品交易市场建设"方面,得益于上海期货交易所的巨大成交体量,上海以 0.51 的显著得分领先,伦敦凭借拥有多个世界级大宗商品交易所,以 0.37 的高分位居第二,这两个国际航运中心的得分占总分值的 90%,表明它们在大宗商品交易市场上具有显著的影响力。由于宁波没有代表性的大宗商品交易所,因此宁波的此项得分为 0。

在"社会融资规模"指标上,伦敦以 0.39 的得分领先同行,同时新加坡、伦敦和香港的得分均显著高于宁波的 0.05,说明宁波在社会融资能力上与其他航运中心城市相比差距较大。在财税政策方面,伦敦以 0.47 的得分位于榜首,表明伦敦的税收政策相对较为严格,但同时也反映出伦敦的税收所得很高。香港的财税政策得分最低,仅为 0.05,说明其财税政策相对宽松以及税收收入较低。宁波的财税政策得分为 0.11,处于政策宽松的范畴。在全球治理指数上,新加坡、伦敦和香港三个国际航运中心的得分均超过平均值,其中新加坡以 0.25 的得分领先,而上海和宁波在这一项上得分较低。这在某种程度上与世界银行的评价体系对我国城市不利有关。"商业法律体系"在五大航运中心间差异不大,它们的得分都位于平均值附近。

在"运输可达性"方面,伦敦以 0.24 的得分排在首位,而香港以 0.17 的得分居于末位。新加坡和伦敦的得分超过平均值,表明它们在运输可达性上略优于上海、香港和宁波。宁波得分为 0.19,在中国的三个航运中心中分值最高。在"劳动力质量"指标方面,香港以 0.26 的高分领先,宁波则以 0.13 分处于末位,与其他四大国际航运中心存在较大差距,说明宁波需要努力提升劳动力质量。在"城市交通设施"方面,上海和香港的得分高于平均值,反映出其在交通设施方面的优势。新加坡的得分最低,这可能与其城市面积较小有关。宁波的此项得分为 0.16,位列倒数第二,仅为上海分值的约一半。这与宁波城市轨道交通历史较短有关,作为后发达的新兴城市,截至 2023 年宁波仅开通 5 条地铁线,与老牌发达城市的地铁规模差距较大。

基于上述数据分析,可以发现当前宁波的制造业已形成规模效应,且财税政策较为宽松,商业法律体系较为完备,有利于企业的发展。同时,宁波的对外贸易通道畅通,为外贸运输提供了稳定的基础保障。然而,从有限的国际贸易额、低微的国际知名度和在大宗供应链地位可以看出,就港航服务业而言,宁波在国际上的影响力明显不足,这也在一定程度上导致宁波未形成知名的大宗商品交易市场。同时,宁波金融服务业的发展水平低下,在国际金融市场与同行相比竞争力不足。除此之外,劳动人口素质较低、历史积淀不够、城市基础设施建设有待提升等都是宁波在未来发展港航服务业所面临的短板。

比较分析 5 个航运中心的 16 项指标,可以发现宁波的 10 项指标值得分最低,这凸显出宁波与世界领先的国际航运中心相比,支持港航服务业发展的各种条件尚不完善,这种差距可能在很大程度上影响到了宁波港航服务业的发展。

第四节　业种评分与分析

根据前文确定的各业种及其权重,结合指标值对各国际航运中心的相应业种进行打分,并根据评分结果计算宁波与四大国际航运中心得分平均值的比值,确定某业种在宁波的发展适应性。

一、基础服务业业种评分与分析

(一)水上运输服务业

水上运输服务业的评分结果如表 7.5 所示。

表 7.5　水上运输服务评分结果

因素	权重	新加坡	伦敦	上海	香港	宁波
国际贸易额	0.45	0.32	0.04	0.21	0.37	0.06
制造业集聚度	0.46	0.21	0.16	0.21	0.01	0.41
大宗供应链地位	0.75	0.44	0.28	0.07	0.16	0.05

续表

因素	权重	新加坡	伦敦	上海	香港	宁波
大宗交易所建设	0.54	0.07	0.37	0.51	0.05	0.00
政策导向力	0.57	0.18	0.11	0.25	0.18	0.29
可达性	0.49	0.22	0.24	0.18	0.17	0.19
综合交通规模	0.69	0.19	0.08	0.46	0.03	0.26
总分		0.95	0.69	1.07	0.55	0.69
ρ		0.84				
业种适应性		适应性强				

由表 7.5 可见,对于水上运输服务业,"大宗供应链地位"的权重高达 0.75,"综合交通规模"的权重为 0.69,除此之外,"大宗交易所建设"和"政策导向力"的权重均超过 0.5。这说明水上运输服务业主要受航运中心城市在全球的大宗供应链中的地位、产业发展导向、大宗商品交易市场规模和综合交通规模的影响。宁波作为我国重要的制造业基地,拥有庞大的制造业集群和较高的工业技术水平,并且在政策支持力度上与全球领先的航运中心保持同一水平。宁波得天独厚的地理位置,濒临东海,使其成为重要的港口城市,同时其完善的公、铁、海、空一体化综合交通网络,为其物流运输提供了强大的支持。这些因素使宁波在运输可达性和综合交通规模方面具备显著优势,为水上运输服务业的发展提供了优越的适应性。然而,宁波缺乏一个活跃且有影响力的地区性大宗商品交易市场,这限制了其在大宗商品贸易中的地位和作用。此外,宁波的国际贸易额相对较低,这在一定程度上也制约着其水上运输服务业的进一步发展。

(二)港口服务业

港口服务业评分结果如表 7.6 所示。

表 7.6 港口服务评分结果

因素	权重	新加坡	伦敦	上海	香港	宁波
国际贸易额	0.8	0.32	0.04	0.21	0.37	0.06
制造业集聚度	0.48	0.21	0.16	0.21	0.01	0.41
大宗供应链地位	0.44	0.44	0.28	0.07	0.16	0.05
大宗交易所建设	0.71	0.07	0.37	0.51	0.05	0.00
可达性	0.7	0.22	0.24	0.18	0.17	0.19

因素	权重	新加坡	伦敦	上海	香港	宁波
综合交通规模	0.68	0.19	0.02	0.46	0.07	0.26
城市交通设施	0.32	0.07	0.19	0.31	0.27	0.16
总分		0.91	0.73	1.20	0.66	0.63
ρ		0.71				
业种适应性		适应性较强				

由表 7.6 可见,对于港口服务,"国际贸易额"的权重高达 0.8,"大宗交易所建设""可达性"与"综合交通规模"等的权重也均超过 0.6,说明港口服务业的发展与航运中心的国际贸易能力、国际市场影响力密切相关,同时也受航运中心区位条件与交通发展水平的影响。宁波区位条件相对优越,且城市交通设施相对发达,高速公路、铁路、空运等交通网络完善,在综合交通规模方面表现良好。另外,宁波制造业集聚程度高,这也为其发展港口服务业创造了较强的适应性。但是,宁波在国际贸易能力方面存在短板,以及缺乏具有国际影响力的大宗商品交易市场,这使得其在全球竞争中仍处于相对劣势,这两个薄弱的关键因素显著地限制了宁波港航服务业的进一步发展。

二、辅助服务业业种评分与分析

(一)多式联运与货运代理

多式联运与货运代理评分结果如表 7.7 所示。

表 7.7 多式联运与货运代理服务评分结果

因素	权重	新加坡	伦敦	上海	香港	宁波
国际贸易额	0.79	0.32	0.04	0.21	0.37	0.06
制造业集聚度	0.84	0.21	0.16	0.21	0.01	0.41
大宗供应链地位	0.81	0.44	0.28	0.07	0.16	0.05
大宗交易所建设	0.49	0.07	0.37	0.51	0.05	0.00
可达性	0.54	0.22	0.24	0.18	0.17	0.19
综合交通规模	0.35	0.19	0.02	0.46	0.07	0.26
城市交通设施	0.37	0.07	0.19	0.31	0.27	0.16

因素	权重	新加坡	伦敦	上海	香港	宁波
总分		1.04	0.78	1.02	0.67	0.69
ρ	0.80					
业种适应性	适应性强					

由表 7.7 可见,多式联运和货运代理业务与港口服务业的驱动因素具有相似性,但在侧重点上有明显差异。相较于港口服务业高度依赖发达的交通运输网络,多式联运与货运代理业务更重视航运中心的制造业集聚水平及其在大宗供应链中的地位。这反映了多式联运与货运代理在整合各类运输资源、提升物流效率方面的独特需求。

宁波的制造业集聚程度处于各大航运中心的前列,其庞大的腹地市场为多式联运与货运代理提供了市场保障。同时,丰富的城市基础设施为宁波发展多式联运与货运代理业务奠定了坚实的基础。此外,宁波的交通运输网络、港口设施以及物流服务能力也为多式联运与货运代理业务的高效运作提供了有利条件。

进一步来看,宁波的这些优势不仅有利于吸引更多的物流企业和制造商在宁波扩展业务,也有助于宁波在全球物流与供应链网络中扮演更加重要的角色。因此,尽管面临国际影响力缺失和缺乏代表性大宗商品交易市场等短板,在多式联运与货运代理领域宁波仍然拥有巨大的发展潜力。

(二)船舶供应

船舶供应评分结果如表 7.8 所示。

表 7.8 船舶供应服务评分结果

因素	权重	新加坡	伦敦	上海	香港	宁波
国际贸易额	0.79	0.32	0.04	0.21	0.37	0.06
制造业集聚度	0.84	0.21	0.16	0.21	0.01	0.41
大宗供应链地位	0.81	0.44	0.28	0.07	0.16	0.05
大宗交易所建设	0.49	0.07	0.37	0.51	0.05	0.00
政策导向力	0.18	0.11	0.25	0.18	0.29	0.16
可达性	0.54	0.22	0.24	0.18	0.17	0.19
综合交通规模	0.35	0.19	0.02	0.46	0.07	0.26

因素	权重	新加坡	伦敦	上海	香港	宁波
城市交通设施	0.37	0.07	0.19	0.31	0.27	0.16
总分		1.07	0.75	1.28	0.82	0.95
ρ		0.98				
业种适应性		适应性强				

由表 7.8 可见,对于船舶供应服务来说,"国际贸易额""制造业集聚度"的权重分别高达 0.8 和 0.85,说明船舶供应服务高度依赖航运中心的国际贸易活动和生产制造业活动。"政策导向力"与"城市交通设施"的权重也超过 0.7,说明船舶供应服务对航运中心的政策扶持力度和城市交通基础设施具有较高的要求和需求。宁波的适应性得分比值 ρ 高达 0.98,处于"适应性强"的位置。但是,深入分析后,发现宁波的国际贸易规模仍显不足,且交通基础设施水平仅能勉强与世界领先的国际航运中心持平。此外,相较于发展较为成熟的上海,宁波尚缺少有影响力的大宗商品交易平台,但宁波的制造业基础发达,在运输可达性方面表现较为出色,综合交通网络规模得到良好发展,加上政策导向力显著,因此船舶供应服务在宁波发展具有较好的适应环境。

总的来说,尽管宁波在某些关键领域面临挑战,但仍为船舶供应服务提供了十分完善的发展环境,已十分接近世界领先水平。

(三)船舶维修

船舶维修评分结果如表 7.9 所示。

表 7.9 船舶维修服务评分结果

因素	权重	新加坡	伦敦	上海	香港	宁波
国际贸易额	0.79	0.32	0.04	0.21	0.37	0.06
制造业集聚度	0.83	0.21	0.16	0.21	0.01	0.41
大宗供应链地位	0.8	0.44	0.28	0.07	0.16	0.05
财税政策	0.54	0.41	0.15	0.05	0.20	0.11
政策导向力	0.62	0.11	0.25	0.18	0.29	0.16
可达性	0.62	0.24	0.18	0.17	0.19	0.19
劳动力质量	0.5	0.18	0.20	0.26	0.13	0.16
综合交通规模	0.47	0.02	0.46	0.07	0.26	0.27

因素	权重	新加坡	伦敦	上海	香港	宁波
城市交通设施	0.68	0.19	0.31	0.27	0.16	0.16
总分		1.38	1.05	1.27	1.02	1.13
ρ		0.95				
业种适应性		适应性强				

由表 7.9 可以看出,对于船舶维修服务,"制造业集聚度""大宗供应链地位""国际贸易额"的权重分别高达 0.83、0.8 和 0.79,同时其他驱动因素的权重也较高。这说明船舶维修服务业需要全面、完善的发展环境,同时对产业基础和国际化程度的要求尤为突出。宁波的总分已经超越伦敦和香港,居 5 个航运中心的中间,适应性得分比值 ρ 为 0.95,处于"适应性强"的范畴。说明宁波发展船舶维修服务业的条件已处于国际领先水平,这得益于宁波市扎实的制造业基础和庞大的综合交通体量。同时,相对优越的区位条件和较为发达的城市交通基建也为船舶维修服务业在宁波的发展提供了坚强的保障,但薄弱的国际贸易能力和劳动力质量不高仍是宁波发展船舶维修服务业的短板。

(四)船舶管理(第三方)

船舶管理(第三方)评分结果如表 7.10 所示。

表 7.10 船舶管理服务(第三方)评分结果

因素	权重	新加坡	伦敦	上海	香港	宁波
国际贸易额	0.82	0.32	0.04	0.21	0.37	0.06
制造业集聚度	0.57	0.21	0.16	0.21	0.01	0.41
金融业集聚度	0.53	0.15	0.28	0.22	0.25	0.10
大宗供应链地位	0.76	0.44	0.28	0.07	0.16	0.05
财税政策	0.7	0.18	0.41	0.15	0.05	0.20
政策导向力	0.62	0.18	0.11	0.25	0.18	0.29
可达性	0.98	0.22	0.24	0.18	0.17	0.19
劳动力质量	1	0.23	0.18	0.20	0.26	0.13
综合交通规模	1.02	0.19	0.02	0.46	0.07	0.26
总分		1.68	1.27	1.57	1.21	1.27

因素	权重	新加坡	伦敦	上海	香港	宁波
ρ				0.89		
业种适应性				适应性强		

由表 7.10 可知,对于船舶管理服务业,"国际贸易额"的权重为 0.82,而"可达性""劳动力质量"和"综合交通规模"等三项的权重更是高达 1.0 左右。这表明船舶管理服务的发展不仅依赖于城市的国际贸易能力,还与其交通基础设施、劳动力素质和交通运输网络密切相关,这与船舶管理服务所需的高开放性和高管理要求高度契合。

宁波在船舶管理服务的得分超过香港,与伦敦并列第三,适应性比值 ρ 为 0.89,处于"适应性强"的范畴,但宁波的国际贸易能力相对不足,劳动力质量有待提高。在船舶管理服务领域,更加侧重于城市的交通基础设施和运输网络的可达性。在这些方面,宁波表现相对较好。宁波拥有先进的交通基础设施,包括高速公路、铁路和空运网络,这些设施的完善为其船舶管理服务提供了强有力的支持。此外,宁波的地理位置优越,靠近东海,具备天然的港口条件,使得其在可达性方面表现出色。综合以上因素考虑,船舶管理服务在宁波具有出色的发展适应性。

(五)船舶注册登记

船舶注册登记评分结果如表 7.11 所示。

表 7.11　船舶注册登记评分结果

因素	权重	新加坡	伦敦	上海	香港	宁波
国际贸易额	0.84	0.32	0.04	0.21	0.37	0.06
城市知名度	0.59	0.25	0.25	0.24	0.25	0.01
大宗供应链地位	0.94	0.44	0.28	0.07	0.16	0.05
财税政策	0.02	0.18	0.41	0.15	0.05	0.20
商业法律体系	0.14	0.24	0.21	0.16	0.24	0.16
总分		0.87	0.48	0.41	0.64	0.13
ρ				0.22		
业种适应性				适应性薄弱		

由表 7.11 可知,对于船舶注册登记服务,"国际贸易额"与"大宗供应链地位"的权重分别为 0.84 和 0.94,远远高于其他因素的权重。可以说,国际贸易能力与在全球供应链中的角色全面决定着航运中心是否具备发展船舶注册登记服务的能力。宁波在大宗供应链上毫无竞争力,而国际贸易能力也有所欠缺。这些直接导致其无法形成船舶注册登记服务发展的产业环境,因此适应性比值 ρ 只有 0.22,位列最末,与上一层级"适应性一般"层级仍有巨大差距,说明宁波亟须优先营造有利于船舶登记服务发展的环境基础,以更好地支撑其在宁波落地扎根。

(六)船舶检验

船舶检验评分结果如表 7.12 所示。

表 7.12　船舶检验服务评分结果

因素	权重	新加坡	伦敦	上海	香港	宁波
国际贸易额	0.59	0.32	0.04	0.21	0.37	0.06
制造业集聚度	0.92	0.21	0.16	0.21	0.01	0.41
大宗供应链地位	0.6	0.44	0.28	0.07	0.16	0.05
商业法律体系	0.55	0.24	0.21	0.16	0.24	0.16
可达性	0.94	0.22	0.24	0.18	0.17	0.19
综合交通规模	0.79	0.19	0.02	0.46	0.07	0.26
总分		1.14	0.69	0.98	0.87	0.91
ρ		1.05				
业种适应性		适应性强				

由表 7.12 可知,对于船舶检验服务,"制造业集聚度"和"可达性"的权重分别高达 0.92 和 0.94,"综合交通质量"的权重为 0.79,且其他因素的权重也都超过 0.5。这说明船舶检验服务需要全面、完善的发展环境,同时对制造业基础和航运中心区位条件等要求较高。宁波的适应性比值 ρ 为 1.05,高于香港与伦敦,位于 5 个航运中心的中位,处于"适应性强"范畴,说明宁波的船舶检验服务的发展条件已达到世界领先水平。细致分析后发现,宁波的优势主要集中在制造业集聚程度高和区位可达性好方面,而短板是较弱的国际贸易能力。此外,与前一位的上海相比,宁波的综合交通规模不足,这削弱了宁波发展船舶检验的适应性。尽管面临一定的挑战,但宁波仍拥有发展船舶检验业务的显著潜力。

（七）航运经纪

航运经纪评分结果如表 7.13 所示。

表 7.13 　航运经纪服务评分结果

因素	权重	新加坡	伦敦	上海	香港	宁波
国际贸易额	0.58	0.32	0.04	0.21	0.37	0.06
城市知名度	0.75	0.25	0.25	0.24	0.25	0.01
金融业集聚度	0.46	0.15	0.28	0.22	0.25	0.10
大宗供应链地位	0.51	0.44	0.28	0.07	0.16	0.05
社会融资规模	0.46	0.16	0.39	0.17	0.22	0.05
财税政策	0.58	0.18	0.41	0.15	0.05	0.20
商业法律体系	0.8	0.24	0.21	0.16	0.24	0.16
可达性	0.4	0.22	0.24	0.18	0.17	0.19
总分		1.12	1.16	0.80	0.99	0.46
ρ		0.45				
业种适应性		适应性薄弱				

由表 7.13 可知,对于航运经纪服务,"商业法律体系"的权重达 0.8,"城市知名度"的权重为 0.75,说明航运经纪服务高度依赖城市的知名度和健全的商业法律体系,同时也对国际贸易、金融业的成熟度以及在大宗供应链地位有一定的期待。宁波发展航运经纪产业的适应性得分为 0.46,远落后于其他航运中心,这使得其适应性比值 ρ 仅有 0.45。这一差异凸显了宁波在航运经纪服务方面尚不能与全球领先的国际航运中心相竞争,其不足主要体现在国际贸易能力较弱、城市知名度低、社会融资规模有限等方面。在多种关键先决条件不足的情况下,宁波应首先提升这些弱项,然后才能凭借牢固的基础推动航运经纪服务的发展,实现宁波航运经纪从无到有的跨越。

（八）码头建设、设计和工程咨询服务

码头建设、设计和工程咨询服务的评分结果如表 7.14 所示。

表 7.14　码头建设、设计和工程咨询服务评分结果

因素	权重	新加坡	伦敦	上海	香港	宁波
国际贸易额	0.93	0.32	0.04	0.21	0.37	0.06
制造业集聚度	0.87	0.21	0.16	0.21	0.01	0.41
大宗供应链地位	0.8	0.44	0.28	0.07	0.16	0.05
大宗交易所建设	0.87	0.07	0.37	0.51	0.05	0.00
政策导向力	0.58	0.18	0.11	0.25	0.18	0.29
可达性	0.76	0.22	0.24	0.18	0.17	0.19
城市交通设施	0.76	0.19	0.02	0.46	0.07	0.26
总分		1.32	0.98	1.51	0.81	0.96
ρ		0.83				
业种适应性		适应性强				

由表 7.14 可知,对于码头建设、设计和工程咨询服务,大部分驱动因素权重都在 0.7 以上,尤其是"国际贸易额"的权重高达 0.93。这说明码头建设、设计和工程咨询服务对许多要素都有很高的要求,其中对国际贸易要求最高,其次对制造业集聚程度、大宗供应链和大宗商品交易市场建设的考量并重,除此之外,对交通运输基础设施也有很高要求。宁波的适应性比值 ρ 为 0.83,处于"适应性强"范畴。综合各项因素可以看到,宁波与其他国际航运中心相比,在发展码头建设、设计和工程咨询服务业时,其国际贸易能力和大宗商品交易市场的建设等关键要素显著落后。但是,得益于雄厚的制造业基础和庞大的交通运输体量,码头建设、设计和工程咨询服务在宁波有很好的适应性,在宁波是充分具备发展潜力的业种。为提升在这一领域的竞争力,宁波须在推动国际贸易和完善大宗商品交易市场方面进行全面布局。

（九）海洋工程

海洋工程的评分结果如表 7.15 所示。

表 7.15　海洋工程评分结果

因素	权重	新加坡	伦敦	上海	香港	宁波
国际贸易额	0.51	0.32	0.04	0.21	0.37	0.06
城市知名度	0.75	0.25	0.25	0.24	0.25	0.01
大宗供应链地位	0.77	0.44	0.28	0.07	0.16	0.05

因素	权重	新加坡	伦敦	上海	香港	宁波
财税政策	0.54	0.18	0.41	0.15	0.05	0.20
政策导向力	0.6	0.18	0.11	0.25	0.18	0.29
可达性	0.78	0.22	0.24	0.18	0.17	0.19
劳动力质量	0.57	0.23	0.18	0.20	0.26	0.13
综合交通规模	0.89	0.19	0.02	0.46	0.07	0.26
总分		1.37	1.02	1.24	0.97	0.81
ρ		0.71				
业种适应性		适应性较强				

由表 7.15 可知,对于海洋工程服务业,"综合交通规模"的权重为 0.89,"城市知名度""大宗供应链地位"和"可达性"的权重也均超过 0.7,说明海洋工程主要是面向国际市场的服务业,对于交通运输的要求相对较高。宁波凭借其出色的城市交通基础设施和良好的区位可达性,为海洋工程服务业的成长赢得了一片发展天地,其适应性比值 ρ 为 0.71,处于"适应性较强"范畴。但是,除综合交通规模优势较为明显外,宁波在其他方面的表现不突出,基本处于五个航运中心的最末水平,而主要劣势在于其国际贸易能力的不足以及城市知名度较低。这两个方面的欠缺限制了宁波在海洋工程服务领域的进一步发展。针对这一情况,宁波应着力于加强其国际贸易的发展势头,同时采取有效措施提升城市的全球知名度。

(十)船员劳务

船员劳务服务的评分结果如表 7.16 所示。

表 7.16　船员劳务服务评分结果

因素	权重	新加坡	伦敦	上海	香港	宁波
国际贸易额	0.46	0.32	0.04	0.21	0.37	0.06
制造业集聚度	0.84	0.21	0.16	0.21	0.01	0.41
大宗供应链地位	0.66	0.44	0.28	0.07	0.16	0.05
财税政策	0.76	0.18	0.41	0.15	0.05	0.20
政策导向力	0.85	0.18	0.11	0.25	0.18	0.29
商业法律体系	0.72	0.24	0.21	0.16	0.24	0.16

续表

因素	权重	新加坡	伦敦	上海	香港	宁波
劳动力质量	0.49	0.23	0.18	0.20	0.26	0.13
总分		1.19	0.98	0.86	0.77	0.98
ρ		1.03				
业种适应性		适应性强				

由表 7.16 可知,对于船员劳务,"制造业集聚度"和"政策导向力"的权重均超过 0.8,"财税政策"和"商业法律体系"的权重均超过 0.7,这说明船员劳务受产业基础、政府支持力度以及商业化程度的影响较为明显。宁波的适应性得分为 0.98,与伦敦并列第二,仅次于新加坡,适应性比值 ρ 为 1.03,处于"适应性强"范畴。这表明宁波的船员劳务服务发展条件已处于国际顶尖水平,但国际贸易方面的劣势、大宗商品贸易国际影响力欠缺和劳动力质量相对不高等因素仍在制约着宁波的船员劳务业的发展。

三、衍生服务业业种评分与分析

(一)航运金融

航运金融服务的评分结果如表 7.17 所示。

表 7.17 航运金融服务评分结果

因素	权重	新加坡	伦敦	上海	香港	宁波
国际贸易额	0.41	0.32	0.04	0.21	0.37	0.06
城市知名度	0.79	0.25	0.25	0.24	0.25	0.01
大宗交易所建设	0.38	0.07	0.37	0.51	0.05	0.00
社会融资规模	0.85	0.16	0.39	0.17	0.22	0.05
财税政策	0.87	0.18	0.41	0.15	0.05	0.20
商业法律体系	0.77	0.24	0.21	0.16	0.24	0.16
劳动力质量	0.73	0.23	0.18	0.20	0.26	0.13
总分		0.99	1.34	1.02	0.97	0.47
ρ		0.44				
业种适应性		适应性薄弱				

由表 7.17 可以看出,对于航运金融服务业,"财税政策"和"社会融资规模"的权重分别高达 0.87 和 0.85,而"城市知名度""商业法律体系"与"劳动力质量"的权重也均超过 0.7,说明航运金融服务业显著受政策因素与社会经济因素的影响,同时对法律与社会各方面也具有较高的要求。宁波的航运金融服务业适应性得分为 0.47,与其余四个国际航运中心相比,差距极大,而适应性比值 ρ 也仅有 0.44,处于"适应性薄弱"范畴。这凸显出宁波与全球领先的国际航运中心在航运金融服务领域的显著差距。详细分析显示,宁波的影响航运金融服务业发展的各项指标都处于薄弱状态,其中国际贸易能力不足、城市品牌知名度较低、大宗商品交易市场不发达以及社会融资规模有限等是主要的短板,这些指标值低下使得宁波成为发展航运金融的"空白地带"。

宁波要想发展航运金融业,须站在长远的视角,从提升各项驱动因素开始,逐步夯实其国际贸易能力,提升城市国际知名度,加强商品交易市场的建设及扩大社会融资规模等基础建设。

(二)航运保险

航运保险服务的评分结果如表 7.18 所示。

表 7.18　航运保险服务评分结果

因素	权重	新加坡	伦敦	上海	香港	宁波
国际贸易额	0.2	0.32	0.04	0.21	0.37	0.06
城市知名度	0.8	0.25	0.25	0.24	0.25	0.01
金融业集聚度	0.64	0.15	0.28	0.22	0.25	0.10
大宗供应链地位	0.34	0.44	0.28	0.07	0.16	0.05
大宗交易所建设	0.76	0.07	0.37	0.51	0.05	0.00
社会融资规模	0.7	0.16	0.39	0.17	0.22	0.05
财税政策	0.8	0.18	0.41	0.15	0.05	0.20
商业法律体系	0.66	0.24	0.21	0.16	0.24	0.16
总分		0.97	1.51	1.14	0.87	0.41
ρ		0.37				
业种适应性		适应性薄弱				

由表 7.18 可知,对于航运保险服务,"城市知名度"和"财税政策"的权重都为 0.8,"社会融资规模"的权重为 0.76,说明航运保险服务业高度依赖城市的国

际化、金融业发展水平以及政府的产业政策。宁波在航运保险行业的发展环境过于贫瘠,尤其是国际贸易能力、全球知名度、大宗商品交易市场的建设以及社会融资能力等关键指标值几乎为零,使得宁波的航运保险服务业缺乏必要的发展基础,因此把航运保险服务业作为宁波近期发展的重点并不可取。

上述分析结果并不意味着宁波在航运保险服务领域毫无潜力,明确了当前阶段不应该直接推进航运保险服务业的发展,而应更多地集中资源和努力于提升宁波在几个关键领域的竞争力。随着未来多项基础条件的逐步改善和提高,宁波发展航运保险服务业的适应性会逐渐增强,届时再大力推进航运及金融服务的直接发展是科学合理的发展方式。

(三)航运信息

航运信息服务的评分结果如表 7.19 所示。

表 7.19　航运信息服务评分结果

因素	权重	新加坡	伦敦	上海	香港	宁波
国际贸易额	0.71	0.32	0.04	0.21	0.37	0.06
城市知名度	0.49	0.25	0.25	0.24	0.25	0.01
制造业集聚度	0.72	0.21	0.16	0.21	0.01	0.41
金融业集聚度	0.8	0.15	0.28	0.22	0.25	0.10
大宗供应链地位	0.68	0.44	0.28	0.07	0.16	0.05
大宗交易所建设	0.64	0.07	0.37	0.51	0.05	0.05
政策导向力	0.56	0.18	0.11	0.25	0.18	0.29
商业法律体系	0.73	0.24	0.21	0.16	0.24	0.16
总分		1.24	1.12	1.23	1.00	0.73
ρ	0.64					
业种适应性	适应性一般					

由表 7.19 可知,对于航运信息服务,"金融业集聚程度"的权重高达 0.8,而其他大部分指标的权重也都高于 0.6,说明航运信息服务对航运中心的国际化水平、产业发展水平和社会建设水平等具有全面的要求。宁波的适应性评分为 0.73,与前一位香港有 0.27 的分差。适应性比值 ρ 为 0.64,表明宁波在航运信息服务领域发展环境一般,尤其是在国际贸易能力、全球知名度、金融集聚程度以及大宗商品交易市场的发展水平上较为落后,与全球领先的国际航运中心差

距显著,从而导致宁波在航运信息服务行业中缺乏基本的竞争力。考虑到现阶段的资源和发展基础,宁波应该优先强化其国际贸易能力、提升全球知名度以及促进金融业等领域的集聚和发展。通过提升这些关键先决条件的指标,增强航运信息服务业的竞争力,为航运信息服务业的长期发展奠定较为坚实的基础。

(四)航运法律

航运法律服务的评分结果如表7.20所示。

表 7.20　航运法律服务评分结果

因素	权重	新加坡	伦敦	上海	香港	宁波
国际贸易额	0.54	0.32	0.04	0.21	0.37	0.06
城市知名度	0.79	0.25	0.25	0.24	0.25	0.01
金融业集聚程度	0.86	0.15	0.28	0.22	0.25	0.10
大宗供应链地位	0.72	0.44	0.28	0.07	0.16	0.05
全球治理指数	0.2	0.25	0.23	0.15	0.22	0.15
商业法律体系	0.22	0.24	0.21	0.16	0.24	0.16
劳动力质量	0.68	0.23	0.18	0.20	0.26	0.13
总分		1.10	0.89	0.71	1.02	0.29
ρ		0.31				
业种适应性		适应性薄弱				

由表7.20可知,对于航运法律服务,"金融业集聚程度"的权重最大,高达0.86,"城市知名度"与"大宗供应链地位"的权重也都超过0.7,说明航运法律服务最受国际航运中心金融业发展水平的影响,同时也对国际化水平与国际话语权有较高的要求。宁波在金融业集聚程度与国际知名度上的评分都不高,这严重阻碍其航运法律服务业的发展。宁波发展航运法律服务业的适应性得分仅有0.29,适应性比值仅为0.31,处于"适应性薄弱"范畴。此外,宁波发展航运法律服务业的前景也面临重大挑战,在全球其他国际航运中心已具备良好发展基础和强大竞争力的当下,宁波难以在国际航运法律服务市场上站稳脚跟。

(五)航运教育与培训

航运教育与培训服务的评分结果如表7.21所示。

表 7.21 航运教育与培训服务评分结果

因素	权重	新加坡	伦敦	上海	香港	宁波
国际贸易额	0.54	0.32	0.04	0.21	0.37	0.06
城市知名度	0.52	0.25	0.25	0.24	0.25	0.01
大宗供应链地位	0.95	0.44	0.28	0.07	0.16	0.05
政策导向力	0.61	0.18	0.11	0.25	0.18	0.29
全球治理指数	0.73	0.25	0.23	0.15	0.22	0.15
劳动力质量	0.66	0.23	0.18	0.20	0.26	0.13
综合交通规模	0.63	0.19	0.02	0.46	0.07	0.26
总分		1.39	0.84	0.88	1.02	0.51
ρ		0.50				
业种适应性		适应性一般				

由表 7.21 可知,对于航运教育与培训服务,"大宗供应链地位"的权重高达 0.95,尽管其他因素的权重也均超过 0.5,但与"大宗供应链地位"要素相比遥遥落后。这说明航运教育与培训受到航运中心的国际影响力、产业基础、社会建设水平的全面影响,其中对航运中心在全球供应链中的地位尤其敏感。宁波适应发展航运教育与培训服务的得分位于末端,为 0.51 分,适应性比值也仅为 0.50,勉强位于"适应性一般"的范畴。这表明宁波在航运法律教育和培训服务方面的基础条件贫瘠,与世界级航运中心之间差距巨大。进一步深入分析还发现,尽管宁波在城市交通基础设施建设和政策导向上具有比较优势,但其在国际知名度和劳动力素质方面的劣势较为明显。因此,为推动航运法律教育与培训的发展,宁波需要集中精力提升其劳动力的素质,确保重点产业的稳健发展。同时,从长远角度考虑,须加强国际贸易能力,培育和打造在金融服务领域的知名企业。这些是宁波提升其航运法律服务市场竞争力,缩小与知名国际航运中心在航运法律服务领域差距的关键。

第五节 港航服务业业种业态甄选总结

综合以上分析,汇总得到宁波的港航服务业发展适应性如表 7.22 所示。

表 7.22 宁波港航服务业业种业态甄选结果

发展适应性	细分业种	所属板块
适应性强	水上运输	基础服务
	多式联运和代理服务	辅助服务
	船舶供应	
	船舶维修	
	船舶管理	
	船员劳务	
	码头建设和设计、工程咨询	
	船舶检验	
适应性较强	港口服务	基础服务
	海洋工程	辅助服务
适应性一般	航运信息	衍生服务
	航运教育培训	
适应性薄弱	航运经纪	辅助服务
	船舶注册登记	
	航运金融	衍生服务
	航运保险	
	航运法律	

由表 7.22 可以看出,大部分业种处于"适应性一般"及以上区间,说明宁波港航服务业总体具备发展潜力;"适应性强"的行业共 8 个,占比 47%,其中基础服务业 1 个,辅助服务业 7 个,说明宁波有许多业种的发展适应性已比肩国际顶尖航运中心,尤其在辅助服务业中存在大量具有发展潜力较大的业种;"适应性薄弱"的行业共 5 个,占比 29.4%,其中 2 个位于辅助服务业,3 个位于衍生服务业,说明宁波的港航服务业仍有短板,尤其是衍生服务业发展条件薄弱,发展适应性差。

在各种港航服务业中,基础服务业的平均适应性比值为 0.78,处于"适应性较强"范畴;辅助服务业的平均适应性比值为 0.72 分,总体呈现出适应性较强的态势,但其最高的适应性比值达 1.05,而最低适应性比值仅为 0.22,跨度极大,各行业的发展受影响差距明显。因此,在辅助服务业发展规划时,宁波须根据细分行业的具体情况,做到有选择、有目标地发展。衍生服务业的平均适应性比值为 0.45,总体属于"适应性薄弱"的范畴,其中最高适应性比值为 0.64,最低适应性比值为 0.31,说明衍生服务业各业种在宁波的发展条件欠缺,要优先发展衍生服务业的先决产业。

第八章

宁波港航服务业发展的技术路线

第一节　宁波港航服务业发展的基本原则

一、围绕硬核力量建设，助推一流强港发展

2020年3月29日，习近平总书记在宁波考察时强调，宁波舟山港在共建"一带一路"、长江经济带发展、长三角一体化发展等国家战略中具有重要地位，是"硬核"力量。要坚持一流标准，把港口建设好、管理好，努力打造世界一流强港。

宁波市是一流强港建设的属地城市，其港航服务业既是"硬核"力量的集中体现，又是世界一流强港建设的具体落实之处。宁波在发展港航服务业的过程中，要始终牢记"硬核"力量使命，审时度势确定建设标准，优化发展方案与建设时序。通过提升宁波港航基础服务业、港航辅助服务业和港航衍生服务业，助推宁波舟山港的一流强港建设，实现宁波舟山国际航运中心的跨越式发展。

二、着眼长三角一体化，双中心协调发展

长三角一体化发展是国家发展战略，两个毗邻的世界级国际航运中心——上海国际航运中心和宁波舟山国际航运中心具备协同发展和互补发展的巨大潜力。宁波舟山国际航运中心应通过与上海国际航运中心的资源共享、信息互通、业务协同等方式实现共同发展。两个国际航运中心可根据各自的特点和优势，优先发展不同的港航服务业，通过差异化定位和协同发展，两地的港航服务业可实现优势互补和错位发展，满足不同层次的市场需求，以提升区域整体服务能力和竞争力，并推动长三角地区港航服务业的高质量发展。

三、基于港口规模优势,差异化港航服务发展

宁波应立足现状,取长补短,从发展条件充分的领域入手,加大港航服务业政策扶持和资源要素投入力度,营造优秀的法治化和市场化环境,力争形成特色化发展优势,走出一条差异化、特色化的港航服务业发展之路。

宁波舟山港"集散并强""港航并重",海铁联运先发优势明显,宁波在港口发展空间、船舶服务和集疏运网络等方面发展潜力巨大。因此,宁波应凭借其深水良港和大宗商品吞吐能力,充分挖掘与释放港口的巨大潜力,在配合浙江省世界一流强港建设过程中,专注大宗散货、能源运输和物流服务,形成以大宗商品为核心的专业化港航服务体系。

宁波港口岸线资源丰富,港口码头、航道、集疏运基础设施条件优越,各种硬服务基础牢固,航运物流、船舶船员服务等传统服务业成熟,航运金融、航运保险、航运信息、航运咨询会展等高端服务也具备一定的基础。因此,宁波应立足港航基础服务业,积极推进传统港航服务升级,重点发展港航辅助服务业,适当兼顾港航衍生服务业。同时,宁波应"硬软并举",构建集机构、人才、要素、政策于一体的发展生态,推动形成港口规模和港航服务质量集成的均衡格局。

四、推动港航数字赋能,坚持港口绿色发展

紧抓国际航运数字化、绿色化发展趋势,推动宁波船舶交易数字化、海事服务绿色化发展。坚持创新驱动,加快港航领域新技术应用,加速推动智慧航运服务全链条、全场景落地,支持航运服务经营主体转型升级。坚持绿色发展路径,借鉴国际低碳先进经验,探索航运脱碳新路径,提升绿色低碳航运服务发展水平。

第二节 宁波港航服务业发展的总体方针

一、推进港航基础服务高级化发展

(一)激发传统物流的增值潜力

建立健全中转物流库场、精深加工、采购配送等配套辅助设施,发展高附加

值物流增值服务,拓展面向国内外双向市场的高端物流加工、设计、维修、展示等新业务。

(二)做大做强港航专业物流

大力推进大宗商品物流、冷链物流、保税物流、跨境电商物流、航空物流等专业物流发展壮大。在临港片区谋划能源储运设施、大宗商品交割库、冷链物流基地等专业物流设施的建设。完善并加强保税区等特殊监管区功能,推动国际分拨、配送服务向腹地拓展。

(三)增强国际供应链物流水平

全面拓展国际远洋运输业务,培育做大本土国际远洋运输船队规模,同时争取全球主要班轮公司在宁波设立区域总部、运营总部和结算中心。吸引国际采购商在宁波设立区域采购、分拨配送中心。引进培育一批国内外供应链集成商、贸易物流综合服务商。

二、加快港航辅助服务业规模化发展

(一)形成多式联运示范平台

努力实现铁路支线及专用线覆盖主要港区和物流园区,构建海铁联动示范港,启动梅山港区铁路支线、加快北仑铁路支线复线建设进程,同时发展"五定"班列业务,高效开发双层高箱集装箱海铁联动线路,打造一批海铁联运精品线路,推进与欧亚陆桥、中亚、中孟经济走廊对接与合作,增强国际海铁联运揽货能力。

(二)大力发展船舶服务业

吸引高端船舶服务机构落户,同时支持船舶交易机构拓展海外市场,打造具有亚太地区重要影响力的国际船舶交易基地;积极推动船舶评级检验服务,支持中国船级社浙江分社简化勘验转级流程,引进共建长江经济带船舶检验中心,开展江海联运等船舶和海上设施及相关产品入级与法定检验业务;

(三)做大做强船供船修服务

依托港口船舶流量优势,错位发展淡水、物资等船供服务,提升国际船舶修理水平,拓展高端、特种船舶维修服务业务,打造国内最大、全球领先的船修(航修)服务基地。

（四）全方位发展船员服务业

完善船员服务全产业链,推动船员技能评估、权益保障、行业协会、考试培训、劳务派遣等配套服务链式发展,进一步规范船员劳务市场,探索船员注册、管理、调配和服务一体化发展,打造船员培训机构与企业船员的信息共享平台。探索建设"船员服务中心",吸引国内外知名船员服务机构落户,进一步便利国际船舶管理企业从事海员外派业务,不断扩大外籍船员劳务市场,拓展国际船员培训业务。力争建成全国领先乃至全世界领先的国际船员服务基地。

（五）稳健推进航运经纪与交易服务

积极拓宽航运经纪服务,发挥宁波航运交易所核心作用,推动航运舱位交易等业务持续发展,依托宁波航运订舱平台,开展运费支付结算服务、境内海运费美元在线支付服务、远期集装箱舱位交易服务等交易业务。鼓励"互联网＋"、区块链技术等在航运交易领域的应用,支持航运交易标准化和行业信用评估业务发展。支持宁波航交所等机构做大集装箱舱位交易、散货租船等优势业务。

三、夯实衍生港航服务发展基础

（一）健全航运金融、法律服务业发展基础

立足长远,从改善升级各先决条件出发,逐步夯实国际贸易能力,提升城市国际知名度,强化商品交易市场建设及扩大社会融资规模等关键基础。推动航运金融业态创新,积极发展船舶融资租赁、债券融资、供应链金融、产业基金等特色航运金融业务,支持建立全产业链航运金融平台,推动航运资产证券化。与上海保险交易所、航运金融机构等加强航运金融合作。拓展国际结算、资金运作等业务,探索航运金融衍生服务。支持各类航运资产证券化利用功能平台,吸引国内外机构设立航运金融服务机构。推进东海航运保险股权调整,支持扩大经营范围和增资扩股,增强资本实力和市场竞争力。

在海事法律方面,搭建宁波海商事法律服务基地,调节完善海事纠纷解决机制,有效促进海事诉讼与仲裁、调节有机衔接。争取将宁波作为航运和保险企业等在合同及保单中订立争议解决条款时的仲裁地或审判地。依托宁波海事法院、宁波国际航运仲裁院等机构,提高国际海事法律适应能力。争取境外知名仲裁机构和争议解决机构在宁波设立代表机构。支持涉外法律服务机构建设指引探索建立本地律师事务所,鼓励聘请外籍律师担任法律顾问。

（二）全方位发展航运信息服务业

积极建设航运大数据中心，加强航运信息咨询国内国际多方合作，整合宁波现有各类航运平台信息资源，支持宁波航交所建设"1＋3＋N"智慧港航服务平台，建设一个集港口、口岸、贸易、物流等数据开放共享一体化的综合性航运公共信息大数据云平台。完善 NCFI、STI 等指数，推动中国—中东欧贸易指数[①]等研发，推进 5G、AIS、GIS、卫星互联网等新技术在船联网、智慧港口等方面开展应用示范。

（三）拓展港航文化与旅游业的业种业态

充分挖掘宁波港航内涵，依托由泛三江片航运文化集聚点、象山港航运旅游集聚点、大目湾海洋运动休闲集聚点组成的航运旅游集聚"一区两点"布局，整合现有的国际航运圆桌峰会、海丝港口国际合作论坛、中东欧博览会等各类峰会论坛，吸引国际知名航运专业机构参与，塑造一批具有全球影响力和美誉度的港航文化会展品牌。同时加快航运旅游服务融合发展。推进邮轮、游艇、游船产业发展，促进航运旅游深度融合，满足人们高质量生活需求。与沿海地区合作规划，打造符合宁波条件的精品邮轮航线。依托沿海港湾和风景秀丽的内陆水域，建设一批游艇基地，促进港航文化与旅游服务规范化发展。

第三节　宁波港航服务业发展的提升路径

一、宁波基础港航服务业的提升路径

（一）扩大港航基础设施优势

宁波建港自然条件优越，现有港口基础服务设施建设水平大多处于国际前列。为配合宁波舟山港的发展规划和港口定位，须扩建泊位、建设港口枢纽辐射带、优化港口配套设施布局等，扩大基础设施优势。

---

① 该指数由海关总署和宁波市政府联合发布。指数从贸易规模、贸易结构和贸易对象3个维度，建立了科学客观且具有特色的指标体系，直观展示了我国与中东欧国家之间进出口贸易发展水平，是中国对中东欧国家贸易发展状况的"晴雨表"和"风向标"。

1.建设世界级专业化泊位群

加快推进更多专业化泊位改造。结合宁波舟山港的油气运输需求,在北仑港区、穿山港区建造一批大吨级原油码头,以及油气、化工等专业泊位,持续增强油气、矿石等大宗散货泊位群能力。在梅山港港区增加滚装船专业化泊位数量,增加滚装船国际航线,满足新能源汽车出口需求。

2.建设港区分层集疏运结构体系

加快宁波高速公路建设,依托省内公路通道(甬金衢上、杭绍甬高速通道)构建南北外绕疏解体系;完善以宁波舟山为核心的对外货运通道网络,构建南北向跨湾沿海、西向沿河、西北向沿江、西南向沿陆等"四向联通"的跨区域集疏运大通道,加快内外贸货物向宁波舟山港集聚。

打造"铁公水管堆"多式联运大网络,加快各港区铁路支线的建设,推动水铁联运网络覆盖各集装箱港区和大型临港物流园区。统筹全市物流空间布局,建设"5大综合物流园区＋5大区域物流园区",加强港口与后方土地综合开发利用,分区建设专业堆场,优化集装箱卡车在市内、港区的动线设计。在港口集疏运南北主通道布局港口物流联动区,构建"港内提效、港外配套、外围拓展、区域联动"的分层集疏运结构体系。

(二)优化国际物流和专业物流两大高端物流产业

宁波港航物流发展基础充分,产业规模大,外贸需求旺盛,但面对中国深度融入全球化和区域贸易一体化进程的时代挑战,港口物流须向高端化、智能化、绿色化发展。目前,宁波港航物流存在增值功能低、总部型交易平台(企业)稀缺、国际业务发展不足等突出短板,须取长补短,创新发展银行、拖轮等港口优势服务业,着力发展新兴高端港航物流业态。

1.针对国际物流

充分利用宁波港紧邻亚太国际主航道要冲的区位优势,大力吸引全球主要班轮公司在宁波设立地区性营运结算中心。加强沿线航线,开辟和物流合作,争取沿线国家和地区的过境货源。积极发展高附加值的国际物流服务业态,如:国际远洋运输、国际中转、国际集拼、国际采购和分拨配送等业务。

一是发展国际远洋运输。维护宁波舟山港集团现有船队资源,支持宁波海运、宁波远洋等拓展中东、非洲、欧洲、美洲等地区国际远洋航线,培养做大国际远洋运输船队规模,提升宁波舟山港的远洋拓展能力。

二是发展国际中转运输。争取成为世界三大航运联盟在亚太地区的国际中转中心,大力开发国际中转、空箱调运、整船换装等业务,大力发展国际跨境中转、国际多式联运和国际全程物流,提升区域国际中转市场份额。

三是发展国际集拼。加速发展海运进出境国际中转集拼业务,与国际大型拼箱货代合作,进一步吸引中转集拼货物到宁波港域中转,开发我国华北地区到韩国釜山、东南亚到日韩等地的中转集拼货源。同时,推广"一仓多能、多拼合一"国际集拼监管模式,探索创新"入库运抵、库内查验"监管模式,建设国际中转集拼公共服务平台。

四是发展国际采购。加强与国际跨境电商巨头战略合作,吸引国内外采购商到宁波设立区域采购中心,开展境内外商品采购业务。

五是发展分拨配送。依托宁波舟山港的水产、肉类、水果、汽车进口口岸和海运跨境电商优势,建立健全中转物流库场、精深加工、采购配送、检验检疫等配套辅助设施,开展面向国内外的分拨配送服务。

2.针对专业物流

大力推动供应链物流、大宗商品物流、冷链物流、保税物流、跨境电商物流、航空物流等专业物流业态发展壮大,助力实体经济发展。

一是发展供应链物流,引进丹马士、罗宾逊全球、UPS、康捷德、嘉里大通等国际知名第三方物流企业落户,搭建港口物流供应链平台,支持发展综合性国际供应链管理业务,发展全球范围内的集装箱全程物流服务。创新供应链物流业务的监管模式,吸引国际采购商在宁波设立区域采购中心,打造国际物流分拨和配送中心,不断完善贸易、流通、供应链金融等服务体系,提升国际供应链服务水平。

二是发展大宗商品物流,推动大宗商品储运规模化改革。聚集油气存储、铜精矿保税混矿业务、油气储备创新等领域,开展国家石油储备改革创新试点,探索在保税仓库,保税与非保税液体化工品的"同罐同储",大力建设一批以原油、成品油、燃料油、LNG、化工品等为主的大宗商品交易现货市场,争取吸引有能源经营资质的大宗商品贸易流通商在宁波落户。谋划建设大宗商品交割仓集聚区,打造能源类大宗商品交易市场群。

三是发展冷链物流。抢抓生鲜产品等消费需求扩大的机遇,在临港区域集中打造冷链枢纽和服务中心,完善恒温仓库、冷藏仓库等设施,扩大进出口冷链物流份额,打造宁波冷链服务品牌;"十四五"规划要求适时推进春晓食品项目,加快建设象山国际水产保税冷链物流基地、宁海金龙浦冷链物流、国际远洋渔业冷链物流加工园区、润恒冷链物流等项目。

四是发展保税物流。完善保税区、特殊监管区的保税贸易及展示、国际采购配送、保税仓储等功能,加快建设国际采购中心,发展国际配送业务,推动进出口分拨、配送功能向腹地拓展。

五是发展跨境电商物流。加强仓储与物流资源整合,加快推进宁波电商物流中心、宁波国际邮件互换中心等项目建设,支持本土物流企业和跨境电商企业"走出去"建设公共海外仓,吸引国际大型优质物流货代企业来宁波建设国际采购基地,提升双向跨境物流效率。探索各类"保税+"业务模式,争取多品类的跨境电商业务试点,加快建设梅山跨境贸易数字化建设,打造跨境出口前置仓一站式服务平台。推广"易跨保"金融服务,优化跨境资金管理,优化跨境电商卖家和服务商的运营环境。

六是发展航空物流。吸引联邦快递、UPS等国际航空物流巨头入驻,鼓励圆通、顺丰等航空物流扩大在宁波的业务规模,加大国际航线补贴力度,通过开辟新航线、加密现有国际航班、开通货运航班等举措,扩大航空运输规模。

(三)积极推动港口智能化

积极发展"互联网+"航运服务业。推进"1+3+N"智慧港航服务平台、"四港云"信息平台等建设,支持四方物流、阿拉运等"互联网+物流"服务平台持续提供订舱、物流信息发布、匹配、查询及支付等港航信息服务。面向社会开放口岸大数据资源,构建口岸中介代理行业诚信应用服务体系,引进培育大数据产业咨询、服务、运维平台型企业,以及大数据知识公共服务平台,推动企业发展云计算服务。打造"一站式"港航综合决策服务的"强港大脑"综合服务平台,实现港口生态系统数据全覆盖,信息跨端口贯通,港口服务流程线上协同。围绕"港口、物流、口岸、产业生态、政府治理"这一港航生态系统,研发智慧港口、数智联运、预警治理等多场景协同的数字航运应用程序,构建"数字+港口物流"产业发展生态圈。强化海上丝路航运大数据中心应用,打通航运物流和国际贸易等领域的上下游数据,联动"甬金通"等平台,积极探索"数据+服务"的航运信息服务形式,为各级政府、各类市场主体提供信息参考和技术支持。

二、宁波辅助港航服务业的提升路径

(一)积极推动船舶服务业完善升级

依托我国进一步对外开放政策,吸引国际船舶代理、船舶管理、航运经纪等服务机构落户宁波,提升船舶买卖、租赁、代理、管理等服务功能,重点发展船舶供应服务、船舶燃供服务和船舶评级检验服务,拓展海外市场,促进船舶服务市场健康有序发展,打造较为完善的船舶服务链条。

1.推动船舶服务电子商务平台建设

以全程物流服务为支点,以船舶作业信息服务、燃料油加注等作为核心服务场景,融合船舶交易、船舶维修以及船舶管理机构或企业,推动全业态船舶服务平台的设立,塑造全国船舶服务品牌。利用平台实现船舶服务的上下游数据的对接和共享,从船舶建造、运营、买卖、维修、保险、法律、金融等各方面全面跟踪船舶整个周期的情况,形成在线化动态可查的船舶档案,使船舶交易、海事服务、船舶估值等有据可依。

2.鼓励船舶技术机构延伸船舶产业两端

发挥中国船级社浙江分社、利比里亚海事局中国技术中心等机构的行业影响力,加大吸引船舶的研发设计、加工制造、运维服务等相关企业或机构,打造船舶技术产业集群。鼓励船舶技术机构加快技术创新和产品结构优化升级,将产业链从制造向研发和服务两端延伸,增强市场竞争能力,形成集聚区在船舶技术领域的独特优势。

3.加大船舶管理等业态的吸引力度

围绕宁波舟山国际一流大港、舟山海事服务基地及集聚区内船舶技术服务优势等特点,加大船舶管理等业态的吸引力度。依托自贸区政策红利,突破外资船舶管理企业的发展瓶颈,进一步吸引国际知名船舶管理企业在集聚区内落户。鼓励本地航运企业开展船舶管理业务,支持该业务做大做强,增强对外服务能力。进一步推动完善海事服务链条,促进各类航运要素集聚。

4.鼓励航运代理业优化提升

依托集聚区内货运代理、船舶代理、集卡物流等基础航运服务业市场规模,吸引国际船舶代理、船舶管理、航运经纪等服务机构落户集聚区内,提升船舶买卖、租赁、代理、管理等服务功能,积极拓展海外市场。依托现代信息技术,鼓励航运代理、船舶供应、船舶理货等辅助服务业转型升级,推动物流电商化发展。

5.推进船用燃料供应改革试点

吸引保税燃料油供应商开展供油服务,探索开展燃料油混兑调和业务,创新开展跨关区直供、一船多供、外锚地供油等船用燃料供应业务。支持保税燃油的生产和供应,建设保税燃料油专用仓库。加快宁波舟山港与油品产业链上下游企业合作,增强油品定价能力。加快与长三角区域合作,扩大船舶燃油加注跨关区直供范围,做大船舶燃油加注市场规模。

(二)积极推动船员服务业完善升级

1.探索建设"船员服务中心"

面向国际海洋运输对船员外派、补给和轮换方面的巨大需求,探索建设"船员服务中心",吸引市场化的国际船员培训教育机构、劳务派遣公司等企业入驻,配套船员派外与培训、技能评估、权益保障、劳务派遣、职业介绍等功能,重点发展面向国内外的船员培训、教育、管理等业态,构建完善的船员服务产业链。

2.打造国家级的船员示范评估中心

大力发展航海教育,拓展国际船员培训业务,完善海上专业教学设施、设备,提高培养质量和水平,鼓励各级政府提高航海类学生的人均培养经费和专项补助。积极打造国家级的船员示范评估中心,提升船员教培、考试、发证等服务能力,拓展船员管理产业的延伸和增值服务,树立海员教育培训品牌。进一步规范船员劳务市场,建立和完善船员劳务纠纷协调解决机制,引导船员有序流动。加强保护船员合法权益,提升我国船员在国际船员劳务市场的竞争力。鼓励引进国内外知名船员管理公司。

3.推进船员管理政策便利化

在上级政府指导下,逐步放宽船员管理企业、中介或代理机构的资本限制,放宽海员外派机构的资质限制,允许外商独资企业在自贸区内开展海员外派试点。推动长三角国际海员临时出入境许可互认,争取外籍船员 72 小时入境免签政策。引进高级船员人才,完善配套的人才优惠政策。

（三）全面促进航运智能化、信息化

1.推进海丝指数研发服务

持续完善出口集装箱运价指数（NCFI）、海上丝路贸易指数体系（STI），推动中国—中东欧贸易指数等新指数研发，发布沿海干散货、航运人才薪酬、船舶价格等系列指数，进一步编制发布江海联运、海铁联运等指数，谋划研发港口发展指数，增强指数在港航市场监测和风险预警方面的作用。加强国际交流合作，深化与波罗的海航运交易所、新加坡航运交易所在国际集装箱指数研究、发布及指数衍生品开发等方面合作，不断提升指数品牌国际影响力。

2.兼顾发展船联网应用服务业

推进5G与北斗导航、低轨卫星等高科技时空信息技术的融合创新与示范应用，研制开发BDS、AIS、雷达、鱼探、电子海图等产品和服务，部署推进温湿度传感器检测海洋情况，发挥宽带卫星互联网高带宽、低延时优势，服务海洋运输绿色和安全发展，将宁波培育成为"一带一路"国际船联网应用示范区。

3.加强新技术与航运服务业融合发展

及时关注航运颠覆性创新和新技术变革，充分利用互联网、物联网、区块链、云计算、5G、北斗导航、人工智能等现代信息技术，推动航运业创新发展。依托港口圈孵化器及蓝水母平台项目，聚焦经济新业态，支持整合多方资源实现大数据融合，促进以新模式、新服务、新技术拓展港航产业链的综合服务能力，提升港航企业的经营能力，推动更多航运产业创新业态在宁波"生根发芽"。

4.集聚及孵化各类航运创新型企业

重点吸引船舶制造、航运设计、海事研发、技术服务等机构落户，增强宁波航运技术服务能力。依托港口圈孵化器项目，加大对于科技孵化类项目的探索，打造航运科技创新孵化与创客基地，搭建初创类航运创新企业孵化平台，对于小微型、初创型、科技型企业进行支持，培育创新型物流企业，打造航运科技创新孵化新地标。同时，鼓励浙江海港集团、亿海蓝等企业，依托自身智能港航发展的优势，加强对于"长三角区域"的渗透，形成宁波智能航运的行业影响力。

三、宁波衍生港航服务业的提升路径

（一）筑牢高端服务业发展基础

1. 打造完善的航运金融业发展环境

宁波是国家金融体制改革试点城市，也是全国首个国家保险创新综合试验区，在发展航运金融方面具有很好的条件和基础。宁波银行等金融机构与航运服务合作紧密，中国人保、中信保等宁波分公司开展海事保险业务，浙江华融金融租赁等公司在宁波开展船舶融资业务，中国引航与宁波航运交易所合作推出国内首个美元航运费在线支付系统，与世贸通合作开发首个第三方平台监管账户系统，但总体规模偏小，服务能级不高。"十四五"时期，全球航运融资规模将继续小幅缩减，融资租赁将取代航运信贷成为航运融资的主要方向，全球保险将保持温和增长，宁波要发挥金融领域高能级改革试点的先行先试优势，依托东部新城国际金融中心、梅山海洋金融小镇等功能平台，聚焦发展以融资租赁为重点的航运融资和航运保险、航运金融衍生服务业，打造航运金融创新示范区。

针对航运融资业，引进国内外大型金融机构在宁波设立航运金融服务部门，发展船舶抵押贷款、融资租赁、债券融资、供应链金融、产业基金等特色航运金融业务，拓展国际结算、资金运作等业务功能，提升航运融资和资金结算能力。支持航运企业、船舶公司设立供应链金融平台，利用区块链技术开展基于航运订单、承运货物等内容的融资租赁、贷款等服务。鼓励船东、货主、银行、评级机构等组建航运产业基金、船舶产业基金，拓宽中小航运企业融资渠道。推动科技金融、金融科技、绿色金融等新业态发展，鼓励类金融企业在梅山开发"近零碳金融产品"，探索建立航运碳排放交易机构。

针对航运金融衍生服务业，支持大型航运企业联合专业金融和证券机构，探索研究运价指数场外衍生品业务、航运远期订舱交易、航运保险指数衍生品交易、航运碳排放交易，探索开展在建船舶、海域使用权、无居民海岛使用权等新型抵质押融资方式。重点吸引国内外大型金融机构在宁波设立航运金融服务部门，拓展国际结算、资金运作等业务功能，提升航运融资和资金结算能力。依托港口物流与大宗商品贸易优势，鼓励发展船舶融资租赁、债券融资、供应链金融、产业基金等特色航运金融业务。推动构建由船东、货主、银行、评级机构等产业链上下游各方参与的航运金融平台，支持航运金融产品创新，衍生航运金融服务功能。有序发展航运金融衍生品市场,扩大航运金融衍生品市场参与主体,完善市场监管机制,有效控制金融风险。

2.充分发挥法治保障作用

发挥宁波海事法院作用,提高海事诉讼便利化程度,完善海事纠纷解决机制,提高国际海事法律适应能力。支持宁波国际航运仲裁院加快实质性运作,完善仲裁制度,加强专业队伍和业务能力建设。引进境外知名海事法律、航运法务、海事仲裁和争议解决等专业机构,引导航运企业、保险企业等在合同及保单中订立以宁波为仲裁地的争议解决条款,提高宁波在国际港航服务领域的话语权。围绕涉海涉港法律纠纷处理环节,加强海事法律服务业各主体的协同配合,推进宁波海事法律各类平台建设,完善海事案件处理机制,推动构建涉海涉港"全链条"法律服务。建立线上线下融合"一站式"涉外公证方式,推广"公证E通"服务模式。

3.积极开拓航运保险市场

利用保险创新政策优势,重点发展国际保险和专业险种,完善航运保险市场体系。加强航运保险机构建设,以东海航运保险公司为依托,推动航运保险定价中心、再保险中心和保险资金运用中心等功能型保险机构建设,探索设立区域性船东互保协会,吸引外资保险机构在宁波设立分支机构。实施航运保险创新产品注册制改革,探索激励与容错机制相协调的航运保险监管环境,释放市场活力。

4.强化高端航运人才招引

依托甬江引才工程等载体,加大金融保险、海事法律、航运咨询等衍生服务业的紧缺型专业人才引进和培养力度。按照重要性和紧缺性编制航运服务业紧缺领军人才目录,将港航服务人才目录分级纳入政府人才分级体制,给予相应待遇保障。完善跨境人员管理制度,建立完善海外高层次人才在宁波办理工作证、签证、居留"绿色通道"。探索跨区人才交流合作机制,建立与国内外高端航运中心的航运服务人才共享机制。

(二)特色发展宁波港航旅游与文化服务业

1.拓展航运咨询服务和海事会展业

紧抓国际航运中心东移、全球知名功能性航运机构加大亚太市场开拓力度趋势,积极对接国际航运规则标准,大力招引国际知名机构区域总部落户,为航运相关企业和机构提供专业化航运咨询服务,打造具有影响力的航运咨询服务品牌,推动航运咨询业繁荣发展,不断提高港航服务软实力。做优国际航运海事会展业,充分发挥会展中心作用,引进国际化会展服务机构,办好中国航海日、长三角航运创新发展联盟 2020 年主场论坛和甬港论坛航运服务专场等活动,积极参与国际口岸合作大会等活动,进一步提升海丝港口国际合作论坛等活动的国际影响力。

2.重点发展航运休闲旅游业

顺应群众海钓和海上运动方面需求,并抓住 2022 年杭州亚运会在宁波举办帆船(帆板)比赛的契机,在三江口、东钱湖及象山港、石浦港等港口岸线资源丰富的区域,鼓励帆船(帆板)等水上运动安全发展。充分利用 144 小时过境免签政策,谋划推进梅山邮轮母港停靠基地建设,开辟奉化宁波湾—舟山普陀山等水上精品旅游航线,支持海员俱乐部、境外商品免税店和水上游览观光、休闲娱乐等旅游经营性业务规范发展,做大船员消费、游艇经济、邮轮经济规模。

3.形成宁波特色航运文化国际品牌

积极争取浙江省、宁波市等政府支持,发挥集聚区内相关功能集聚优势,整合相关论坛资源,依托"海丝国际港口合作论坛",全力打造宁波特色国际航运论坛,探索"主题论坛＋多个分论坛＋现场参观"等多元化元素,形成推介宁波国际航运物流产业集聚区的新窗口。持续推进中国(宁波)国际航运物流交易会,创新航交会表现形式,加大国内外港航物流机构、协会、企业等参展交易,进一步提升航交会国内外影响力。吸引国内外各航运组织或机构举办大型国际航运论坛、专业性航运会议、港航培训等项目,提升宁波航运文化影响力。鼓励集聚区内航运相关企业,定期举办航运交流活动,形成宁波国际航运物流产业集聚区航运文化氛围。

(三)搭建宁波现代港航服务业高能级平台

1.建成国际特色航运服务中心

立足宁波港口基础实力,坚持"船、货、人"一体化发展,以东部新城航运物流集聚区为主体,依托宁波环球航运广场、"海上丝路"航运大厦(甬商紫荆会)等特色楼宇,积极参与长三角航运创新发展联盟、国际口岸合作大会、上海国际物流商会。做强航运物流产业,做大做强航运金融、航运信息、船舶船员管理、海事法律、航运咨询和会展等特色服务业,健全航运服务基础设施链、产业链和供应链。加大国际航运、物流和代理企业总部招引力度,全力培育航运金融、航运信息、航运交易企业的总部基地,努力将其打造成空间集中、要素集聚、企业集群、功能融合的国际航运服务中心。

2.搭建国家多式联运示范基地

立足海铁联运基础优势,加强交通科技创新和江海、海河等业务一体发展,构建协同作业的多式联运调度平台,推行多式联运业务"一单制",建设综合交通服务大数据交换"一张网",实施物流信息互换"一标准",打造具有示范效应的国家多式联运示范基地。

3.打造国际供应链创新中心

顺应国际经贸格局和规则新变化,推进国家供应链创新与应用试点建设,搭建国际供应链管理平台,健全供应链物流、信息技术、金融、标准、政策支撑体系,创新国际供应链监管模式,加快发展新型贸易业态,打造产业覆盖全面、大数据贯穿全程、智能协作高效的国际供应链创新中心。

4.筹备梅山—穿山港航服务高质量发展区

结合打造梅山—穿山组合港,联动宁波保税区、出口加工区等特色功能区域,发挥综合保税区政策优势,加快推进梅山集装箱国际中转集拼中心、亚太高端品牌分销中心等项目建设,加强港区铁路集疏运体系建设谋划,着力发展以国际中转、进口分拨、出口配送、国际采购和大宗商品物流、保税物流、供应链物流为重点,以船舶船员服务、航运服务、航运金融和信息服务为支撑的港航服务高质量发展基地。

5.积极组建港航服务智库联盟

凭借宁波舟山港丰富的产业信息数据和众多航运数字化平台的优势,推动多方合作建设"国际港航服务研究中心",打造港航服务创新高地,联合宁波市内高校、海事领域优质高校推进开展港航服务课题研究,支持市内高校举办航运相关的学术交流活动,积极引入市外高校入企开展培训辅导,助力港航服务业向好发展。

6. 规划一批港航服务特色园区

重点是持续推进宁南智慧物流小镇、宁波电子商务物流中心等特色物流园区建设,加快重大项目建设、招引,强化主体功能培育,拓展物流增值服务,提高物流服务保障能力,推进物流商务楼宇建设,打造一批全国物流园区示范样板。

7. 构建海事法律内外协同发展机制

寻求外界助力,探索引入外方机构、外籍调解员力量,实现航运领域纠纷业务全覆盖,持续推动形成行业调解、行政调解、司法调解合力,完善海事纠纷解决机制。鼓励与"一带一路"国家合作建立联合仲裁机制,推动航运企业、保险企业等在合同及保单中订立以宁波为仲裁地或审判地的争议解决条款。筹划海事法律服务联盟建设,完善国内海事法律人才共享交流机制。创新涉外海事诉讼机制,建立健全涉外便捷审判程序,拓展临时仲裁业务,提高国际海事法律适应能力。

内谋自身能力提高,推进"宁波港航法务集聚区"建设,支持本地律所新设、扩大海事法律服务业务,培育壮大海事法律人才队伍,推动更多海事领域优秀律师入选《钱伯斯法律指南》等国际权威榜单。加强航运物流企业合规认证,同时定期为港航企业提供法律咨询、法律培训、纠纷解决等服务。

(四)开展衍生港航服务改革试点

1. 推动国际船舶登记制度改革试点

借鉴已获得国际船舶船籍港登记资质的国内港口的经验做法,积极推动"浙江宁波舟山港"国际船舶登记船籍港资质获批,逐步放开中国籍国际航行船舶的入级检验业务,推进中资非五星旗船舶运力回归,打造具有航运服务资源集聚能力和国际影响力的船舶登记处。优化税制吸引国际船舶登记,探索对在境内建造且在宁波舟山港登记从事国际运输的船舶,视同出口货物给予出口退税;探索对进口用于货物运输业务的船舶,免征进口环节关税、增值税和消费税。

2. 争取航运金融创新改革试点

推动开展跨国公司本外币资金集中运营管理、跨境人民币结算等改革。努力提升在甬金融机构航运金融专业化服务能力,探索开办离岸金融、融资租赁、期货保税交割、外汇管理等业务试点,争取外汇管理业务适当开放政策先行先试。

参考文献

[1] Brian S. Port Service Industries: the case of Montreal [J]. Cahiers De Géographie De Québec, 1982.

[2] Langen, De P W. Clustering and performance: the case of maritime clustering in The Netherlands [J]. Maritime Policy & Management, 2002, 29 (3): 209-221.

[3] Jacobs W, Koster H, Hall P. 2011. The Location and Global Network Structure of Maritime Advanced Producer Services [J]. Urban Studies, 2011, 48, 2749-2769.

[4] Action A C F, Action A C F, Fisher Associates, et al. The Future of London's Maritime Services Cluster [J]. 2004.

[5] Sakai T, Beziat A, Heitz A. Location factors for logistics facilities: Location choice modeling considering activity categories [J]. Post-Print, 2020.

[6] Jiang Z, Lei L, Zhang J. Spatio-temporal evolution and location factors of port and shipping service enterprises: A case study of the Yangtze River Delta [J]. Journal of Transport Geography, 2023, 106: 103515.

[7] Yan-Ying Z, Feng-Ping F, Zu-Juan X. Research on Development of Shipping Service Industry of Inland River in Guangdong Province [J]. Journal of Guangdong Communications Polytechnic, 2012.

[8] Sung-Dong, Oh, Sung-Rae, et al. Economic Effects of the Port Industry and Port-related Services: Focusing on the Input-Output Analysis [J]. Journal of Korea Port Economic Association, 2000.

[9] Kang G D, Kim Y D. An Analysis of the Measurement of the Shipping Service Quality [J]. The Asian Journal of Shipping and Logistics, 2009, 25 (1):41-55.

[10] Bae B S, Park N K. An Empirical Study on the Service Quality Factors of Port Supply Industry on the Relationship Orientation [J]. JOURNAL OF

FISHRIES AND MARINE SCIENCES EDUCATION，2012.

[11] Liang J，Zhao Z. Analysis and evaluation between maritime industry and the socio-economic relationship in liaoning province[C]//IEEE International Conference on Automation & Logistics. IEEE，2009.

[12] Yap W Y，Zahraei S M. Liner shipping alliances and their impact on shipping connectivity in Southeast Asia[J]. Maritime Business Review，2018.

[13] Wang L，Tang Z，Lau Y，et al. The promotion of Shanghai's position and function in the global container shipping network[J]. International Journal of Urban Sciences，2024，1-21.

[14] Zhao D，Wang J. A quantitative analysis of shipping logistics human resources in Ningbo China，in：2010 IEEE International Conference on Systems，Man and Cybernetics. Presented at the 2010 IEEE International Conference on Systems，Man and Cybernetics — SMC，IEEE，2010，Istanbul，Turkey，pp. 3606-3609.

[15] Jung B，Kim S. Change of Shipping Industry Circumstances and Shipping Policy Directions of Developing and Developed Countries[J]. The Asian Journal of Shipping and Logistics，2012，28，135-160.

[16] Huang P，Yao C. Diversification Business Performance Evaluation of Shipping Industry in China[J]. Journal of Coastal Research，2019，83，802.

[17] 卢宁.港口服务业的理论研究与实证分析[D].中国海洋大学，2006.

[18] 郭建梅.港口服务业空间组织研究[D].辽宁师范大学，2012.

[19] 陈跃刚，郭龙飞，吴艳.上海北外滩航运服务集聚区企业空间分布研究[J].城市发展研究，2016，23(06)：137-141.

[20] 叶士琳，曹有挥.地理学视角下的港航服务业研究进展[J].经济地理，2018，38(11)：150-157.

[21] 杨忠振，蒋永雷.港口搬迁对港口关联产业选址的影响[J].上海海事大学学报，2009，30(03)：35-39.

[22] 王瑞，蒋天颖，王帅.宁波市港口物流企业空间格局及区位选择[J].地理科学，2018，38(05)：691-698.

[23] 陈宾.宁波港口服务供应链评价及发展对策[D].大连海事大学，2014.

[24] 蔡国龙.服务型政府视角下的厦门港船舶港口服务业管理[D].厦门大学，2014.

[25] 殷文伟.我国自贸试验区对港航服务业的影响机制与效应研究[D].上海海

事大学,2023.

[26] 冯孝辉.中国海洋港航服务业发展水平时空分异及影响因素分析[D].辽宁师范大学,2022.

[27] 陆玉华,封学军,蒋柳鹏,等.基于ICM和CPM的二阶段航运业发展现状评价方法[J].水利经济,2019,37(01):19-25+79-80.

[28] 吴筱颖.舟山群岛新区现代港口服务业的发展[J].港口经济,2016,(08):30-32.

[29] 董潇韩.聚焦沪港合作促进"引进来、走出去"[N].联合时报,2024-10-18(003).

[30] 金梁.我省加速推进世界一流强港建设[N].浙江日报,2024-07-29(001).

[31] 孙学梁,唐秀华,夏知豪.宁波加快推进数智航运服务发展的对策建议[J].宁波经济(三江论坛),2024,(07):6-9+16.

[32] 孙德红,周亿迎,蒋佳伶.基于贝叶斯岭回归的长江航运服务业集聚动力机制研究[J].中国航海,2024,47(02):48-55.

[33] 真虹.上海从枢纽港向国际航运中心的跨越与发展展望[J].水运管理,2023,45(11):1-5+11.

[34] 朱海龙,王曦晨,申思,等.我国航运险市场的现状及对策研究[J].中国市场,2023,(29):45-48.

[35] 石孟园.开放、创新、融合:探讨高能级航运服务业发展趋势[J].中国水运,2023,(08):12-13.

[36] 李威,方梁任,程亚.新时代背景下深圳港发展新挑战和新思路[J].交通与运输,2022,35(S1):288-295.

[37] 王列辉,苏晗,郑渊博.长三角航运服务业分布格局与港航高质量一体化研究[J].长江流域资源与环境,2022,31(04):725-737.

[38] 陈前伟,刘桂云,宋夏梁,等.港口、航运服务业与城市经济耦合协调发展评价[J].宁波大学学报(理工版),2022,35(02):51-56.

[39] 蒋淑华,焦华富,管晶.航运服务集聚区的空间范围界定及功能识别——以上海市为例[J].长江流域资源与环境,2021,30(12):2843-2853.

[40] 蒋淑华,焦华富,管晶.上海市航运服务业空间分布及功能演变[J].地理科学,2021,41(10):1783-1791.

[41] 侯斌.我国港口高质量发展的问题与建议[J].中国投资(中英文),2021,(Z0):23-25.

[42] 曾晓冬.广东航运金融业发展研究——主要国家和地区发展航运金融业的

启示[J].中国高新科技,2021,(13):82-84.

[43] 慕光宇,许真.大连港口物流服务业竞争力因素分析与提升途径[J].黑龙江科学,2021,12(10):124-125.

[44] 王列辉,张楠翌,林羽珊.全球高端航运服务业的时空演化及影响因素分析[J].地理研究,2021,40(03):708-724.

[45] 高钰茜,李军毅.新冠肺炎疫情下航运企业发展策略的 SWOT 分析[J].现代商贸工业,2020,41(25):36-37.

[46] 刘伟华,张雅莉,胡振宇.国际航运中心发展经验及对深圳的启示[J].海洋开发与管理,2020,37(03):16-22.

[47] 陈晓攀,骆璐瑶,戴东生.宁波舟山国际航运中心发展环境分析及建议[J].水运管理,2020,42(05):9-12.

[48] 潘朝刚.关于浙江省航运业整合发展的思考[J].中国水运,2020,(01):28-29.

[49] 张晓晴,孙瀚冰,靳廉洁,等.航运服务产业选择模型的构建与应用[J].中国航海,2019,42(04):131-135.

[50] 王翀,汪传旭.纽约航交所打造"智慧航运服务"模式的主要经验及对上海的启示[J].交通与港航,2019,6(02):81-85.

[51] 高志军,朱卫平,刘伟.航运生态系统的协同演化——一个综合分析框架[J].大连海事大学学报(社会科学版),2019,18(01):50-58.

[52] 宋春丽,刘桂云.基于共生理论的区域航运服务业合作发展研究[J].物流技术,2019,38(01):72-76+87.